ULLSTEIN

Das Buch

Liebe ist nicht zu erlernen, sondern nur zu erleben. Das ist für viele ein langer, mitunter beschwerlicher Weg. Zu starke Blockaden, durch Erziehung und Gesellschaft aufgebaut, hindern den einzelnen nicht selten daran, seinen persönlichen Weg des Erkennens zu finden und zu beschreiten. Das vorliegende Buch gibt dem Leser eine Fülle von Anstößen, die dazu dienen, sich mit dem Mysterium Liebe auseinanderzusetzen, sich seine eigenen Gedanken über sie zu machen. Der Sinn dieses Lesebuchs besteht vor allem darin, das Seelische in jedem einzelnen zum Schwingen zu bringen und jene Energie zu wecken, die notwendig ist, um wirklich bewußt zu betrachten, zu fühlen und dabei sich selbst zu erfahren.

Der Autor

Peter Lauster studierte Psychologie, Anthropologie und Kunst. Seit 1971 ist er in Köln freiberuflich mit eigener Praxis als Berater und Psychotherapeut tätig.
Bekannt wurde er 1980 mit dem Bestseller »Die Liebe«, der fünfzehn Jahre auf der Taschenbuchbestsellerliste stand. Seine Bücher erreichten eine deutschsprachige Auflage von 4,5 Millionen und wurden in zwanzig Sprachen übersetzt.
Internetadresse: www.peterlauster.de

In unserem Hause sind von Peter Lauster außerdem erschienen:

Ausbruch zur inneren Freiheit
Der Begabungstest
Berufswahl
Intelligenz
Lassen Sie sich nichts gefallen
Das Lauster Lebensbuch
Liebeskummer als Weg der Reifung
Menschenkenntnis
Persönlichkeit
Selbstfindung
Die sieben Irrtümer der Männer
Der Sinn des Lebens
Stärkung des Ich
Statussymbole
Wege zur Gelassenheit

Peter Lauster

Geheimnisse der Liebe

Sich selbst finden – den anderen entdecken

Ullstein

Besuchen Sie uns im Internet:
www.ullstein-taschenbuch.de

Umwelthinweis:
Dieses Buch wurde auf chlor- und säurefreiem Papier gedruckt.

Ullstein Verlag
Ullstein ist ein Verlag der Ullstein Buchverlage GmbH.
2. Auflage 2004

Umschlaggestaltung: Bezaubernde GINI, München
Titelabbildung: ZEFA, Düsseldorf
Druck und Bindearbeiten: Ebner & Spiegel, Ulm
Printed in Germany
ISBN 3-548-36692-9

Inhalt

Vorwort

»Geheimnisse der Liebe« – gibt es die überhaupt? Und gibt es sie, gibt es die Liebe schlechthin? Und wenn ja – wie ist sie zu definieren?

Wie der Titel schon andeutet, ist die Liebe sehr vielschichtig. Vielschichtig deshalb, weil sie individuell ist, weil jeder sie, ausgehend von seiner Persönlichkeit, anders erfährt. Dennoch kann über die Liebe, jenes psychologische Phänomen, Allgemeingültiges ausgesagt werden.

Die Liebe erschließt sich uns über das Erlebnis. Erlebnisse lassen sich nicht mit Instrumenten messen – aber es ist möglich, über sie beschreibend zu berichten. Diese Beschreibungen sind selbstverständlich immer subjektiv. Aber im Subjektiven liegt zwangsläufig Unwahrheit, liegt auch nicht eine Verzerrung der Wirklichkeit. Jeder sollte deshalb den Mut haben, zu seinen subjektiven Erfahrungen zu stehen, denn das Subjektive ist die Basis des persönlichen Erlebens.

Immer wieder stelle ich fest, daß die Mehrzahl der Menschen in der Entfaltung ihrer Liebesfähigkeit gehemmt, ja blockiert ist. Deshalb möchte ich mit dieser Anthologie nicht einfach nur an den Verstand appellieren und Wissensstoff vermitteln, sondern vielmehr den Leser dazu bewegen, einen Erkenntnisprozeß zu beginnen.

Die persönliche Betroffenheit zu der Thematik Liebe sollte Sie anregen, große Teile dieses Buches subjektiv zu verarbeiten. Die einzelnen Worte sind unbedeutend, wenn sie Ihnen keine persönliche Bedeutung für Ihr Leben geben können. Distanzieren Sie sich also nicht, indem Sie alles auf eine rein intellektuelle Ebene schieben. Ich möchte Sie ermuntern, Ihre eigenen Erfahrungen und Erlebnisse genauer zu beobachten, und ich möchte bei Ihnen einen subjektiven Erkenntnisprozeß auslösen, der Sie der eigenen Liebesfähigkeit näherbringt. Mehr zu lieben und weniger gleichgültig und stumpf durchs Leben zu gehen – darauf kommt es an.

Zu den Geheimnissen der Liebe gehören seelische Wachheit und Freiheit. Das Geheimnis von Wachheit und Freiheit aber ist der Mut. Es ist daher viel Mut erforderlich, die eigenen Gefühle wach und vorurteilslos zu betrachten.

Wie schon kurz angedeutet, handelt es sich bei dem vorliegenden Buch um eine Anthologie, um eine Auswahl zum Thema Liebe. Fünf meiner Bücher – *Lassen Sie sich nichts gefallen* (Erstausgabe 1976), *Die Liebe* (1980), *Lebenskunst* (1982), *Wege zur Gelassenheit* (1984), *Der Sinn des Lebens* (1989) – habe ich für diese Auswahl herangezogen. Die einzelnen Gedichte, die jedem Kapitel vorangestellt sind, sind dem Meditationsband *Über die Liebe* (1986) entnommen.

Hier und da werden Sie Äußerungen, Begriffen, Gedanken, Wörtern begegnen, die sich überschneiden. Das ließ sich zum einen nicht vermeiden, zum anderen war es gewollt, da bestimmte Gedanken von so zentraler Bedeutung sind, daß es nicht sinnvoll gewesen wäre, sie aus dem jeweiligen Kontext herauszunehmen.

Peter Lauster

I. Das verschüttete Ich

Laß mir die Widersprüche

Ordne mich nicht ein
in das Netz deiner Gedanken,
entlasse mich aus deinem Kopf,
damit ich gelöst
mein Lied singen kann
in dieser besonderen Schönheit
meiner natürlichen Wildheit.

Um die menschliche Psyche besser zu verstehen, ist das Studium des dynamischen Strukturmodells der Persönlichkeit von Sigmund Freud unerläßlich. Die Kenntnis des innerseelischen Kräftespiels führt zu Freuds provozierender und noch heute gültiger Schlußfolgerung, daß der Mensch nicht Herr im eigenen Haus ist.

Anna Freud, die Tochter des Begründers der Psychoanalyse, setzte das Werk ihres Vaters auf dem Gebiet der Ich-Psychologie und der Dynamik der Abwehrmechanismen konsequent fort. Sie veröffentlichte einundvierzigjährig 1936 (ihr Vater war bereits 80 Jahre alt, drei Jahre zuvor wurden seine Werke verbrannt) das bis heute grundlegende Buch über »das Ich und die Abwehrmechanismen«, das heute zur Standardliteratur der Psychoanalyse zählt.

Sigmund Freuds Instanzen-Modell der Psyche (Es, Ich, Über-Ich) gehört mittlerweile zur Allgemeinbildung der bildungsbürgerlichen Mittelschicht und Oberschicht und soll hier nochmals kurz skizziert werden.

Freud unterscheidet innerhalb der Psyche drei Instanzen, die auf das Verhalten des Menschen Einfluß nehmen: das Es (mit unbewußtem Triebbereich des Sexual- und Aggressionsbetriebs), das Ich (Basis für überlegtes Handeln) und das Über-Ich (mit übernommenen Moralvorstellungen und der Gewissensfunktion).

Das Ich übernimmt die zentrale Vermittlerposition im Kräftespiel der Forderungen von Umwelt, Über-Ich und Es. Dabei wird das Ich vom Es getrieben (die Sexualität fordert Befriedigung), vom Über-Ich eingeschränkt (die Moral verbietet zum Beispiel eine sofortige Befriedigung) und von der Realität gelockt, aber auch blockiert. In diesem dreiseitigen Kräftespiel ringt das Ich um Harmonie und seelische Balance.

Schwer durchschaubar ist dieser innerseelische Prozeß für den einzelnen deshalb, weil nach der großen Entdeckung von Freud die Impulse aus dem Es und Über-Ich teilweise unbewußt sind, der Mensch also oft keine Klarheit darüber hat, warum er so und nicht anders handelt. Das bedeutet nicht, daß er wie ein ungesteuertes Schiff durch das Meer des Lebens segelt, da er ja von den Forderungen der Realität und den schwer durchschaubaren Normrichtlinien des Über-Ich sehr wohl gesteuert wird.

Wenn das Ich in dem innerseelischen Kräftespiel schwach ist und einem der beiden anderen Instanzen (dem Es oder Über-Ich) unterliegt, können seelische Störungen, Neurosen und Psychosen entstehen. Siegt zum Beispiel das Es über das Ich und kann sich auch das moralische Über-Ich nicht behaupten, dann wird der Mensch haltlos und unbeherrscht, da er sowohl seinen sexuellen Impulsen wie auch seinen aggressiven Wünschen (die nach Freud triebhaft sind; diese These ist jedoch zu Recht umstritten) freien Lauf läßt und auf diese Weise in Kollisionen mit seiner Umwelt gerät.

Siegt jedoch das Über-Ich über das Ich, wird der Mensch von den Normen und Moralvorstellungen seiner Erziehung (Autoritätspersonen) dermaßen beherrscht, daß er zwanghaft angepaßt lebt und ihm von dieser Norm abweichende Impulse aus seiner Psyche Angst machen. Aus Angst vor seinen aggressiven und sexuellen Impulsen entwickelt er die verschiedenen Abwehrmechanismen, um damit besser seine Triebimpulse und Wünsche zu unterdrücken und zu hemmen.

Abwehrmechanismen sind zwar in unserem Kulturkreis bei

jedem Menschen zu beobachten, sie sind jedoch bereits erste Symptome einer seelischen Erkrankung. Der so häufige Versuch, Impulse aus dem Es völlig zu unterdrücken, muß zwangsläufig in die Neurose führen.

Zunächst muß die Struktur des unbewußten Abwehrprozesses in der Psyche aufgeklärt und bewußt gemacht werden. Durch diesen Lernprozeß des Bewußtseins wird der erste Schritt erreicht, um aus dem Abhängigkeitsverhältnis von den seelischen Instanzen (Es, Über-Ich) herauszufinden und mehr Offenheit und Ehrlichkeit wirken zu lassen.

Die meisten Menschen glauben zu wissen, was sie tun, und sie verteidigen ihre Handlungen mit Redewendungen wie: »Das ist eben so. So ist der Mensch, keiner kann aus seiner Haut. Das steckt eben im Menschen drin, da kann man nichts machen.«

Durch die Aufklärungsarbeit der Psychoanalyse, Psychologie, Anthropologie, Soziologie und vergleichenden Verhaltensforschung wurde das menschliche Verhalten transparenter gemacht. Zum Vorteil des Individuums und der Gesellschaft hat sich leider bisher trotzdem noch nicht viel verändert.

Es wurde sehr viel neues Wissen über die Sexualität, die Aggression und die Erziehung erarbeitet. Zum Beispiel ist längst geklärt und auch popularisiert, daß die autoritäre Erziehung einen autoritären, autoritätsgläubigen Menschentyp heranbildet, mit den vielzitierten allgemeinen negativen Folgen. Es ist bekannt, daß ein Lob ein besseres Erziehungsmittel als Strafe ist, weil zum Beispiel Frustrationen unter anderem Aggressionen erzeugen. Trotzdem erziehen die meisten Eltern ihre Kinder nach wie vor strafend und autoritär. Sie tun nicht, was sie wissen! Dem Wissen fehlt das praktische Verstehen, das nicht stattfindet, solange dieses Wissen nicht täglich auch praktisch erlebt wird. Und täglich wird eben der autoritäre Stil durchlebt, von den Eltern in gesellschaftlichen Alltagssituationen, im Beruf und in den Verwaltungsinstitutionen. Sie wagen nicht zu tun, was sie wissen, aus Angst vor der Triebstärke und den Sanktionen der Realität. Und vor allem: Das Über-Ich erzwingt seine Forderungen mit großer Härte.

Anna Freud hat zehn Abwehrmechanismen analysiert, die teilweise in den folgenden Abschnitten ausführlicher erklärt und diskutiert werden. Diese Abwehrmechanismen sind die Introjektion, die Projektion, die Wendung gegen die eigene Person, die Verdrängung, die Regression, die Reaktionsbildung, die Isolierung, das Ungeschehenmachen und die Sublimierung, die jedoch nicht nur als Abwehrmechanismus interpretiert wird, sondern auch mehr als eine Leistung der gereiften Persönlichkeit gilt.

Diese durch Anna Freud schon klassisch gewordenen Abwehrmechanismen können erweitert werden durch die Betäubung, die Abschirmung, die Verleugnung, das Rollenspiel, die Gefühlspanzerung, die Blockierung und die Ohnmachtserklärung. Auch die Erweiterung führt noch zu keiner vollständigen Liste der Abwehrtechniken des Ich. Es werden in Zukunft neue Abwehrtechniken entdeckt werden, wenn sich die Gesellschaft verändert und dadurch neue Techniken provoziert werden, denn die Abwehrmechanismen sind gesellschafts- und kulturabhängig.

Die Identifizierung

Um die Identifizierung als einen Abwehrvorgang zu verstehen, muß die Bildung der Instanz Über-Ich erklärt werden. Das neugeborene Kind ist zunächst nur ein amorphes Es und besitzt noch kein Über-Ich. Im Erziehungsprozeß werden dem Kind Gebote und Verbote von den Eltern erteilt, die es aufgrund der Autorität der Eltern und aus Angst vor Strafe aufnimmt. Die Eltern übermitteln moralische Normen (bezogen auf Sexualität, Sauberkeit, Höflichkeit gegenüber Autoritätspersonen, Beherrschung aggressiver Wünsche), die das Kind in seine Psyche introjiziert. Durch Identifizierung und Introjektion entsteht also das Über-Ich, eine Instanz, die sich in jedem normalen Erziehungsprozeß bildet und kulturabhängig ist. Das Über-Ich eines chinesischen Dorfjungen enthält andere Normen als die Normen des Über-Ichs eines Jungen aus der Mittelschicht einer westlichen Großstadt. Unabhängig vom Inhalt der Normen spielt eine große Rolle, wie fest oder locker die Normen vertreten werden.

An der Bildung des Über-Ichs sind neben den Eltern auch Verwandte, Lehrer, Chefs und Vorbilder beteiligt. Das Über-Ich wird auf diese Weise zum innerpsychischen Repräsentanten der Normen, Wert- und Moralvorstellungen einer Gesellschaft. Durch die Über-Ich-Bildung gehen diese Normen mehr oder weniger stark in »Fleisch und Blut« über.

Der amerikanische Gestaltpsychologe Frederick S. Perls wies darauf hin, daß Freuds Über-Ich-Modell einseitig ist, denn neben einem Über-Ich muß es auch ein »Unter-Ich« geben. Das Über-Ich gebärdet sich als Tyrann mit Forderungen: Du sollst. Du sollst nicht. Wenn du das tust, wirst du bestraft. Wenn du das nicht tust, wirst du nicht geliebt.

Das Unter-Ich entschuldigt und rechtfertigt sich: Ich habe alles versucht, aber ich kann's nicht. Ich habe mir die größte Mühe gegeben. Ich bin schwach und ängstlich, aber ich werde es versuchen, euch gerecht zu werden.

Perls vergleicht das Über-Ich und das Unter-Ich mit zwei Clowns, die »auf der Bühne unserer Phantasie das Selbstquälerei-Spielchen ausführen«. Er ist der Ansicht, daß beide Instanzen den Menschen in einen Kontrolleur (Über-Ich) und den armen, sich entschuldigenden Kontrollierten (Unter-Ich) aufteilen und er auf diese Weise seine Mitte verliert. Wenn das Über-Ich die Oberhand in der Psyche gewinnt, befindet sich der Mensch auf dem direkten Weg in die Neurose, denn der Weg zur Hölle ist mit »guten« Über-Ich-Forderungen gepflastert. Das Über-Ich will perfektionistische Normen erfüllen, die ständig einschüchtern. Die Folge ist die permanente Kritik des eigenen Verhaltens und des Verhaltens anderer Personen.

Das strenge Über-Ich stellt Forderungen auf und verlangt Einschränkungen (Sexualentsagung, Aggressionseinschränkung, Leistungspensum, Trainingspensum) oft in so extremem Ausmaß, daß der Mensch triebfeindlich, genußunfähig und psychisch gestört wird. In der Psychotherapie des einzelnen geht es deshalb primär darum, das strenge Über-Ich abzubauen und das Ich zu entlasten.

Die Schlußfolgerung für Präventivmaßnahmen der Gesellschaft wurden schon 1936 von Anna Freud zaghaft angedeutet: »Wenn die Neurose vom strengen Über-Ich gemacht wird, dann braucht die Erziehung nur alles zu vermeiden, was einer extremen Über-Ich-Bildung dient.« Diesen Weg hat der englische Pädagoge A. S. Neill mit seinem Schulexperiment Summerhill eingeschlagen; mit seiner antiautoritären Erziehungsmethode strebte er das angstfreie, glückliche und unneurotische Kind an. Seine praktische Tätigkeit und sein Buch »Theorie und Praxis der antiautoritären Erziehung (1960 in New York erschienen) sind ein Meilenstein der humanen Pädagogik. In Deutschland erreichte die Taschenbuchausgabe eine Auflage von weit über eine Million. Und trotzdem hat sich an der autoritären Erziehungsweise und strengen Über-Ich-Bildung bisher so gut wie nichts geändert.

Die geschilderte Introjektion der Normen wird durch die Identifizierung mit der übermächtigen Autorität möglich. Die erlebte Ohnmacht gegenüber den Forderungen der Autorität und die entstehende Angst vor der Macht führen zu dem Abwehrmechanismus der Identifizierung mit der Autorität. Anstatt gegen die Forderungen zu kämpfen, sie zu verneinen, werden sie aus Angst vor Strafe (Schläge, Liebesentzug, soziale Isolierung) bejaht und dann natürlich zu erfüllen versucht.

Um die Strafe und die Strafangst abzuwehren, wird auf diese Weise der Abwehrmechanismus der Identifizierung mit der Autorität, dem auf der sozialen Rangleiter Höherstehenden — dem Lehrer, dem Chef — gebildet. Das Kind und der spätere Erwachsene lernen das Bedrohliche zu verarbeiten, indem sie sich selbst in einen Bedroher verwandeln. Kinder beispielsweise, die Angst vor Gespenstern haben, erschrecken andere Kinder gerne, indem sie sich als Gespenst verkleiden.

Schmerzhafte Erlebnisse, zum Beispiel strafende Eltern und Lehrer, werden durch Identifizierung mit dem Angreifer weitergegeben. Anna Freud: »Indem das Kind aus der Passivität des Erlebens in die Aktivität des Spielens übergeht, fügt es einem Spielgefährten das Unangenehme zu, das ihm selbst widerfahren war, und rächt sich so an der Person dieses Stellvertreters.« Das ist das Sündenbock-Prinzip: Frustrationen werden nicht aufgearbeitet und vernichtet, sondern weitergegeben. Sie lösen durch Identifizierung mit dem Frustrationsgeber und die Wiederholung der Frustration bei der nächstmöglichen

Gelegenheit eine Kettenreaktion aus. Durch eine fortschreitende Verinnerlichung (Introjektion) der Frustrationsgeber mit ihren Eigenschaften, Einstellungen und Verhaltensmerkmalen wird das Über-Ich des Erwachsenen weiter ausgestaltet. Er übernimmt sukzessiv die Eigenschaften, die er zunächst haßte, die Identifizierung schreitet so weit voran, daß er schließlich seine eigenen Kinder genauso strafend und autoritär behandelt, wie er selbst behandelt wurde (er wollte es damals ganz anders machen), er behandelt einen Untergebenen genauso aggressiv und von oben herab, wie er selbst behandelt wurde und wird. So kann man die Regel aufstellen: Wer selbst oft getreten und »gehackt« wird, zieht keine Lehre daraus und verhält sich in Zukunft nicht kooperativer, sondern er »hackt« um so heftiger zurück, wenn sich ihm eine Gelegenheit dazu bietet. So ist es auch zu verstehen, warum wir einerseits Statusdenken und Statussymbole verurteilen, aber andererseits Statusverhalten geradezu zwanghaft praktizieren. Es handelt sich um den Abwehrmechanismus der Identifizierung mit dem jeweils höheren Status und der entsprechenden angsteinflößenden Macht.

Der Übergang vom normalen Abwehrmechanismus Identifizierung zum pathologischen Prozeß ist fließend. Die Identifizierung mit dem Aggressor kann so weit gehen, daß blindlings und verstärkt Aggression und Unterdrückung weitergegeben werden, nach dem Prinzip: Was man mir antut, das füge ich einem anderen doppelt, ja zehnfach so stark zu. Erlebte Aggression wird dann als Destruktion weitergegeben. Die Tendenz zur Verschärfung ist häufig zu beobachten: Während der oberste Boß sich teilweise leger und flexibel gibt, setzt der unterste Aufseher seine Normen mit rücksichtsloser bis sadistischer Härte durch.

So ist zu verstehen, daß in der Unterschicht der Bevölkerung eine härtere autoritäre Kindererziehung praktiziert wird als in der Mittel- und Oberschicht. Kinder und Erwachsene der Unterschicht müssen häufiger und stärkere Frustrationen einstecken als Personen der Oberschicht. In der Unterschicht zeigt sich deshalb besonders ausgeprägt die Identifizierung mit der Autorität und ihren Forderungen. Revolutionäre kommen deshalb meist nicht aus der Unterschicht, sondern aus der Mittel- und Oberschicht, da der Unterdrückte seine Unterdrücker so introjiziert hat, daß er sich davon nicht mehr distanzieren kann.

Die Verdrängung

Die Verdrängung ist der bekannteste Abwehrmechanismus, der von Sigmund Freud in seiner Bedeutung für die gesunde und kranke Psyche erkannt wurde. Ein Motiv aus dem Es (zum Beispiel der Wunsch nach sexueller Befriedigung durch Onanie), das ins Bewußtsein kommt, wird vom kontrollierenden Über-Ich nicht erlaubt (introjiziertes Verbot der Eltern) und deshalb aus dem Bewußtsein ins Unterbewußtsein verdrängt. Da der Onaniewunsch in der Pubertät meist sehr mächtig ist, läßt er sich, wenn überhaupt, nur mühsam verdrängen.

Das vom Bewußtsein ins Unterbewußtsein verdrängte Motiv läßt sich meist nicht vollständig abdrängen, sondern versucht wieder zurück ins Bewußtsein zu finden. Solche Es-Durchbrüche zeigen sich dann in »Fehlhandlungen« des Versprechens, Verschreibens, Verhörens. Es wird viel seelische Energie verbraucht, um das Verdrängte im Unterbewußtsein zu halten, es nicht ans Tageslicht der hellen Bewußtheit zu lassen. Je mehr ein Mensch seine Triebregung und Lebenswünsche verdrängt, um so mehr Energie verbraucht er für diese Verdrängungsarbeit. Dieser Energieverbrauch bremst ihn in seiner entspannten Leistungsfähigkeit.

In der Psychoanalyse wird mit vier Techniken das verdrängte Material ins Bewußtsein zurückgeholt, damit eine erneute, vernünftige Auseinandersetzung ermöglicht wird:

- Analyse der freien Assoziationen,
- Analyse von Träumen,
- Analyse der Widerstände gegen das Bewußtwerden,
- Analyse der Übertragung von Affekten auf den Therapeuten.

Ein verdrängtes Motiv und der Konflikt zwischen Es und Über-Ich kann in der psychoanalytischen Behandlung nachträglich gelöst werden. Ein gelöster Konflikt verursacht keine psychischen Symptome mehr, und der Mensch fühlt sich wieder psychisch gesund und frei. Die Psychoanalyse holt durch die Rekonstruktion der verdrängten Inhalte diese aus dem Unterbewußtsein hervor, um nachträglich zu einer Bewußtmachung und bewußten Lösung zu kommen. Die Aufhebung der auf das Ich ausgeübten Zwänge (von verdrängten Es-Inhalten und Über-Ich-Normen) bewirkt die psychische Gesundung.

Der Bereich des Unterbewußten ist aufgrund der Verdrängungsarbeit bei den meisten Menschen in der westlichen Zivilisation viel größer als der Bereich des Bewußtseins. Der Abwehrmechanismus der Verdrängung ist also so häufig verbreitet, daß er unter statistischem Aspekt als »normal« angesehen werden könnte. Dennoch ist die Verdrängung nicht als optimal normal anzusehen. Die Normalität darf hier nicht nach der statistischen Verteilung beurteilt werden, sondern danach, ob der Mensch seine optimale Entfaltung und psychische Gesundheit gefunden hat. Wenn etwa in einer Bevölkerungsgruppe 70 Prozent der Menschen unter Schnupfen leiden, wird der Schnupfen durch sein statistisch häufiges Auftreten nicht zu einem Symptom der Gesundheit.

So wurde noch vor wenigen Jahrzehnten in der Erziehung von etwa 90 Prozent der Eltern versucht, den Sexualtrieb aus dem Bewußtsein der Jugendlichen zu verdrängen, indem der voreheliche Geschlechtsverkehr und die Onanie als sündhaft dargestellt wurden. Es wurde die Verdrängung der sexuellen

Bedürfnisse angestrebt und für richtig (normal) gehalten. Wer sich nicht daran halten konnte oder wollte, galt als sündhaft, und ihm wurden Schuldgefühle vermittelt. Eine triebfeindliche Moral hat die Verdrängung der Sexualität des Jugendlichen zur Norm erhoben. Diese Verdrängung ist jedoch unmoralisch, weil sie den Menschen in die psychische Störung treibt. Nicht das Ausleben der Sexualität, weder mit einem Partner (vorehelich) noch in der Selbstbefriedigung, ist unmoralisch.

Es geht also in der Erziehung darum, keine Verdrängung der Sexualität zu praktizieren. Trotzdem stellen mir Eltern immer wieder die Frage: »Wie kann ich meinem Kind die Onanie abgewöhnen?« Sie wollen wissen, wie die Sexualität ihres Kindes ins Unterbewußtsein verdrängt werden kann. Ich antworte mit A. S. Neill: »Sagen Sie dem Kind, Onanie habe nichts mit Sünde zu tun! Wenn Sie das Kind schon belogen und ihm erzählt haben, Onanie habe Krankheit, Wahnsinn und so weiter zur Folge, so haben Sie den Mut, ihm zu sagen, daß Sie es belogen haben!«

Ich sehe dann meist in etwas verdutzte Gesichter. Die Entgegnung lautet oft: »Ich halte Onanie zwar für keine Sünde, aber wie soll ich es sonst verbieten, wenn ich keine Drohung ausspreche? Ich kann doch nicht zugeben, daß ich gelogen habe, damit untergrabe ich ja meine Autorität.« Manche Eltern glauben ernsthaft, daß der Ratschlag des Psychologen ihnen Tricks und Rezepte liefern soll, wie die Verdrängung wirkungsvoller an der Seele des Kindes praktiziert werden kann. Sie verstehen nicht, daß der Psychologe als Anwalt des Kindes auftritt, und sich entsetzt, wenn ihre eigenen Verdrängungsmechanismen entlarvt werden. Sie verdrängen nur ihre eigene Schuld und Verlogenheit und schieben dem Psychologen die Schuld zu (»der ist ein schlechter Psychologe«).

Der Abwehrmechanismus Verdrängung wird nicht nur gegenüber auftauchenden Triebregungen angewandt, sondern immer dann, wenn es darum geht, einer unangenehmen oder ängstigenden Wahrheit ins Gesicht zu blicken. Der Kopf wird schnell in den Sand gesteckt, damit eine bewußte Auseinandersetzung mit dem Problem unterbleibt.

Meist wird verdrängt, wenn die bewußte, offene Auseinandersetzung Angst oder Schuldgefühle erzeugt. Die Verdrängung geschieht deshalb zum Beispiel häufig in Situationen der Selbstbehauptung gegenüber Autoritäten, die Angst erzeugen.

Der Weg in eine freie Selbstbehauptung gegenüber der Autorität ist oft gestört. Nach diesem Verdrängungsprinzip entstehen Milliarden von anpassungsbereiten Menschen, die berechtigten Protest nicht mehr offen austragen können. Diese Verdrängung wird in der Pädagogik zielbewußt angestrebt. Die Angst vor physischer Strafe (Schläge) und psychischer Strafe (Liebesentzug, Mißachtung, verbale Aggression, Lächerlichmachung, Weckung von Schuldgefühlen, Abwertung) soll den gewünschten Abwehrmechanismus der Verdrängung in Aktion setzen.

Der verdrängte Protest und Ärger löst sich im Unterbewußtsein jedoch nicht in Nichts auf. Die verdrängten Protestinhalte und psychischen Schmerzen werden hier weiter verarbeitet, um an einem erneuten Auftauchen ins Bewußtsein gehindert zu werden. Der Verdrängungsabwehr schließt sich eine weitere Abwehrarbeit an. Hierfür gibt es mehrere Möglichkeiten, unter anderem die bereits beschriebene Identifizierung mit der Autorität und die Introjektion ihres unterdrückenden, angsteinflößenden, strafenden Verhaltens, so kann der verdrängte Protest als Frustration weitergegeben werden.

Die verdrängten Inhalte werden auf die Mitmenschen projiziert:

Nicht ich habe verbotene sexuelle Wünsche, sondern die anderen. Nicht ich möchte gegen die Unterdrückung protestieren, sondern die anderen sind eine Horde aggressionsgeladener Menschen, die deshalb hart an die Kandare genommen werden müssen, damit sie kein rächendes Chaos entfesseln. Die Verdrängung gelingt schließlich durch die zusätzlichen Abwehrmethoden so gut, daß der Verdränger nicht mehr im Wachbewußtsein weiß, was er aus welchem Grund verdrängt hat. Wird er darauf hingewiesen, daß es sexuelle Inhalte sind oder seine Sehnsucht nach Protest, weist er dies als unzulässige Psychologisierung weit von sich und wehrt sich sogar in der Psychotherapie heftig dagegen (Widerstand), obwohl er hier Hilfe sucht.

Das psychische Elend ist in der Bevölkerung deshalb so groß und dabei gleichzeitig so schwer statistisch präzise zu erfassen, weil psychisches Leiden abgewertet wird und deshalb gleichfalls der Verdrängung unterliegt. Die Angst vor psychischen Erkrankungen ist ungeheuer groß, trotz der bisherigen Aufklärungsarbeit der Psychologen. Man ist gerne bereit zuzugeben, daß man ein Magengeschwür hat, unter Herz- und Kopfschmerzen leidet, zu Kreislaufstörungen und Schlaflosigkeit neigt, sich nervös und abgespannt fühlt. Mit diesen psychosomatischen Symptomen, die keine organische Grundlage haben, sondern psychisch bedingt sind, geht man zum Hausarzt und läßt sich in drei Minuten Fließbandkonsultation Psychopharmaka, Massage, Bäder und eine Kur verschreiben, anstatt einen Psychologen oder Psychotherapeuten zur Behandlung aufzusuchen. Dabei ist nicht alleine ausschlaggebend, daß die Krankenkassen bei der Kostenerstattung Schwierigkeiten machen, sondern auch die Verdrängung des Eingeständnisses, psychisch krank zu sein.

Psychisches Leiden wird leider immer noch in die Nähe von Verrücktsein, Geisteskrankheit und drohender »Klapsmühle« gerückt. Wer zum Psychotherapeuten geht, »ist nicht ganz richtig im Kopf und fühlt sich deshalb als Niete und Versager im Leistungskampf. Diese Auffassung ist der Grund für die mangelnde Einsicht des Magengeschwürpatienten, daß sein Geschwür eigentlich psychotherapeutisch behandelt werden müßte.

Um der Bevölkerung zu helfen, muß deshalb die Aufklärung über psychische Vorgänge und psychotherapeutische Prozesse forciert werden. Die kollektive Verdrängung des psychischen Leidens soll bewußt gemacht werden, damit die Bereitschaft wächst, sich mit den psychischen Vorgängen vorurteilsfrei zu beschäftigen und die gebotene Hand zur Hilfe nicht mehr wie bisher ausgeschlagen wird.

Die Projektion

Die Projektion ist ein Abwehrmechanismus, der im Gefolge der Verdrängung auftritt. Die ins Unterbewußtsein verdrängten Inhalte werden auf andere Personen projiziert und dort heftig kritisiert und bekämpft. Eifersucht kann unter anderem die Projektion eigener unterdrückter sexueller Wünsche sein. Ein Beispiel: Herr A überwacht und kontrolliert seine Frau mißtrauisch. Er wirft ihr häufig vor, einen anderen Mann zu lange betrachtet zu haben, und unterstellt ihr außerdem, sie würde mit seinem Freund flirten. Herr A reagiert eifersüchtig, da er selbst ständig den Wunsch in sich unterdrückt, zu flirten und einen sexuellen Seitensprung zu begehen. Eifersucht beruht allerdings nicht ausschließlich auf diesem Projektionsmechanismus, sondern setzt sich zusätzlich aus verschiedenen psychischen Vorgängen zusammen. Die Projektion ist jedoch oft ergänzend mit im Spiel.

Unterdrückte sexuelle Wünsche werden von prüden Personen mit strenger Sexualmoral (Introjektion der Moral im Über-Ich) in die Außenwelt projiziert, und sie bekämpfen hier heftig bei anderen den drohenden Verfall der Moral. An der Heftigkeit der Reaktion auf abweichendes Sexualverhalten kann die Stärke der Verdrängung erkannt werden. Je aufwendiger die Verdrängungszeit war, um die eigenen Wünsche niederzuringen, um so stärker wird das Niedergerungene bei anderen Personen attackiert. Die Verdränger wollen die Freien lehren: entbehren, entbehren, entbehren!

Diskussionen über freie Liebe, polygame Geschlechterbeziehungen und Auflockerung der strengen monogamen Ehemoral enden häufig in wildem Streit, weil eine sachliche Diskussion durch heftige emotionale Abwehrreaktion gestört ist. Die Verdrängung soll erhalten bleiben, um die auftauchende Angst zu vermeiden, wenn die verdrängten Inhalte ins Bewußtsein steigen. Die Angst weckt Aggressionen, mit denen die Vertreter einer ängstigenden (weil verdrängten) Auffassung oft rücksichtslos und beleidigend angegriffen werden.

Die Schriftstellerin und examinierte Ärztin Esther Vilar hielt mit ihren beiden Büchern über den von der Frau dressierten und ausgebeuteten Mann ihren Geschlechtsgenossinnen einen Spiegel vors Gesicht und zeigte ihnen ein Abbild ihres Verhaltens, das sie nicht wahrhaben wollten und bisher erfolgreich verdrängten. Die ablehnende Reaktion von Esther Vilars Gedanken schoß dementsprechend unsachlich aggressiv über das Ziel hinaus: »Ist es da nicht höchste Zeit, die Vilar und ihre Verleger wegen Volksverhetzung — Verhetzung gegen die weibliche Hälfte des Volkes — vor Gericht zu stellen?« schrieb ein Mitglied des Frauenforums München an den *Spiegel*. Und eine Psychologiestudentin rückte die Schriftstellerin in die Nähe einer Geistesgestörten: »Ich schlage vor, einen Sonderfonds für Esther Vilars psychiatrische Behandlung einzurichten.«

Neben der Projektion verdrängter Inhalte und Wahrheiten gibt es eine Projektionsform, die nicht auf Verdrängung beruht. Sympathie oder Antipathie färben die Beurteilung eines Menschen. Einer sympathischen Person (mit zum Beispiel hohem Berufsprestige) werden positive Eigenschaften und Einstellungen unterschoben. Ein Krimineller wird dagegen abgewertet, und es werden ihm negative Eigenschaften zugeschrieben, die er unter Umständen gar nicht besitzt. Dieses Täuschungsphänomen wird als Halo-Effekt bezeichnet und ist ein Grundgesetz der Gestaltpsychologie:

Eine noch offene Gestalt wird in der Phantasie ergänzt, das Positive wird positiv abgerundet, das Negative negativ.

Projektionen geschehen auch aufgrund von Erfahrungen und Erlebnissen der Vergangenheit. Negative Erfahrungen mit Rothaarigen oder Afroamerikanern, Beamten, Künstlern und so weiter werden verallgemeinert und auf alle Angehörigen des gleichen Typs übertragen. Ein Hundebiß in der Kindheit kann eine Hundephobie erzeugen, und diese Angst kann sich schließlich auf alle Felltiere ausweiten.

Der Angestellte projiziert in seinen Chef, wenn er äußerliche Ähnlichkeit mit seinem Vater hat, beispielsweise die Eigenschaften seines Vaters. Er fühlt sich ihm gegenüber unterdrückt wie bei seinem Vater oder er fühlt väterliche Geborgenheit, obwohl für diese Gefühle kein objektiver Grund besteht. Die Projektion führt zu einer Täuschung über die Wirklichkeit, und der Mensch, der der Projektion unterliegt, sieht die Wirklichkeit subjektiv verzerrt. Psychologischen Täuschungen dieser Art unterliegt jeder, sowohl der psychisch Gesunde wie auch der psychisch Kranke. Auch Stimmungen verführen zur Projektion. Der Ängstliche sieht überall Gefahren lauern, er zuckt bei jedem lauten Geräusch zusammen. Der depressiv Verstimmte sieht die Welt »Grau in Grau«, und der Verliebte »hat eine rosarote Brille auf«.

Die Projektion von Stimmungen und Erfahrungen der psychischen Innenwelt auf die Außenwelt kann jeder an sich selbst beobachten, ihnen muß kein Verdrängungsmechanismus zugrundeliegen und es handelt sich dann um keinen Abwehrmechanismus der Psyche. Um diese Abgrenzung zu machen, werden diese projektiven Täuschungsmöglichkeiten deshalb hier erwähnt.

Stimmungsprojektionen sind im Vergleich zu den Verdrängungsprojektionen harmloser. Es handelt sich um weniger schwerwiegende Wahrnehmungsverzerrungen der Außenwelt. Die Verdrängungsprojektionen sind dagegen gefährlicher, weil sie die Erkenntnisfähigkeit und Handlungsfreiheit des Menschen einschränken.

Auch der geschilderte Halo-Effekt ist keine Verdrängungsprojektion, sondern eine Wahrnehmungstäuschung, die einer vorurteilsfreien Menschenkenntnis im Wege steht. Durch Aufklärung und Information kann diese projektive Täuschung abgebaut werden.

Die Verdrängungsprojektion ist viel schwerer zu durchschauen, da sich ein der Verdrängungsstärke entsprechend ausgeprägter Widerstand der Aufklärung entgegenstellt. Der Abwehrmechanismus ist nur zu beseitigen, wenn die Verdrängung aufgehoben werden kann. Wer nicht verdrängt, entwickelt keine Angst vor dem Auftauchen der Verdrängungen und muß das Verdrängte nicht auf seine Mitmenschen projizieren, um es hier zu bekämpfen. Eine Erziehung ohne Verdrängung ist deshalb das Ziel der zukünftigen Pädagogik.

Jeder Erwachsene kann seine Verdrängung aufgeben, wenn er sich in psychotherapeutische Behandlung begibt. Die Projektion allein führt jedoch zu keinem Symptom, unter dem der Erwachsene selbst leidet. Die Projektion schafft kein Leidensbewußtsein, sondern sogar ein Gefühl von vermeintlicher psychischer Gesundheit, denn die anderen erscheinen ja als die Bösewichte, die Unmoralischen, die psychisch Gestörten.

Die Symptombildung

Der Abwehrmechanismus der Symptombildung führt zu einem Leidbewußtsein, weil sich erlebte Frustrationen und Verdrängungen gegen die eigene Person wenden, wenn sie nicht nach außen abreagiert und extravertiert ausgelebt werden können. Eine erlebte Frustration wird zunächst weiterzugeben versucht nach dem bereits erwähnten Prinzip: Was man mir antut, das füge ich auch einem anderen zu.

Nicht alle Frustrationen lassen sich restlos weitergeben. Die Unterdrückungsfrustration einer untergeordneten Büroangestellten ist zum Beispiel sehr vielfältig: Bewegungsmangel, Routinetätigkeit, die zur Verkümmerung der natürlichen Neugier führt, Unterdrückung sexueller Bedürfnisse, Schranken für die Entfaltung der Individualität (es wird Konformität verlangt), wenig Möglichkeiten, das Selbstwertgefühl zu heben, zähneknirschende Duldung eines untergeordneten sozialen Rangs. Diese Frustrationsfaktoren wirken täglich, und damit die reibungslose Anpassung gelingt, müssen die Unterdrückungserlebnisse verdrängt werden. Kommt noch zusätzlich ein besonders autoritärer und ungerechter Chef zu dieser Konstellation hinzu und erzeugen die gleichrangigen Kollegen einen starken Leistungsdruck durch ein Klima von Intrige und Rivalität, wird die Toleranzgrenze auch eines sehr Anpassungswilligen überschritten.

Die Abreaktion der Frustrationen gelingt nach außen meist nicht vollständig, da Schuldgefühle entstehen, wenn die innere

Erregung immer an schwächeren Sündenböcken ausgelassen wird, und Angstgefühle entstehen, wenn sie an gleichrangigen oder übergeordneten Kollegen abreagiert werden. Durch die bereits beschriebene Introjektion ist die Abreaktion an Autoritäten zusätzlich gehemmt. In dieser Situation gelingt die Verdrängung nicht mehr stillschweigend, sondern der Mensch wendet sich aggressiv gegen sich selbst und bildet Symptome.

Es entstehen körperliche und psychische Symptome, die entweder kombiniert oder auch einzeln auftreten. Besonders häufig sind folgende körperliche Symptome: kalte Füße und Hände durch Kreislaufstörungen. Neigung zu Schweißausbrüchen, Unregelmäßigkeiten des Herzschlags, Herzstiche, Schwindelgefühle, hoher oder niedriger Blutdruck, leichtes Zittern der Fingerspitzen, Gastritis, Magen- und Darmgeschwüre, Kopfschmerzen, Muskelspannungen im Nacken.

Die psychischen Symptome sind: erhöhte innere Unruhe, Gefühl der Gespanntheit, leichte Reizbarkeit, Konzentrationsmangel, Neigung zu depressiver Verstimmung, mangelnde Unbeschwertheit, Energielosigkeit, Minderwertigkeitsgefühle, zunehmende Schreckhaftigkeit.

Diese Symptome sind nur ein kleiner Ausschnitt aus einer großen Palette von Symptommöglichkeiten. In Wirklichkeit leiden viel mehr Menschen unter Symptomen dieser Art, als aus den Statistiken der Ärzte und Krankenhäuser hervorgeht, denn viele versuchen, ohne ärztlichen Rat damit fertig zu werden.

Treten nur psychische Symptome auf, zum Beispiel innere Unruhe, allgemeine seelische Gespanntheit, wird das Leiden verharmlost und versucht, mit Psychopharmaka oder Alkohol Selbsttherapie zu betreiben. Kommen körperliche Symptome dazu, zum Beispiel häufige Kopfschmerzen, Magenschmerzen, Herzstiche, wird der Arzt aufgesucht. An eine psychische Ursache der organischen Beschwerden wird zwar gedacht, aber sie wird verdrängt. So werden die Symptome angegangen, ohne die wirklichen Ursachen aufzuklären und zu beseitigen.

Die Wendung gegen die eigene Person und die Entstehung der Symptombildung kann nicht verstanden werden, denn das Über-Ich setzt sich der Bewußtmachung von Zusammenhängen zur Wehr. Außerdem besteht eine starke Sprachbarriere, und es fehlt die Möglichkeit, die Schwierigkeiten und Leiden zu verbalisieren und auf diese Weise konkret dingfest zu machen. Die Unterschicht ist psychischen Störungen also viel hilfloser ausgeliefert als die sprachgeübtere und etwas ichstärkere Mittel- und Oberschicht. Diese Sprachbarriere kommt also zur Finanzbarriere noch hinzu.

Das große psychische Elend der zivilisierten Bevölkerung wird nicht aufgedeckt, weil die Mehrzahl ihre Symptombildungen nicht als psychisch begreifen will (Verdrängung psychischer Kausalität), teilweise auch nicht kann (strenges Über-Ich), und selbst wenn sie es ahnt, nicht darüber sprechen kann, weil die Sprache fehlt. Die einzige Ausdrucksmöglichkeit sind die Symptome selbst. Solange weiterhin die psychischen Prozesse hierbei von den Ärzten und der Gesellschaft heruntergespielt werden, gibt es keine Hilfe für das anwachsende psychische Elend in der Bevölkerung.

Die Verschiebung

Bei der Symptombildung wurde beschreiben, wie sich die nicht mehr zu verdrängenden psychischen Belastungen, Unterdrückungen und Einschränkungen gegen die eigene Person wenden können. Das ist eine symptombildende Verschiebung auf die Innenwelt der Organe und das vegetative Nervensystem. Sehr häufig entlastet sich der Mensch bei blockierten Originalzielen mit einer Verschiebung der Befriedigung auf Ersatzobjekte der Außenwelt, um am Ersatzobjekt den Impuls abzureagieren. Das ist zweifellos die gesündere Reaktion als die Wendung gegen die eigenen Organe.

Werden aggressive Impulse an Ersatzobjekten (Ehefrau, Kinder, Tiere) abreagiert, ist diese Reaktion für den Abreagierer zunächst entlastend und wirkt auf ihn befreiend (heilend), sie kann jedoch sozial schädlich sein, wenn Schwächere unter dieser Verschiebung leiden müssen. Sie werden dadurch ihrerseits wieder zur Verschiebung auf Ersatzobjekte oder zur Wendung gegen die eigene Person gezwungen.

Die Frage ist also: Abreagieren oder Aufstauen der Aggressivität? Beides führt zur Beschädigung psychischen Lebens, des fremden oder des eigenen. Der psychologische Rat lautet: Das Abreagieren ist dem Aufstauen prinzipiell vorzuziehen, wenn beim Abreagieren in der Außenwelt darauf geachtet wird, daß die ausgelebten aggressiven Impulse sich nicht gegen Sündenböcke richten, sondern zunächst gegen den Frustrationsfaktor selbst, also gegen den Chef, die Institution, den bürokratischen Apparat. Durch die Aufnahme des Kampfes mit dem aggressionsauslösenden Objekt wird die Aggression abgearbeitet und aufgebraucht. Natürlich wäre es auch falsch, dabei zu einem Michael Kohlhaas und »Prozeß-Hansel« zu werden.

Wenn das System zu stark ist und eine aggressionsauslösende Kränkung nicht mehr durch Aktivität sinnvoll aufgelöst werden kann, sollte die Verschiebung nicht nach unten, sondern nach oben erfolgen. So wie eine Sublimierung des Sexualtriebs möglich ist, ist auch die Sublimierung aggressiver Impulse (ich verwende absichtlich nicht den Terminus Aggressionstrieb) möglich. Als Gebiet für eine Sublimierung eignet sich der aktiv ausgeübte Sport mit Wettkampfcharakter (zum Beispiel Tischtennis, Fußball). Nicht geeignet ist die passive Sportbetrachtung im Fußballstadion oder vor dem Fernsehschirm. Hierbei werden eher vermehrte Aggressionen aufgestaut als abgebaut.

Eine sozial positive Sublimierung ist die aktive politische Aktivität in einer Partei durch Engagement für politische Ziele und Reformen. Durch die Verschiebung von Aggressionen auf die Widerstände, die sich sozialen Reformen entgegenstellen, wird der politische Einsatz dynamisiert und vitalisiert. Gefährlich ist diese Verschiebung jedoch, sobald die politischen Ziele nicht mehr humanistisch sind (Judenverfolgung, Rassendiskriminierung).

Die Verschiebung der Liebeswünsche ist dagegen weniger problematisch. Das Ersatzobjekt ist dann ein Tier (Hund, Kanarienvogel). Werden allerdings sexuelle Triebimpulse an Tieren abreagiert, entsteht eine sexuelle Perversion, die Sodomie. Die Sublimierung der Sexualität auf sozial wertvolle Tätigkeiten wird noch beschrieben.

Das Machtstreben einer Person, das ursprünglich auf politische Macht bezogen war, kann durch »Vernunftgründe« von der politischen Laufbahn auf eine pädagogische Tätigkeit verschoben werden. Der Lehrerberuf gibt dann die Möglichkeit, am Ersatzobjekt der Schüler die Wirkung der eigenen Macht und Autorität zu erproben.

Das Streben nach einem höheren Rang, das im Beruf durch blockierte Aufstiegschancen nicht möglich ist, verlagert sich auf den Statuskampf in einem Verein. Am Ersatzobjekt der Vereinshierarchie wird dann der Statusaufstieg versucht. Wird hier das Statusstreben im gleichen Kontext wie Aggressionsimpulse, Machtstreben oder der Sexualtrieb aufgeführt, bedeutet das nicht, daß alle diese Strebungen die gleiche triebhafte Qualität besitzen. Ich bin der Ansicht, daß nur das Verlangen nach sexueller Befriedigung triebhaft genannt werden kann. Von einem Aggressionstrieb, Machttrieb oder Statustrieb kann dagegen nicht gesprochen werden.

Die Aggression ist das biologische Prinzip, sich zu behaupten — eine allgemeine Lebensenergie und Vitalität. Das zerstörerische Element der Aggression ist die Destruktion. Sie entsteht dann, wenn die Verdrängung zu einem Aggressionsstau führt und dann eine haßerfüllte, zerstörerische Entladung erfolgt. Sigmund Freud sprach in diesem Zusammenhang von einem Destruktions*trieb*. Diese Triebhypothese wird jedoch heute von den meisten Psychologen nicht mehr vertreten.

Das Bedürfnis, sich in einer sozialen Gemeinschaft zu behaupten, ist der Wille, als Partner seinen Platz zu finden und einen Wert für die Gemeinschaft zu bekommen. Das Machtstreben als Wille zur Machtausübung über Mitmenschen, als Wille zur Unterdrückung und zum Machterlebnis ist eine Kompensation der Minderwertigkeitsgefühle. Dabei ist der Übergang zur Neurose fließend.

Bei den meisten Menschen unserer westlichen Zivilisation wird ein wesentliches biologisches Bedürfnis unterdrückt — der Abenteuerdrang, die Neugierde und Suche nach Anregungen, verbunden mit einem starken Bewegungsbedürfnis. Statt dessen werden Konformität, Disziplin, Routine und Normverhalten gefordert. Dieses Bedürfnis nach Abenteuer und Erlebnis (nach Lebendigkeit) verschiebt sich deshalb auf Ersatzerlebnisse, die die Film- und Romanindustrie anbieten. Durch Identifizierung mit den Spielfiguren wird in einer Traumwelt für kurze Zeit ein Surrogat für das entgangene Leben und Abenteuer gesucht. Je lebendiger und abenteuerlicher das eigene Leben abläuft, um so weniger besteht das Bedürfnis nach Film- und Romanerlebnissen aus zweiter Hand.

Die Sublimierung

Die Sublimierung aggressiver Impulse in sportlichen Wettspielen wurde bereits angedeutet. Ein Impuls, der nicht direkt ausgelebt werden kann, wird an Ersatzobjekten befriedigt. Diese Befriedigung ist erlaubt, wird sogar gefördert und als sozial wertvoll bezeichnet. Wer seine aggressiven Tendenzen im Wettkampf auslebt, hat »etwas für seine Gesundheit getan« und »soziale Kontakte gepflegt«, falls er sich an dem Prinzip des Fairplay orientiert.

Noch vor zwanzig Jahren galt die Sublimierung des Sexualtriebes als eine wichtige Aufgabe der Persönlichkeitsreifung. Die angestaute Triebenergie sollte in sozial wertvolle Tätigkeiten wie unternehmerische, theologische, künstlerische oder wissenschaftliche Arbeit fließen und auf diese Weise sinnvoll nutzbar gemacht werden.

Bei der Sublimierung der Aggressivität durch aktiven Sport ist dieser Effekt noch einigermaßen plausibel — aber im sexuellen Triebbereich ist die Sublimierung nichts anderes als eine Ablenkung, nicht vollständig gelungene Verdrängung und Energieabführung möglichst bis zur Erschöpfung. Auf diese Weise wird Lebensenergie verbraucht, die dem Sexualtrieb zu seiner Entfaltung dann fehlt. Ein erschöpfter Mensch ist weniger sexuell leistungsfähig als ein ausgeruhter.

Die Sublimierung kann den Sexualtrieb also nicht befriedigend ausschalten oder ersetzen. Eine vorgeschobene Tätigkeit ersetzt nicht die sexuelle Befriedigung und beraubt den Menschen eines wichtigen Teilbereichs seiner biologischen Bestimmung. Die Sublimierung des Sexualtriebes war am Anfang dieses Jahrhunderts in einer Zeit der strengen Sexualmoral und Triebunterdrückung eine erstrebenswerte Technik — psychisch gesund war sie jedoch nicht. Durch die Lockerung der strengen Sexualnormen, die Aufklärung über Sexualität und die Befreiung aus der Angst vor Schwangerschaft durch die Pille und Lockerung der Abtreibungsbestimmungen ist die Sublimierung heute glücklicherweise nicht mehr nötig und sollte deshalb auch nicht mehr propagiert werden.

Es könnten viele Beispiele genannt werden, die zeigen, welchen enormen psychischen Schaden die Sexualunterdrückung bei Millionen von Menschen vergangener Jahrzehnte angerichtet hat. Diese Kritik der herrschenden Sexualmoral und Sexualverdrängung hat Arno Plack in seinem sozialphilosophischen Buch »Die Gesellschaft und das Böse« mit Gründlichkeit und Scharfsinn betrieben. Er analysierte die Beziehungen zwischen Sexualunterdrückung und Aggressionsbereitschaft. Die psychologische Gesetzmäßigkeit lautet eindeutig: Wer den Frieden sucht und die Aggression abbauen will, muß der Sexualität freien Lauf lassen. Wer Krieg sucht, muß dagegen für eine strenge Sexualmoral sorgen.

Die Befreiung der Sexualität in den letzten zwanzig Jahren ist also kein Sittenverfall, sondern psychologisch gesehen ein sehr positives Signal für die zunehmende Friedensbereitschaft eines Volkes. Die Befreiung der Sexualität ist zur Zeit noch nicht an ihrem Endpunkt angelangt. Wir befinden uns in einem Befreiungsprozeß, der weiter fortschreitet und keinesfalls gestoppt werden darf. Wer nach mehr Sublimierung der Sexualität ruft, hat geheime oder verdrängte Herrschaftsabsichten, aber er sollte nicht mehr ernst genommen werden. Ich hoffe, daß die Verfechter einer sublimierenden Sexualmoral sich nicht mehr durchsetzen können und die sexuelle Befreiungsbewegung nicht mehr gestoppt werden kann.

Die Sublimierung ist ein Abwehrmechanismus, der in einer breiten gesellschaftlichen Bewegung langsam abgeschüttelt wird. Hierfür war viel Aufklärungsarbeit erforderlich. Die anderen geschilderten Abwehrmechanismen befanden sich bisher leider in keinem vergleichbaren Abbauprozeß. Es liegt vor allem daran, daß die unterdrückte Sexualität viel dynamischer und vitaler nach einer Veränderung sucht. Die anderen Abwehrmechanismen sind schwerer aufzulösen, weil hier die Abwehr und Verdrängung besser gelungen ist, da keine so elementare Triebkraft wie der Sexualtrieb auf seinen Durchbruch lauert.

Die Reaktionsbildung

Die Reaktionsbildung ist eine Abwehrmaßnahme, die das strenge Über-Ich initiiert. Das Auftauchen eines Impulses aus dem Es löst Angst aus und setzt deshalb die Abwehr der Reaktionsbildung in Gang.

Ein Beispiel: Die Sekretärin Gisela F. ärgerte sich oft über ihren Chef, weil sie von ihm häufig ungerecht behandelt wird. Der angesammelte Ärger und die unterdrückten, verdrängten Aggressionswünsche führten zu der Gefühlsempfindung des Hasses. Sobald Gisela F. dieses Haßgefühl bemerkt, reagiert sie aufgrund ihres strengen Über-Ichs, das diese Haßgefühle nicht erlaubt (»Ein guter Mensch haßt nicht«) mit einer Reaktion gegen den Haß — zärtliche Gefühle werden aufgebaut. Die Reaktionsbildung auf den verbotenen Haß ist vorgetäuschte Freundlichkeit. Das vorgetäuschte Gefühl fällt oft durch seine Intensität auf — statt echter, natürlicher Freundschaft entlarvt sich die gezwungene, gemachte Freundlichkeit durch ihre besondere Betonung. Die mühsam aufrechterhaltene Unehrlichkeit entlarvt sich in der durchschimmernden Übertriebenheit der Freundlichkeit, ein Schuß zu freundlich in Richtung »scheißfreundlich«, wie der Volksmund treffend diagnostiziert.

Der Abwehrmechanismus Reaktionsbildung zeigt besonders deutlich die Verlogenheit des Ichs gegenüber sich selbst und gegenüber den Mitmenschen. Die Sekretärin Gisela F. belügt zunächst sich selbst, um dann ihren Chef glaubhafter belügen zu können. Der Abwehrmechanismus Reaktionsbildung zeigt, welche wichtige Rolle die Lüge spielt. Die Abwehr ist stets eine Abwehr einer unangenehmen ängstigenden Wahrheit. Je mehr Wahrheit ein Mensch in sich selbst und gegenüber seinen Mitmenschen verleugnet, desto mehr schlittert er in die psychische Störbarkeit und Nervösität. Denn während das Ich und die Außenwelt die Komödie spielen, als sei alles in bester Ordnung, läßt sich die physische Basis (der Körper, die Organe, das Nervensystem) nicht täuschen und wehrt sich dagegen. Wenn der Mensch Abwehrmechanismen einsetzt und mehr oder weniger erfolgreich lügt, so spricht der Körper doch die Wahrheit. Auf dieser Erkenntnis basiert das Lügendetektor-Prinzip, das zum Beispiel die Veränderungen des galvanischen Hautwiderstandes registriert.

Die psychische Krankheit des Menschen entsteht durch seine Anfälligkeit für die Lüge. Der amerikanische Zoologe und vergleichende Verhaltensforscher Robert Ardrey glaubt, daß der Mensch das einzige Lebewesen ist, das sich selbst belügen kann: »Daß wir einander erfolgreich belügen, ist natürlich; daß wir uns selber erfolgreich belügen, ist ein Wunder der Natur. Und daß drei für das Verständnis des Menschen grundlegende Wissenschaften — Psychologie, Anthropologie und Soziologie — fortwährend und mit Erfolg sich selber belügen, einander belügen, ihre Schüler und die Öffentlichkeit belügen, das ist ein einmaliges Wunder des Zeitalters der Wissenschaften.«

Für den Tiefenpsychologen ist es kein Wunder, sondern ein konstatierbares alltägliches Faktum, das auf dem komplizierten psychischen Abwehrsystem beruht. Dieses Abwehrsystem wird nicht nur zur Abwehr psychischer Inhalte eingesetzt, sondern auch zur Abwehr unbequemer psychologischer, soziologischer, politischer Meinungen und Erkenntnisse. Auch der Wissenschaftler unterliegt in seiner Arbeit den einzelnen Abwehrmechanismen und er trägt sie nicht nur in seine Fragestellungen hinein, sondern auch in die Ergebnisse, die er damit unbewußt fälscht.

Ängstigendes Wissen wird unterdrückt und das Gegenteil mit besonderem Mut und Feuereifer verteidigt, weil das Über-Ich (zum Beispiel die politische Ideologie) die Wahrheit verbietet. Diesem Abwehrmechanismus fallen sowohl marxistische wie auch kapitalistische Wissenschaftler zum Opfer.

Ein Beispiel für die Beeinflussung der Wissenschaft durch ideologisch gefärbtes Wunschdenken war die Verketzerung der wissenschaftlichen Genetik in der Sowjetunion. Der Wissenschaftler Trofim Lyssenko stellte die Theorie auf, daß umweltbedingte Eigenschaften vererbt werden, um damit die gewünschte These zu unterstützen, daß die kommunistische Einstellung vererbt wird. Dieser Lyssenkoismus konnte sich von Ende 1930 bis 1964 behaupten, bis endlich die Humangenetik in der Sowjetunion rehabilitiert wurde.

Die Vermeidung

Die Vermeidung ist ein sehr simpler Abwehrmechanismus: Was Angst einflößt, Unlustgefühle weckt, die Gefahr einer Frustration in sich birgt, wird einfach vermieden. Das Ich begibt sich auf verschiedene Arten in Distanz zur Realität.

Eine Möglichkeit der Vermeidung ist die Übernahme der Zuschauerrolle: »Mach du es, ich schau' lieber zu.« Als Zuschauer wird die aktive Auseinandersetzung mit dem Leben und damit die Gefahr der Frustration vermieden. Durch die Vermeidung wird jedoch auch die Persönlichkeitsreifung verhindert. Im Windschatten der Zuschauerecke kann zwar Kritik geübt und eine Scheinüberlegenheit aufgebaut werden, aber das so bewahrte Selbstwertgefühl steht auf wackeligen Beinen.

In die Zuschauerrolle weichen viele Menschen gerade in einer Konkurrenz- und Leistungsgesellschaft aus. Den Streß des ständigen Leistungsvergleichs hält auf Dauer nur ein sehr selbstbewußter Mensch aus. Da die vorherrschende autoritäre Erziehung das Selbstbewußtsein frühzeitig labilisiert, spielt sich die Leistungsvermeidung schon in der Schule ein. Kein Kind ist von Natur aus faul, sondern im Gegenteil, es ist neugierig und besitzt ein aktives Lernbedürfnis. Ein faules Kind wurde faul gemacht, indem es im »Abwehrmechanismus Vermeidung« Zuflucht vor der Frustration sucht. Jedes organisch gesunde Kind, das Lernstörungen hat, wurde in diesen Abwehrmechanismus durch unser strenges Erziehungs- und Schulsystem getrieben.

Die Vermeidung tritt dann ein, wenn auf die Individualität keine Rücksicht genommen wird und das Nadelöhr, durch das das Kind gefädelt werden soll, zu eng ist. Es wird keine Rücksicht darauf genommen, wann das Kind reif ist, um dies oder jenes zu lernen. Und wenn es bereit ist, dann ist ein anderer Lernstoff aktuell, und er wird mit den falschen Methoden angeboten. Die Lernstörung der Leistungsvermeidung ist das häufigste Symptom der Kinder im Schulalltag. Diesem Abwehrmechanismus stehen die Eltern und Lehrer hilflos gegenüber. Ihre Antwort sind Strafen und autoritäre Strenge. So wird die Vermeidung allerdings weiter verstärkt.

Der Abwehrmechanismus Vermeidung wird später vom Erwachsenen weiter praktiziert, wenn er Leistungen vollbringen soll, denen er sich nicht gewachsen fühlt. Diese Vermeidung führt zu einem Rückzug vor den Anforderungen der Realität und dem Leistungsvergleich. Der Vermeider gibt sich mit einer untergeordneten Tätigkeit zufrieden und protestiert nicht, wenn ihm Unrecht geschieht. Er vermeidet auch die Auseinandersetzung, wenn es darum geht, um sein persönliches Recht zu kämpfen. Er ist froh, wenn er in Ruhe gelassen wird und seinen untergeordneten Platz halten kann. Er ist der willige Untertan, der jede Verantwortung und Zivilcourage von sich abschiebt: »Sollen sich die anderen die Finger verbrennen.«

Der Vermeider vermeidet auch eine politische Stellungnahme und das Nachdenken über gesellschaftliche Mißstände: »Da kann man doch nichts machen — das ist eben so.« Er handelt nach dem Prinzip: Ruhe ist meine erste Bürgerpflicht.

Die zweite Art der Vermeidung neben der Zuschauerrolle ist die Flucht in ein anderes Gebiet. Wenn die Verwirklichung (Anerkennung) auf intellektuellem Gebiet nicht gelingt, wird

Zuflucht auf einem anderen Gebiet gesucht, zum Beispiel im Sport und in Freizeitbeschäftigungen.

Die Mehrzahl der Frauen sucht zum Beispiel Zuflucht in der Ehe, weil ihnen die Anerkennung im Berufsleben verweigert wird. Will sich eine Frau in unserem System der Männer-Wirtschaft behaupten, muß sie viel mehr Frustration einstecken können als sie bei einer »normalen« Erziehung gelernt hat. Es ist deshalb verständlich, daß sie die weitere Berufsverwirklichung vermeidet und den Ausweg in der Ehe sucht. Dieser Ausweg stellt sich jedoch sehr rasch als eine Sackgasse in nicht erwartete Frustrationen heraus. Aus der Ehe gibt es dann meist nur noch die Flucht in die psychische Störung, den Alkoholismus, die Frigidität, die Resignation und Depression.

Nur wenige Frauen bringen noch die Energie auf, sich für die Emanzipation einzusetzen und einen eigenen Emanzipationsversuch zu wagen. Die »Durchschnittsfrau« schafft diesen Kampf nicht mehr, weil sie von ihren eigenen Abwehrmechanismen ständig behindert wird. Sie steht sich selbst im Wege und kann nicht mehr tun, was sie eigentlich möchte. Sie stöhnt: »Wenn ich nochmals von vorne anfangen könnte ...«

Ein Neuanfang ist natürlich theoretisch auch im dreißigsten, vierzigsten und fünfzigsten Lebensjahr noch möglich, wenn die Einsicht da ist und der Leidensdruck stark genug ist. Zunächst muß die Verstrickung aus dem Abwehrsystem gelöst werden. In einer Psychotherapie ist das gezielt möglich. Durch eine Reform der Gesellschaftsstrukturen würde der Neuanfang erleichtert. Doch darauf zu warten, bedeutet unter Umständen, ein Leben lang vergeblich warten. Die politische Aufklärungsarbeit der Frauenemanzipationsbewegung ist ein Tropfen auf den heißen Stein — zweifellos ein wichtiger Tropfen.

Die Menschen (Männer und Frauen) müssen aus der Vermeidung (Zuschauerrolle und Flucht in die Symptome) wieder herausgeholt werden. Der Abwehrmechanismus muß seine Macht verlieren, er muß in einen Angriffsmechanismus übergehen. Statt Abwehr (Rückzug) soll Angriff (Zuwendung) entstehen. Die Aufgabe dieses Buches besteht darin, zunächst die Einsicht zu schaffen und die Angriffsenergien zu stärken.

Die Rationalisierung

In Betrieben und Institutionen dient die Rationalisierung der Leistungs- und Ertragssteigerung. Damit hat der tiefenpsychologische Vorgang, der hier angesprochen wird, nichts zu tun. Gemeint ist auch keine Intellektualisierung auf Kosten des Gefühlslebens, also eine mehr rationale als emotionale Orientierung. Tiefenpsychologisch bedeutet Rationalisierung das verstandesmäßige Rechtfertigen eines Verhaltens mit »vernünftigen« Gründen, um die wahren Gründe auf diese Weise zu vertuschen.

Wahre Motive, die das Über-Ich verurteilt, werden mit fadenscheinigen, vordergründigen Ausreden verdeckt, unwahre Gründe werden dagegen vorgeschoben, sofern sie vom Über-Ich erlaubt sind. Diese Rationalisierungstechnik dient der Abwehr und Verschleierung der wahren Motive. So wird Angst abgewehrt und die Macht des Über-Ichs über das Ich aufrechterhalten.

Diese Definition der Rationalisierung ist recht abstrakt und soll deshalb durch einige Beispiele lebendiger gemacht werden. Herr Walter K., Exportsachbearbeiter, wurde bei einer Beförderung übergangen. Seinem gleichaltrigen Kollegen wurde die Leitung einer Zweigniederlassung im Ausland übertragen. Walter K. ist ehrgeizig und hätte diese Position gerne übernommen; dies gibt er jedoch vor sich selbst und seinen Bekannten nicht zu. Er rationalisiert, wenn er sagt: »Ich bin froh, daß ich diesen Job nicht bekam. Der Umzug mit der Familie wäre eine große Belastung und dann die politischen Unruhen in diesem Land. Die Zweigniederlassung besteht erst ein Jahr, den Vorgänger haben sie gefeuert, dieser Job ist doch der reinste Schleudersitz.« Wenn dem Fuchs die Trauben zu hoch hängen, erklärt er sie für zu sauer.

Das Über-Ich von Walter K. hat die Ehrgeizhaltung und ein Aufstiegsbewußtsein introjiziert. Der Aufstieg wird also mehr oder weniger bewußt angestrebt und vom Über-Ich gefordert. Das Selbstwertgfühl ist von beruflichen Leistungs- und Aufstiegserfolgen abhängig. Damit nach einem »Mißerfolg« das Selbstwertgefühl erhalten bleibt, wird die Rationalisierung eingesetzt. Sie stabilisiert zwar das psychische Gleichgewicht, verhindert jedoch eine sachliche Auseinandersetzung mit dem Problem, zum Beispiel durch schonungslose Selbstbefragung: Hätte ich den Job gerne gehabt? Warum? Wie wichtig wäre für mich ein Job dieser Art? Warum hat man einen Kollegen vorgezogen? Fehlen mir Qualitäten, bin ich weniger beliebt, oder will man mich anderweitig fördern? Durch die Rationalisierung wird im Moment zwar die psychische Stabilität bewahrt, aber eine konstruktive Auseinandersetzung mit dem Gesamtproblem vermieden.

Ein zweites Beispiel für den Abwehrmechanismus Rationalisierung: Personalchef Knut B. wird vom WDR um ein Fernsehinterview über die Methoden der Bewerberauswahl gebeten. Da er noch nie ein Fernsehinterview gemacht hat, tauchen Angstgefühle auf, ob er dieser neuen Situation gewachsen sein wird. Diese Angstgefühle möchte er sich selbst und dem WDR-Redakteur gegenüber nicht offen zugeben, und er bittet deshalb zunächst um Bedenkzeit mit der Rationalisierung: »Ich bin zur Zeit überlastet, so daß ich für Spielereien dieser Art keine Zeit habe. Unsere Presseabteilung wird sich mit Ihnen in Verbindung setzen.« Knut B. wendet sich an die Presseabteilung, mit einer weiteren Rationalisierung gegenüber dem Chef der Presseabteilung: »Ich würde mich freuen, wenn Sie das Interview machen und einige Statements zu unserer Personalarbeit abgeben würden. Wenn ich gefragt werde, besteht die Gefahr, daß man zu sehr nach Details fragt, die wir ja gerade bezüglich der Bewerberauswahl nicht an die Öffentlichkeit bringen wollen.« Es ist keine Rede von dem eigentlichen Grund, der Angst von Herrn Knut B., vor der Kamera flüssig und ohne Anzeichen von Nervosität zu sprechen.

Eine sehr verhängnisvolle und weitverbreitete Rationalisierung geschieht bei der Rechtfertigung des Egoismus. Als Ausrede dienen folgende Argumente: »Ohne egoistisches Leistungsstreben wäre kein wirtschaftlicher Fortschritt möglich. Es ist ganz natürlich, daß sich der Stärkere durchsetzt. Dem Tüchtigen sollen Prämien und Statussymbole zukommen, die der unterlegene Konkurrent nicht erringt. Auch im Tierreich setzt sich das stärkere Tier durch. Das egoistische Streben nach Erfolg und Imponieren ist gerechtfertigt. Solidarisches, kooperatives Verhalten ist unmöglich. Im Grunde dreht sich doch alles um die Macht.«

Mit Rationalisierungen dieser Art wird das eigene Durchsetzungsverhalten moralisch als »natürlich« gerechtfertigt ohne weiteres Nachdenken über die Auswirkungen und Folgen. Auch die negativen Folgen gelten schließlich als gerechtfertigt, wenn sie »natürlich« sind.

Ein Diskussionspartner sagte mir einmal: »Ohne egoistisches Streben nach Rang und Status würde das menschliche Zusammenleben veröden. Wettstreit bringt erst Glanz in das Leben.« Diese Auffassung dient zur Rationalisierung des eigenen Verhaltens und Erfolges. Daß andere Menschen hierbei zur Seite gedrückt werden und auf der Strecke bleiben, wird damit übertüncht. Es ist jedoch nicht richtig, daß durch Kooperation und Solidarität das menschliche Zusammenleben verödet. Im Gegenteil, es werden Kontaktenergien frei, die sonst in der Konkurrenz aufgebraucht werden.

Die Betäubung

Die Betäubung mit Alkohol ist ein sehr gefährlicher Abwehrmechanismus. »Im Becher sind schon mehr Leute ersoffen als im Bach«, sagt ein ghanaisches Sprichwort. In Deutschland sind viele Hunderttausende alkoholsüchtig beziehungsweise alkoholkrank. Ohne ärztliche und psychotherapeutische Hilfe gibt es für diese Personengruppe keine Rettung von ihrer Sucht mehr. Sie saufen sich buchstäblich zu Tode, weil sie das Leben nüchtern nicht mehr ertragen können.

Diese Flucht aus der Realität in die Betäubung ist eine Abwehrreaktion gegenüber der unerträglichen Realität. Durch die Betäubung mit Alkohol verlieren die Konflikte, Frustrationen, Ängste und Schuldgefühle vorübergehend an Macht über die Psyche. Der Alkoholrausch macht im Moment sorgloser, freier und unbeschwerter.

Organische Alkoholschäden treten erst nach jahrelanger chronischer Trunksucht auf. Die Mediziner setzen die akute Gefährdung bei der täglichen Alkoholmenge von 100 Millilitern an. Die Folgen des Alkoholkonsums sind unter anderem die Alkohol-Hypoglykämie, die Entzündung der Bauchspeicheldrüse, die Herzmuskelschwäche, die Fettleber, Gastritis und Leberzirrhose. Der chronische Alkoholkonsum von täglich 100 Millilitern ist ein Selbstmord auf Raten, denn der Süchtige stirbt etwa zehn Jahre früher als ein Durchschnittsbürger ohne Alkoholkonsum.

Es dauert etwa sechs bis sieben Jahre, bis gewohnheitsmäßige Trinker die ersten körperlichen Symptome spüren und deswegen den Arzt aufsuchen. Die Heilungschance, die völlige Befreiung vom Alkohol (Abstinenz), ist leider sehr gering. Sie gelingt nur bei etwa zehn bis zwanzig Prozent der Kranken.

Im Einzelfall stellt sich der Weg in den Alkoholismus zum Beispiel konkret so dar: Karl M., 30, durchschnittlicher Hauptschulabschluß, kaufmännische Lehre, bildet sich in Abendkursen weiter, um erfolgreicher zu sein, als es normalerweise mit Hauptschulabschluß und kaufmännischer Lehre möglich ist. Um zehn Uhr abends ist er von seinem Leistungstag im Nacken verspannt, an den Schläfen hat er leichte Schmerzen. »Erst mal entspannen«, wer könnte es ihm verdenken. Wenn er tagsüber Ärger hatte und sein Selbstbewußtsein durch einen »Anschiß von oben« beträchtlich gesunken ist, ist der Wunsch nach Entspannung auch einmal stärker als sonst.

Die allgemeine wirtschaftliche Rezession läßt ihn um seinen Arbeitsplatz bangen. Ein Kollege wird entlassen, er übernimmt zum Teil dessen Arbeitsgebiet mit; wieder ein Grund, um sich abends mit Alkohol zu entspannen, vor allem, da es in seiner Ehe auch nicht mehr so entspannt und harmonisch zugeht wie früher.

Das Suchtkarussel dreht sich für Karl M. nun täglich schneller.

Der Versuch, sich von den Schwierigkeiten des Alltags zu kurieren, führt auf fatale Weise in eine Teufelsspirale des zunehmenden Alkoholkonsums und der damit gekoppelten zunehmenden psychischen Schwierigkeiten. Das Trinken ist eine Folge von Lebensproblemen und bereits vorhandener psychischer Symptome. Es entwickelt sich in der weiteren Krankengeschichte zu einer Symptomdominante in einem großen psychischen Syndromzusammenhang. Das Trinken ist eine Abwehrhaltung, um auf diese Weise zu vergessen, was täglich belastet und kränkt. Zunächst heilt der Alkohol diese Wunden scheinbar, dann fügt er neue hinzu. Die alten Wunden wurden nur übertüncht, nicht geheilt. »Alkohol ist Medizin«, heißt es vertrauenerweckend. Es ist tatsächlich Medizin, aber nur für psychisch ausgeglichene Menschen. Wer sich wohl fühlt, kann durch kleine Mengen Alkohol, die relativ unschädlich sind, sein Wohlbefinden noch steigern.

Für Unglückliche ist Alkohol jedoch ein lebensverkürzendes Gift. Er deckt die Probleme nur zu und schafft schließlich neue, viel größere Probleme. Deshalb ist die richtige Medizin für psychische Probleme keinesfalls der Alkohol, sondern nur die Psychotherapie. Nur durch sie kann ein »gekränkter Mensch« lernen, seine Probleme zu verarbeiten, ohne sie in einer Betäubung zeitweise wegzuschieben und durch Rauschzustände zu vernebeln.

Die Abschirmung

Was der Alkohol nicht schafft (Selbstheilung), bewerkstelligen auch keine Psychopharmaka. Sie schirmen nur ab, mildern zunächst die Symptome, nehmen sie jedoch nicht weg und beseitigen nicht die Ursachen.

Psychopharmaka sind chemische Substanzen, die auf das zentrale Nervensystem wirken. Der Mediziner verschreibt Psychopharmaka bei diffusen Mantel-Diagnosen, wie »vegetative Dystonie« oder »psychovegetatives Reizsyndrom«. Unzählige psychosomatische Symptome können unter diese Bezeichnung fallen, wie zum Beispiel Schlafstörungen, kardiovaskuläre Störungen, nervöse Reizbarkeit, Erregtheitsbeschwerden, Erschöpfungsgefühle, Sexualneurosen, Angstgefühle, Unruhe, psychogene Atemstörungen.

Die Psychopharmaka wirken Wunder, sie beruhigen den Ängstlichen und heben den Deprimierten aus seinem Stimmungstief — solange die chemische Wirkung anhält —, bis der alte Zustand wieder auftritt. Die berechtigten Ängste und psychologisch verständlichen Traurigkeitsempfindungen über Erlebnisse werden so symptomkuriert.

Mit der Menge wird die Ruhe und Stabilität der Seele reguliert: »Ganze Tablette: Eine eindrucksvolle Wirkung, gewährleistete Ruhe, Stabilität und Anxiolyse. Halbe Tablette: Eine fühlbare Hilfestellung, gewährte Ruhe, Stabilität und Entspannung. Viertel Tablette: Ein behutsames Geleit, erhaltene Ruhe, Stabilität und Unbefangenheit. Eine Tablette abends, mit 24 Stunden Langzeitwirkung, sorgt nachts für Ruhe, Entspannung und Schlaf, am Tage für Unbefangenheit, Ausgeglichenheit und Entfaltung.«

Ist das nicht wunderbar? Der Schein wird gewahrt, als sei eigentlich alles in bester Ordnung. Gutes Funktionieren im Alltag wird durch einen Pillenschluck wieder hergestellt. Für Ruhe und Ordnung (in der Seele und am Arbeitsplatz) ist gesorgt, solange die Pille den Protest des Körpers und der Seele (das sind die Symptome) reguliert.

Dieser Protest wird elegant zugetüncht. Gute Psychotherapeuten sind noch immer rar und zudem hoffnungslos überlastet. Der Arzt hört dem Protest (resultierend aus den Lebens- und Umweltproblemen des Patienten) nicht zu, weil er dafür keine Zeit hat und dafür auch nicht ausgebildet ist. Warum verschreibt er Psychopharmaka und keine Überweisung zum Psychotherapeuten, der zuhören und dem heimlichen Protest auf den Grund gehen würde?

Da Psychopharmaka in unerschöpflichen Mengen vorhanden sind und der Verschreibungsweg für den Arzt auch bequemer und seinem Selbstverständnis naheliegender ist, unternimmt er lieber etwas Chemisches gegen das Symptom, der Patient empfindet eine Wirkung, und beide sind soweit zufrieden.

Ein Arzt stellte mir die Frage: »Die Krankmacher, die sozialen Lebensumstände des Patienten, seine Ehe- und Berufsprobleme, sein Leiden unter den Anforderungen der Leistungsgesellschaft, sein Zivilisations-Syndrom, seine verkorkste Biographie, die Empfindungen der Überforderung oder Unterdrückung — was soll man dagegen tun?« und gab selbst die Antwort: »Das ist nun mal der Preis unserer modernen Zivilisation. Paradiesische Zustände gibt es eben nicht und wird es auch nie geben. Also sind Psychopharmaka eine Wohltat für den vegetativ geschädigten Menschen.« — Das sind die Argumente, die nicht nur Ärzte, sondern auch Politiker zur Verteidigung der Psychopharmakabehandlung gebrauchen.

Die medikamentöse Abschirmung des Patienten gegenüber Realitäten, die ihn ängstigen, beunruhigen und nervös machen, hat auch den Vorteil, daß er weiter arbeitsfähig, ehefähig und fügsam bleibt. So wird auch verhindert, daß das große psychische Elend beunruhigender an die Oberfläche des Bewußtseins tritt. Dies ist für die Mächtigen der Gesellschaft nützlich, weil die Ruhe, Ordnung und Stabilität nicht in Frage gestellt wird und unbequeme soziale Reformen hinausgeschoben werden können. Zynischer Vorschlag: Wie wäre es mit ausgeklügelten Librium-Mengen im Trinkwasser?

So haben Psychopharmaka viele positive Effekte, der Patient wird zeitweise auf dem chemischen Weg psychisch entlastet, der Arzt hat die Entlastung bewirkt und verdient bequem Geld, Protest wird unterdrückt, denn der Patient sieht die Schuld bei sich selbst, die Symptome versteht er als Zeichen seiner Schwäche.

Psychopharmaka stellen den Patienten ruhig und erhalten so die gesamtgesellschaftliche Ruhe. Der Patient wird vor Belastungen abgeschirmt, und die Belastungen können weiterbestehen. Fazit: Nicht die gesellschaftlichen Verhältnisse sind krank, sondern der einzelne ist krank — wie seine Symptome zeigen. Der Arzt kann sie mit Tabletten vorübergehend heilen.

Auf diese Weise wird verschleiert, daß die Gesellschaft den einzelnen in den Protest treibt, ihn mit Symptomen reagieren läßt. Die Psychotherapie würde die Wahrheit hervorbringen und dem Patienten die Gründe für seine Symptome bewußt machen. Er würde sein Leben neu orientieren können und nicht mehr mit Psychopharmaka seine Probleme abwehren, wegdrängen und beiseiteschieben müssen. Sein Protest könnte sich formulieren und die Psychotherapie würde zu einem Stück Sozialtherapie führen, denn sobald ein Patient weiß, was ihn krank macht, kann er sich besser dagegen zur Wehr setzen und aktiv an einer Veränderung dessen arbeiten, was ihn ängstigt und beunruhigt. Er muß sich weniger selbst belügen und kann mit der Wahrheit besser umgehen.

Dies muß das Ziel zukünftiger ärztlicher und psychotherapeutischer Reformen sein. Die Psychopharmaka sollten nur noch zur Unterstützung, zum Beispiel vor und nach Operationen und bei aktual-psychotischen Prozessen, eingesetzt werden.

Bei psychosomatischen und vegetativen Symptomen aller Art ist die Psychotherapie angezeigt. Die Ausbildung von Therapeuten sollte deshalb vorrangig gefördert werden. Das ist jedoch noch nicht genug. Der Wiener Historiker Friedrich Heer weist auf die Dringlichkeit neuer Wege hin: »Ein anderes tut not. Eine neue Innenpolitik, die als vordringlich die Umschulung, besser, die Einführung von Millionen Menschen in mitmenschliche Berufe anstrebt. Millionen Kranke, psychisch und physisch Kranke, Gebrechliche, Einsame, Alkoholiker, Drogensüchtige, behinderte Kinder, aus Gefängnissen Entlassene, bedürfen mitmenschlicher Hilfe.«

Er schlägt eine Schulung großer, interessierter Bevölkerungsgruppen vor und sagt: »Diese notwendige Umschulung, besser, Einführung, die Überführung also von auch zahlenmäßig in Betracht kommenden Gruppen (für unsere Politiker ist nach wie vor der Mensch erst interessant, wenn er in Quantität auftritt, Qualität ist machtpolitisch ganz uninteressant) in mitmenschliche Berufe setzt eine Erweiterung des Menschenbildes, der Erfahrung um die innere Mehrdimensionalität des konkreten Menschen als Person, voraus.«

Die Ohnmachtserklärung

Die Ohnmachtserklärung ist einer der folgenreichsten Abwehrmechanismen. Es wird behauptet, daß man gegen eine Kränkung nichts tun kann, also ohnmächtig zusehen muß und letztlich schuldlos den Schwierigkeiten ausgeliefert ist. Die Standardredewendung lautet resignierend: Da kann man nichts machen, das ist eben so.

Diese Abwehr der Probleme, das Verdammungsgefühl zur Passivität hat gute Gründe: Eine weitere Beschäftigung damit lohnt sich nicht, da sie nicht weiterhilft. Die Ohnmachtserklärung ist also eine bequeme Methode, sich dem Problem nicht weiter zu stellen. Dieser Rückzug in die Passivität ist verhängnisvoll, weil er der Beginn der Manipulierbarkeit ist.

Die erste Kapitulation des Ich geschieht in der Lebensgeschichte gegenüber der Autorität. Das Ich gibt den Widerstand gegen das übermächtige Eltern-Ich auf, weil die Machtverhältnisse ungleich verteilt sind. Die Autorität der Eltern erzwingt Gehorsam durch Strafdrohungen, vollzogene Strafen und praktizierten Liebesentzug. Hier wird zum ersten Mal die Erfahrung gemacht, daß sich Widerstand nicht lohnt und Ohnmacht besteht. Ich könnte hierfür Hunderte von konkreten Beispielen aus meiner Praxis (in der Elternberatung) schildern, wie der Widerstand des jungen Ichs gebrochen wird.

Im Abschnitt »Die Identifizierung« wurde erklärt, wie in der Persönlichkeitsstruktur des Kindes auf diese Weise durch Ohnmachtsempfindungen und Introjektion der Autoritätsnormen das Über-Ich gebildet wird. Je strenger, strafender und autoritärer die Erziehung der Eltern praktiziert wird, um so strenger und fester wird das Über-Ich. So wird die Denkhaltung eingeschliffen: Widerstand lohnt sich nicht, dagegen bin ich ohnmächtig, dagegen ist nichts auszurichten, das sind die Normen, am besten, man richtet sich nach ihnen, übernimmt und praktiziert sie und gibt sie weiter.

Auf diese Weise wird sehr frühzeitig der Widerstandswille gebrochen: Ungehorsam lohnt sich nicht! Bei einer freiheitlichen Erziehung, die selten straft, selten Gehorsam und Einschränkungen verlangt und Widerstand erlaubt oder ihn toleriert, bildet sich ein unbedeutendes Über-Ich. Eine Persönlichkeitsentwicklung ohne Normen ist nicht denkbar. Auch eine utopisch liberale Erziehung vertritt bestimmte Normen, die eingehalten werden müssen. Auch diese Normen werden introjiziert, und es bildet sich ein Über-Ich. Wichtig ist jedoch zu sehen, daß es hier graduelle Unterschiede gibt, von einem kleinen bis zu einem sehr kräftig ausgeprägten Über-Ich.

Das traditionelle Erziehungsideal strebt ein mächtiges Über-Ich an. Vom psychologischen Standpunkt aus betrachtet ist ein möglichst kleines Über-Ich anzustreben, weil auf diese Weise die Selbständigkeit erhalten bleibt und das resignierende Ohnmachtsempfinden klein gehalten wird.

Diese graduellen Ausprägungen des Über-Ichs sind in den einzelnen Gesellschaftsschichten unterschiedlich. Am stärksten ist das Über-Ich in der mittleren und oberen Unterschicht und in der unteren und mittleren Mittelschicht. Am geringsten ist es in der unteren Unterschicht, in der oberen Mittelschicht und der Oberschicht ausgeprägt.

Die untere Unterschicht hat nichts zu verlieren. Hier führt der Widerstand gegen die Autorität leicht in die Kriminalität. Die Oberschicht benötigt kein starkes Über-Ich, weil hier das Ich mehr Möglichkeiten der Entfaltung bekommt. Die Oberschicht, als herrschende Schicht, unterliegt weniger Beschränkungen. Sie besitzt mehr Möglichkeiten, sich zu entfalten, weniger Widerstände stellen sich der Persönlichkeitsentwicklung entgegen.

Die große Mehrheit der Bevölkerung besitzt ein starkes Über-Ich. Die Ohnmachtsempfindung ist demzufolge ein Mehrheitsproblem, sie wird in der Erziehung angestrebt, weil auf diese Weise die Mehrheit von einer Minderheit (Oberschicht) leichter zu egoistischen Zwecken ausgebeutet werden kann: Wer Ohnmachtsgefühle hat, protestiert nicht und läßt sich bequem manipulieren.

Für den einzelnen mit starkem Über-Ich hat das im Alltag folgende Konsequenzen: Er fügt sich willig vorgegebenen Normen mit dem introjizierten Denken: Das ist eben so, diese Forderungen müssen erfüllt werden. Wenn ich sie nicht erfüllen kann, ist das ein Manko meiner Person, eine Minderwertigkeit, eine geringere Lebenstüchtigkeit — eine Krankheit. Nach diesem absichtlich introjizierten Prinzip wird also ein Heer von Untertanen erzogen, das keinen Widerstand entwickeln kann. So ist psychologisch verständlich, daß ein Claus Graf Schenk von Stauffenberg aus der Oberschicht kam und nicht aus der Mittel- oder Unterschicht. Auch der Kriminelle aus der unteren Unterschicht erfüllt keine Stauffenberg-Funktion, da er egoistisch auf persönliche Freiheit bedacht ist, also sich nicht einer sozialen Gesamtstruktur zukunftsbezogen verbunden fühlt.

Die große Mehrheit fragt psychologisch sehr verständlich: Was sollen wir denn machen? Hitler ist ein Unglück, aber wir sind gegen ihn und seine Politik ohnmächtig. Und so geschieht es auch heute. In Deutschland und Europa droht zur Zeit zwar kein Faschismus (vergleichbar mit Hitlers Faschismus), aber die allgemeinen Weltprobleme werden wieder von der Mehrheit der Bevölkerung auf die Ohnmachtsbank geschoben. Jetzt sind es die atomare Bedrohung, die Umweltverschmutzung, die Ausbeutung der Entwicklungsländer, die Macht der Konzerne und der bürokratische Mißbrauch von Autorität, gegen die nichts unternommen wird.

Das ist eine kurze Zusammenfassung der Makroprobleme. Um die psychischen Mikroprobleme steht es nicht besser. Der einzelne kann sich nicht gegen den Machtmißbrauch und die psychische Kränkung seines Lehrers, Lehrherrn, Chefs, Ehepartners wehren. Er fühlt sich ohnmächtig und glaubt, daß diese Ohnmacht normal ist.

Abgewehrt wird der Gedanke, daß Widerstand möglich ist. Das Ich kapituliert gegenüber den introjizierten Über-Ich-Forderungen. Die Abwehr dient der Angstvermeidung (Strafangst), die letztlich zu einer diffusen Lebensangst führt.

Die Ich-Instanz sollte also an Kraft und Autonomie gewinnen und sich gegen das mächtige Über-Ich zur Wehr setzen. Je mehr Macht das Ich gewinnt und das Über-Ich verliert, um so freier und gesünder fühlt sich der Mensch. Der Weg zur psychischen Gesundheit ist vorgezeichnet als ein Weg des Widerstandes gegen Introjektionen der Autoritäten. Nun ist es verständlich, warum die Psychotherapie von den Mächtigen nicht gefördert wird. Sie soll eine Oberschichttherapie bleiben und die Mehrheit in ihrem Zustand der Manipulierbarkeit belassen. Die Psychopharmaka werden toleriert, da sie die Symptome mildern, ohne die Ursachen aufzuhellen.

Das Rollenspiel

Das Rollenverhalten dient der Ohnmachtserklärung. Das Argument lautet: Das läßt meine Rolle nicht zu, ich möchte nicht aus der Rolle fallen.

Das Rollenklischee gibt einerseits Sicherheit, andererseits vermittelt es aber auch das Gefühl, in einer Zwangsjacke zu stecken.

Solange die eigene Rolle akzeptiert wird und auch der Mitmensch seine Rolle bejaht, kann das Rollenspiel reibungslos ablaufen.

Die meisten sozialen Kontakte funktionieren nach gesellschaftlichen Spielregeln auf diese Weise sehr zuverlässig. Wer aus seiner Rolle ausbrechen will und sich mit seinen Mitmenschen auf einen Rollenkampf einläßt, erfährt ein großes Maß an psychischer Verunsicherung, aber auch an Freiheit.

Das Klammern an die Rolle gibt zwar psychische Unfreiheit, spendet aber auch Sicherheit. Das Bedürfnis nach Sicherheit ist zumeist größer als das Freiheitsverlangen, das auf einer Stufe der Sehnsucht dahindämmert.

Die Rollenfindung geschieht schon sehr früh in der Kindheits- und Jugendentwicklung. Der amerikanische Facharzt für Psychiatrie Thomas A. Harris beschreibt die Persönlichkeitsentwicklung als eine Entwicklung von Eltern-Ich, Kindheits-Ich und Erwachsenen-Ich. Eine Person kann also drei Rollenstufen einnehmen und auf einer der drei Stufen verharren. Als Erwachsener spricht dann aus ihm einer der drei Ich-

Zustände. Die Persönlichkeitsstruktur von Harris basiert nicht auf Freuds Instanzenmodell (Es, Ich, Über-Ich), weist jedoch Ähnlichkeiten damit auf.

Jeder trägt die drei Ich-Zustände in sich, wobei der eine oder andere Zustand überwiegt.

Die Kommunikation funktioniert mit den Mitmenschen am reibungslosesten, wenn sich zwei Personen gegenseitig mit ihrem Erwachsenen-Ich ansprechen. Die verschiedenen Kombinationen, Person A Erwachsenen-Ich — Person B Kindheits-Ich oder Person A Eltern-Ich — Person B Kindheits-Ich usw. führen zu Kommunikationsschwierigkeiten. Die Position des Erwachsenen-Ichs ist die reife Haltung. Aus Abwehrgründen ziehen sich die meisten jedoch auf die Position des Kindheits- bzw. Eltern-Ichs zurück.

Neben diesen persönlichkeitsspezifischen Ich-Zuständen gibt es noch weitere Rollen, hinter denen sich das Individuum verstecken kann.

Die Rolle ist eine Maske, die Sicherheit gibt. Zu den wichtigsten Masken zählen die Geschlechtsrolle, Berufsrolle und Statusrolle.

Was mit Berufs- und Geschlechtsrolle gemeint wird, ist evident. Die Statusrolle ist dagegen komplizierter und subtiler. In der Statushierarchie der Gesellschaft nimmt jeder von oben nach unten einen bestimmten Rang ein, den er bewahren möchte, nach unten zur Schau stellt und verteidigt. Die Statusrolle weist ihm und den Mitmenschen einen Rangplatz im Kontakt zu.

An der Statusrolle wird deutlich, wie die Geborgenheit der Masken auf den unteren Rängen zur Zwangsjacke werden kann.

Ein Entrinnen ist nur durch den Statuskampf möglich. Der Statuskämpfer macht die Erfahrung, daß die Gegner die Kampfansage zunächst mit verstärkt eingesetztem Rollenverhalten parieren. Die nächsthöhere Autorität verschanzt sich hinter den Spielregeln und pocht auf ihre Vorschriften. Der Verweis auf die festgefügte Statusrolle ist die Abwehrtechnik.

Wer die eigenen Rollenhülsen abwirft und sich über andere Rollenklischees hinwegsetzt, erfährt die Schwierigkeiten, ein Spielverderber zu sein.

Die Gefühlspanzerung

Die Freiheit der Person ist nicht in der Zwangsjacke einer Rolle möglich. Hinter der vorgeführten Maske versteckt sich das wirkliche Ich mit seinen Sehnsüchten und Gefühlen. Die Rolle und die Gefühlspanzerung (nach außen, gegen außen) gehören zusammen.

Die Gefühle werden von den meisten Menschen sorgsam kontrolliert und versteckt. Gefühle sind in unserer technischen Zivilisation suspekt, und es herrscht die Auffassung, Gefühle soll man nicht zeigen, am besten werden sie wegtrainiert. Die vernünftige, emotionslose Betrachtung gilt als Ideal.

»Keine tausend Plastikblüten lassen eine Wüste blühen. Und tausend leere Gesichter machen einen leeren Raum nicht voll«, schreibt der Gestalttherapeut Frederick S. Perls. Leere Gesichter sind emotionslos, sie zwingen sich zur Emotionslosigkeit, beherrschen sich zu einer klinischen Sachlichkeit und Intellektualität. Der Intellekt ist gesellschaftsfähig, während die Gefühle weggepanzert werden. Diese Übergewichtigkeit des Intellekts und das Verstecken der Emotionen zeigen eine tiefe Unsicherheit und Abwehrhaltung gegenüber der eigenen Lebendigkeit. Tausend Plastikblumen wollen Leben vortäuschen, machen eine Wüste jedoch nicht lebendig. Das ist eine treffende und dazu poetische Diagnose des zivilisierten Menschen.

Damit die Wüste zu leben beginnt, müssen wir unsere gelernten, künstlich geschaffenen sozialen Rollenklischees wie

Krücken wegwerfen und den Gefühlspanzer öffnen. An dieser Stelle möchte ich den Leitgedanken der Gestalttherapie von Perls zitieren. Er plädiert für eine freie Entfaltung der Persönlichkeit ohne Gefühlsunterdrückung: »Ich tu, was ich tu; und du tust, was du tust. Ich bin nicht auf dieser Welt, um nach deinen Erwartungen zu leben, und du bist nicht auf dieser Welt, um nach den meinen zu leben. Du bist du, und ich bin ich. Und wenn wir uns zufällig finden — wunderbar. Wenn nicht, kann man auch nichts machen.«

Das Rollenverhalten ist ein Erwartungshandeln, und die Gefühle werden kontrolliert, um angepaßt zu funktionieren. Jeder spielt dem anderen den Gleichmütigen und Gelassenen vor, der sich nicht erregt und über den Dingen steht, sich nicht ängstigt und keine Probleme hat. Diesem Ideal ist nur nachzukommen, wenn man sich beherrscht, unter Kontrolle hat, Erregung und Gefühle nicht zeigt.

Wohin aber mit der Erregung und Gefühlsbewegung, die sich nicht ausdrücken darf? Sie verschwindet nicht (wie verdrängte Konflikte auch nicht), sondern schlägt sich im Körper auf die Muskeln und Organe nieder. Die Muskulatur wird verspannt, im Nacken, in den Waden, auf dem Rücken, auf der Bauchdecke und in den Armen. Die Muskelspannungen können durch Massage, ein warmes Bad oder Alkohol und Psychopharmaka wieder gelockert werden. Die bessere Methode wäre jedoch eine Prophylaxe durch Abreaktion der Gemütsbewegungen und Gefühlsempfindungen. Nur so kommt das körperlich-seelische System in ein gesundes Gleichgewicht.

Kinder können ihre Gefühle besser ausdrücken als Erwachsene. Ihnen nimmt man nicht übel, wenn sie vor Zorn mit dem Fuß aufstampfen und zügellos losheulen, wenn sie psychischen Schmerz empfinden. Deshalb leiden sie seltener unter Muskelverkrampfungen als Erwachsene, sie regulieren ihr Gleichgewicht gesünder, weil sie sich weniger Rollenzwängen und Gefühlskontrollen unterwerfen müssen. Kinder sind »psychisch klüger« als Erwachsene.

Warum machen die Erwachsenen in dieser Beziehung einen Rückschritt? Warum brauchen sie Akupressur, Sauna, Massage, autogenes Training und Psychopharmaka, um ihre Gefühlspanzerung zu lockern? Sie wachsen in eine zunehmend stärker werdende äußere und innere Kontrolle hinein, und sie unterwerfen sich, um als funktionstüchtig zu gelten, den herrschenden Normen.

Der Schriftsteller Heinrich Böll führte einmal einen Prozeß gegen den Journalisten Mathias Walden. In einem Bericht über den Prozeß schrieb »Die Welt«, Böll sei in einem schlecht sitzenden Anzug vor Gericht erschienen. Diese Verächtlichmachung einer Person durch den Hinweis auf eine lässige Kleidung zeigt, wie die Normenregelung ständig überwacht wird. Bölls Antwort weist sensibel in die richtige Richtung: »Und ich vermute, daß sehr viele Menschen, die nicht meine Freiheit haben, die das nicht mehr oder weniger souverän über sich ergehen lassen können, regelrecht terrorisiert werden, in Büros, großen Betrieben. Das ist eine Perversität und absolut inhuman.«

Die Bewertung der Kleidung zielt auf eine Äußerlichkeit. Die Abwertung von Persönlichkeitseigenschaften und Gefühlsregungen trifft eine Person noch viel härter, weil intimer und deshalb wirkungsvoller. So wächst langsam aber gründlich die Gefühlspanzerung (das dicke Fell, populärer ausgedrückt). In einem Interview mit Christian Linder sagte Heinrich Böll über den gegenwärtigen Zustand treffend: »Emotional zu sein, gilt ja fast schon als Kranksein ...« Diese Anti-Emotionalitäts-Philosophie hängt wiederum zusammen mit der Geruchlosigkeit, mit der Fertigkeit und so weiter. Eigentlich ist es eine Todesanzeige. Jemand, der keine Emotionen mehr hat, ist tot.«

Tausend Plastikblüten lassen eben keine Wüste blühen.

II. Wege aus dem verschütteten Ich

Erwachsen werden

Schönheit ist überall,
jetzt kann ich sie sehen,
hören, riechen und schmecken,
weil ich frei bin,
ohne Geborgenheit,
da du mich verlassen hast,
du und auch die anderen.

Jetzt bin ich ganz bei mir,
bin eins geworden
in der Unsicherheit
meiner Losgelöstheit.
Will so weiterleben,
ohne Rat und Lob
nach dieser neuen Pubertät,
in der ich mich
in die Welt verliebe.

Gelassenheit ist etwas Herrliches, Bewundertes und deshalb von vielen Ersehntes — Gelassenheit ist der reinste Ausdruck seelischer Gesundheit. Wer gelassen ist, hat die höchste Stufe des Menschseins und der Weisheit erreicht — er ist ausgeglichen und kann ausgleichend auf andere einwirken. Mit Gelassenheit wird deshalb seelische Stärke verbunden und vor allem seelische Unverletzlichkeit. Ich höre oft den Stoßseufzer: »Ach, wäre ich doch weniger sensibel, könnte ich Angriffe und Kritik besser ertragen, hätte ich doch ein dickes Fell, dann könnte ich gelassen reagieren.«

Zuallererst möchte ich klarstellen, daß Gelassenheit nichts mit einem »dicken Fell« zu tun hat. Wer ein dickes Fell besitzt, ist dickhäutig und stumpf, er will sich nur schützen, das ist keine wirkliche Gelassenheit. Wer Tranquilizer schluckt oder Alkohol trinkt, um auf chemischem Weg vor der Angst Schutz zu suchen, reagiert auf Reize scheinbar gelassen, ist in Wirklichkeit aber nur betäubt und deshalb nicht wirklich gelassen.

Wer sich einredet, daß er »über den Dingen steht«, weil er zum Beispiel besonders begabt ist oder aus einer privilegierten Gesellschaftsklasse hervorgeht, weil er Erfolge im Beruf hat oder eine schöne Frau geheiratet hat bzw. den erfolgreichsten Mann am Ort, auch der betäubt sich. Zur Schau gestellte Gelassenheit ist eine Scheingelassenheit, die leicht zusammenbricht, sobald unerwartete Streßbelastungen auftreten.

Wirkliche Gelassenheit ist etwas ganz anderes:

Sie geschieht völlig unabhängig von chemischen Drogen jeder Art, losgelöst von einem Status, einem Vermögen oder einem geistigen Trick. Gelassenheit ist gerade deshalb so selten und begehrenswert, weil sie nur unter Beteiligung der gesamten Existenz möglich wird, nicht durch einen Schnellkurs in einer Psychotechnik.

Ein erfolgreicher, vermögender Mann kam in meine Praxis und klagte: »Ich habe heute mehr erreicht, als ich mir als Zwanzigjähriger erträumt habe. Meine Firma wirft Gewinn ab. Ich besitze eine beneidenswert schöne Frau, meine beiden Kinder sind gesund und intelligent. Und dennoch bin ich immer so unruhig und verspüre oft ein Gefühl von Unsicherheit, das ich sogar als Angst bezeichnen möchte. Ich fühle mich immer unter Spannung und kann meinen Erfolg und mein Glück nicht richtig genießen. Was soll ich unternehmen?«

Nachdem er auf den Gebieten erfolgreich war, die mit Willen, Energie, Tatkraft und Initiative erreichbar sind, wollte er jetzt auch auf seelischem Gebiet erfolgreich sein, nämlich glücksfähig, ausgeglichen und gelassen. Er kam zu mir, um sich mit Hilfe von einigen Beratungsstunden seelische Ausgeglichenheit zu erwerben. Das ist natürlich nicht möglich. Gelassenheit ist kein leicht käuflicher Konsumartikel, genausowenig wie Liebe. Sexualität mag käuflich sein, aber nicht Liebe. Eine Technik ist käuflich, wie beispielsweise das von mir sehr geschätzte autogene Training, aber nicht Gelassenheit. Eine Technik wirkt momentan entspannend, aber sie macht die Seele nicht wirklich frei und gelassen. Gelassenheit ist etwas Umfassendes. Sie ereignet sich nicht, vermittelt durch ein äußeres Hilfsmittel, sondern geschieht in der Tiefe der Seele. sie ist nicht mit gutem Willen herbeizuzaubern, sie ereignet sich ohne Anstrengung, sie ist keine Leistung.

Gelassenheit stellt sich von selbst ein, wenn ein bestimmter seelisch-geistiger Zustand erreicht ist. Mann kann nicht nach Gelassenheit streben, denn gerade wenn man nicht an sie denkt, wenn man absichtslos einer Beschäftigung nachgeht, wenn man in einer Beobachtung völlig aufgeht, ist sie plötzlich da. Sobald man sie bemerkt und bewußt festhalten will, ist sie sofort wieder weg — verflogen und verdunstet.

Ist Gelassenheit überhaupt zu lernen? Ja, aber es gibt keine technisch klare Anleitung zur Gelassenheit, die man nur peinlich genau befolgen müßte, um dann die ersehnte seelische Ausgeglichenheit zu erlangen. Wir müssen uns dem Phänomen auf vielen Umwegen nähern wie einem Schmetterling, der sich immer wieder jedem direkten Zugriff entzieht. Je mehr man sie herbeizwingen will, um so weiter weicht sie zurück. Gelassenheit geschieht durch Loslassen. Der Verstand mag das zwar erfassen, aber durch das bloße sachliche Zur-Kenntnis-Nehmen allein ist nichts gewonnen. Wir müssen »begreifen«, was mit dieser einfachen, schlichten Tatsache zusammenhängt. Nicht nur der Verstand allein muß erfassen, sondern auch das Herz, die Gefühle wollen beteiligt sein, auch die Sinne, der ganze Körper und der Kern der Seele, dann geschieht mehr als Verstehen, nämlich Erkenntnis.

Erkenntnis kann blitzlichtartig aufleuchten, sie kann sich aber auch langsam aufbauen, Steinchen auf Steinchen — ein wunderbares Wachstum, Ausreifung der Persönlichkeit und der Selbsterkenntnis. Ich möchte Impulse geben, damit dieses Wachstum gefördert wird. Meine Worte sind vergleichbar mit einem Düngemittel, das der Erde hinzugefügt wird, damit Wachstum intensiviert und angeregt werden kann.

Die Erde ist in diesem Bild Seele und Geist. Es bedarf allerdings einer großen Aufgeschlossenheit und Aufnahmebereitschaft, sonst können die Gedanken nicht fruchtbar werden.

Anklammern fällt leichter als Loslassen

Man sollte annehmen, daß die Menschen lieber loslassen, als sich anzuklammern, denn Loslassen erscheint leichter, weniger anstrengend. Keine Energie ist erforderlich, wenn man losläßt. Wer sich anklammert, muß sich anstrengen, Kraft aufwenden, Energie einsetzen. Man sollte deshalb glauben, daß die Menschen den Weg des geringsten Widerstands gehen und lieber loslassen. In Wirklichkeit klammern sie sich aber auf allen Gebieten an. Sie strengen sich an, stehen unter Spannung. einem Menschen, der loslassen kann, begegnet man sehr selten. Wir wollen untersuchen, woran das liegt. Warum stehen die Menschen so unter Spannung, warum lassen sie nicht los und lassen die Dinge geschehen? Warum strengen sie sich so an, und warum ist es für sie so ein großes Problem, sich zu entspannen, losgelöst das Leben in Freiheit zu feiern?

Man muß einiges von Psychologie verstehen, um das zu begreifen. Kinder wachsen zunächst einmal seelisch offen und ungeprägt heran; erst durch die Erziehung wird der freie Fluß der Lebensenergie kanalisiert. Dem Kind werden Ängste eingejagt! Es soll gehorchen und wird mit Hilfe von Angst und Lob dressiert. Er versucht, die Angst vor Strafe und Liebesverlust zu meiden, und sucht die Forderungen der Erziehungspersonen zu erfüllen. So wird, wie Sigmund Freud so treffend beschrieben hat, das Über-Ich aufgebaut, das Gewissen, das Streben nach der Erfüllung von Normen und Forderungen.

Der junge Mensch kann sich nicht selbst entwickeln, selbst

herausfinden, was ihm gemäß ist, sondern er wird mit drohender Angst dazu gebracht, sich Regeln, Normen und Idealen verpflichtet zu fühlen und sich ihnen anzupassen. Seiner Natur nach würde er lieber frei sein, sich nirgendwo anklammern, sondern sich ohne Zwang und äußeren oder inneren Druck dem Leben ausliefern. Er klammert sich an, um die Wünsche der Erziehungspersonen zu erfüllen, er gehorcht, er läßt sich einschüchtern und sucht in der Anpassung Schutz und Geborgenheit. Die menschliche Seele ist sehr sensibel; Angst vor Strafe und Liebesverlust kann sie nicht lange aushalten. Anklammern dagegen vermittelt Sicherheit und Ruhe, Loslassen führt in drohende Unsicherheit.

Die Vorteile des Anklammerns liegen also deutlich auf der Hand: Wer sich an die vorgegebenen Richtlinien anpaßt, vermeidet Kritik und Auseinandersetzungen, das ist also im Endeffekt der bequemere, aber spannungsreichere Weg. Er geht also doch einen bequemeren Weg über die Anpassung, die Einfügung, das Gehorchen, das Vermeiden von Angst, obwohl dieser Weg viel mehr Energie und Kraft kostet.

Freiheit bringt zwar der Seele Glück und Erfüllung, aber man handelt sich andere Schwierigkeiten ein, nämlich Angst, Unsicherheit, Liebesverlust, Alleinsein, Ausgestoßensein, Bestrafung und vermeintliche Erfolgslosigkeit. Die Nachteile der Anpassung werden deshalb in Kauf genommen.

Der Nutzen der Anpassung hat jedoch massive Nachteile im Gefolge, die man früher oder später bemerkt, wenn man unter der eigenen seelischen Verfassung leidet. Anklammern führt zu Ehrgeiz, Neid, Konkurrenzdenken, Habgier, Geltungsstreben, Aggression, Angst, Unsicherheit, Eifersucht, Besitzgier, Konsumzwang, Klatschsucht, Sadismus, Habenmentalität, Existenzangst, Sucht, Unruhe, Hektik, Nervosität, kurz, zu den Symptomen des alltäglichen Verhaltens vieler Menschen in unserer Gesellschaft. Sie sind zutiefst verstrickt in diese seelische Struktur, halten sie für die »normale« psychische Situation des Menschen und haben dennoch Sehnsucht, dem allem zu entkommen in die Freiheit, weil die erzielten Vorteile die Nachteile doch nicht aufwiegen, wie man mitunter plötzlich erkennt.

Der Weg heraus ist so einfach: Wir brauchen bloß alles, woran wir uns anpassen und anklammern, loszulassen. Hier beginnt aber unbekanntes Gebiet. Wir wissen nicht, ob die Nachteile vielleicht doch überwiegen, ob wir Diamanten oder Steine bekommen, ob wir Kupfer gegen Gold eintauschen. Der Wunsch, dem seelischen Leid und der Spannung zu entrinnen, ist groß, aber die Angst vor der Unsicherheit dessen, was danach kommt, ist meist noch größer.

Ein junger Grafiker wollte von mir wissen, ob er sich selbständig machen sollte oder nicht. Er sagte: »Wenn ich angestellt bleibe, dann kann mir nicht viel passieren, aber ich fühle mich unfrei und unwohl. Wenn ich mich selbständig mache, kann ich über meine Arbeit selbst bestimmen, das ist sicherlich eine befriedigendere Situation. Aber ich habe Angst davor, daß ich mit der Unsicherheit nicht fertig werde; ich habe Angst davor, wirklich frei zu sein, obwohl ich nur in Freiheit zu mir selbst finden kann, also ein guter Grafiker bin.«

So denken die meisten Menschen aus Angst vor der Freiheit. Sie leben lieber in Abhängigkeit von der Familie, einer Religion, einer Arbeitsstelle, einer politischen Meinung, einer Meinung über das Leben und die Erziehung; sie sagen lieber ja, folgen den anderen nach, gliedern sich brav ein. Das sieht alles scheinbar so einfach aus, kostet aber eine riesige Anstrengung; Festhalten ist energieraubend und sehr erschöpfend. Viele stehen den ganzen Tag unter der Spannung, sich anzupassen, sich zu zwingen, sich selbst Gewalt anzutun. Sie sind erschöpft vom Anklammern und vom Verdrängen der Möglichkeit des Loslassens; sie bekommen mehr und mehr Angst davor.

Und auch manchen Leser wird diese Angst beschleichen. Es gehört sehr viel Mut dazu, sich mit der Wahrheit zu beschäftigen. Oft vermeidet er es aus Angst, sich über seine eigene Situation Gedanken zu machen; auch hier entwickelt er Widerstand, wehrt sich, entwickelt die verschiedensten Abwehrmechanismen, die ich bereits in meinen früheren Büchern ausführlich beschrieben habe. Es gehört Mut dazu, weiterzulesen, sich mit der Möglichkeit des Loslassens auseinanderzusetzen, meinen Worten zuzuhören; denn es könnte sich vielleicht eine Einsicht ereignen, die einen nicht mehr losläßt von der Faszination des Loslassens. Was dann?

Gelöstheit ist »losgelöst sein«

Viele seelische Probleme sind Spannungsprobleme. Wer zu sehr unter einer Spannung steht, kann nicht gelöst sein, er ist blockiert und gehemmt. Gelöstheit ist ein seelischer Zustand der Entspanntheit, der Leichtigkeit und Schwerelosigkeit. Losgelöst und schwerelos geht der seelisch Gesunde durch die Welt, angstfrei, aggressionsfrei, unbeschwert von Vergangenheit, unbelastet von einer Zukunftserwartung, das ist der wunderbare Zustand seelischer Leichtigkeit und Frische, Gelöstheit ist unsere Sehnsucht, das Ende von Streß und Angst.

Ein sehr verkrampfter Mensch fragte mich einmal um Rat, wie er »innerlich lockerer« werden könnte. Er besaß eine Werbeagentur und war beruflich erfolgreich. Er sagte: ... »Rein äußerlich geht es mir gut, ich habe viel erreicht. Ich bin mit einer patenten Frau verheiratet, außerdem habe ich seit einigen Jahren noch eine Geliebte, die mich anbetet und am liebsten heiraten würde. Meine Frau respektiert mich, meine Geliebte verwöhnt mich im Bett, trotzdem stehe ich immer so unter Spannung, ich meine, daß mit mir irgend etwas nicht stimmt. Ich empfinde Angst, obwohl ich mich konkret vor nichts fürchten muß. Ich schrecke bei einem lauten Geräusch unwillkürlich zusammen. Das macht mir dann immer bewußt, wie sehr ich unter Spannung stehe. Bei meinem Erfolg müßte ich doch eigentlich viel gelassener sein. Ich müßte befreit durchatmen können und mein Leben genießen. Mit mir stimmt was nicht, aber ich weiß nicht, was. Von anderen werde ich bewundert und beneidet. Niemand weiß von meiner Anspannung.«

Es ist immer dasselbe: Einer strebt nach Erfolg, nach Geld, Macht, äußerer Unabhängigkeit, geordneten Verhältnissen, nach Partnerschaft und Sex, und hat er das alles erreicht, zeigt sich, daß er damit nur etwas Äußerliches gewonnen hat, aber nichts für sein seelisches Wohlbefinden. Ich antwortete dem Unternehmer: »Du hast dich angespannt und verkrampft, du wolltest etwas werden, hast Ehrgeiz entwickelt, hast dich innerlich angespannt, dich einem Ziel verschrieben. Du warst ein Streber, hast dich angeklammert, Erfolge erzielt, die dich bestärkten und den Ehrgeiz immer größer werden ließen. Du hast gekämpft und gesiegt, aber diese Siege bedeuten keinen befriedigenden, endgültigen Sieg, du mußtest immer weiterkämpfen; der Ehrgeiz läßt dir keine Ruhe, erfordert immer neuen Energieeinsatz, du stehst immer stärker unter Spannung, du bist ruhelos, getrieben, deinen ehrgeizigen Zielen verhaftet, angekettet und versklavt. Du bist noch schlimmer dran als ein Sklave, denn der weiß, daß er in Wirklichkeit etwas anderes will. Du hast dich unbewußt selbst versklavt, das ist gefährlicher. Du bist dein eigener Sklavenhalter, dein Unterdrücker ist nicht außerhalb, er ist in dir selbst. Den äußeren Feind kann man gut bekämpfen, den Feind in sich selbst zu entmachten ist viel schwieriger. Du bist in Spannung, weil in dir zwei Instanzen sind, der eine Pol bist du, dein wirklicher Kern, und die andere Instanz ist der Sklaventreiber, der dir einredet, daß er nicht dein Feind ist, sondern dein Bestes will.«

Wie kann man gelöst sein, wenn man innerlich so unter Spannung steht, wenn das Erlebnis der Einheit fehlt, wenn der Körper andere Bedürfnisse hat als der Geist und die Seele? Jeder Mensch spürt die Echtheit seiner Befindlichkeit. Er spürt, ob er wirklich er selbst ist. Wer einem ehrgeizigen Ziel hinterherjagt, das nicht sein wirkliches Ziel ist, steht unter Spannung zwischen Wollen und Sein. Er strengt sich für etwas an, das ihm keine Befriedigung vermitteln kann. Das ist wirklich sehr frustrierend, verkrampfend und ängstigend. Gelöstheit kann nicht aufkommen, weder mit Alkohol noch mit Hilfen von Psychopharmaka.

Gelöstheit bedeutet losgelöst sein. Ich sagte ihm: »Du mußt erst losgelöst sein von deinem Wollen und Streben, du mußt das erst alles loslassen, bevor sich die Spannung legen kann. Kein Ehrgeiz mehr, und du fühlst dich sofort freier, glücklicher und vitaler. Löse dich, das ist die Lösung all deiner Probleme. Gibt den Kampf auf, ohne dich schwach zu fühlen, gib auf, ohne dich als Feigling zu fühlen. Kämpfe nicht mehr, das ist die Lösung. Der Gelöste lächelt über den Kämpfer. Der Kämpfer, der über sich selbst lächelt, der gelöste Kämpfer, der spielerisch seine Energie einsetzt, der mag kämpfen, aber du bist im Moment noch weit davon entfernt. Gib alle Verbissenheit auf, damit deine Energie zum Segen und nicht zu Gift wird für dich selbst und andere.«

Sicherheit — lohnt sie sich?

Ein Student der Betriebswirtschaft wollte wissen, wie er seine Prüfungsangst überwinden und das Examen mit einer guten Note bestehen kann. Obwohl er viel gelernt hatte, fühlte er sich trotzdem unruhig den Unsicherheiten einer Prüfung ausgeliefert. Was würde er gefragt werden? Fragt der Prüfer über Steuerprobleme, das wäre wunderbar, hier könnte nicht viel passieren, beißt er sich aber an einem Detail fest, auf das er sich nicht so vorbereitet hat, was dann?

Wir wollen nicht unvorbereitet in eine Situation gehen. Wir suchen Sicherheit, Sicherheit, Sicherheit — wir sind Sicherheitsfanatiker. Wir wollen alles vorausplanen, abschätzen, in den Griff bekommen, sowenig wie möglich sich selbst überlassen. Aber das alles führt zu einer Scheinsicherheit. Ich kann mein Leben planen, absichern, kann für alles eine Versicherung abschließen, und dann verliebe ich mich in eine Frau, die mit mir nach Neuseeland auswandern will. Was dann?

Ich strebe nach einem sicheren Broterwerb, bin Beamter, richte mein Leben nach der katholischen Lehre aus, plane die Zukunft, spare jeden Monat zweihundert Mark für meine Kinder, obwohl ich noch gar keinen Partner habe, und da fällt ein Ziegelstein bei Dacharbeiten herunter, trifft meinen Rücken und ich werde querschnittsgelähmt. Sicherheit gibt es nicht, sie kann nicht geplant werden, sie sollte uns vor allem nicht tyrannisieren.

Das Leben ist kein Rechenexempel. Wer sich an Sicherheiten klammern will, der geht mit Sicherheit in die Irre. Lebendigkeit ist Unsicherheit. Je lebendiger, desto unsicherer. Nur der Tod ist sicher, das Tote, das sich nicht mehr bewegt, bleibt auf seinem Platz. Nach Sicherheit streben, das heißt Totes verehren. Lebendigsein aber ist das Gegenteil von Festigkeit und Planung.

Ich verliebe mich in eine Frau und plane, sie zu heiraten und sie immer zu lieben. Ich fühle mich so schlau, weil ich die Sicherheit anstrebe, weil ich mein Glück absichern will. Mancher klammert sich so sehr an seinen Plan, daß er aus Eifersucht den »Liebhaber« seiner Geliebten und diese gleich mit erschießt. Er hat Sicherheit erwartet mit dem Ergebnis, daß er drei Leben zerstört hat.

Leben kann man nicht verplanen, es ist ein herrliches Spiel der Unsicherheit. Wenn man Entfaltung ohne Plan und Sicherheit zuläßt, geschieht das Unsichere, das Unerwartete, das Begeisternde — jedenfalls keine Langeweile. Wenn ich neben einem Menschen sitze, der »Prinzipien« gehortet hat, nach Sicherheit strebt, einem Ideal nacheifert, der ist so langweilig, daß ich mich in seiner Gegenwart unwohl fühle und aufstehen muß. Ich trete aus seinem Kontaktkreis heraus und atme tief durch: Wie herrlich ist die Luft der Unsicherheit. Seine Sicherheit beengt, schränkt ein, seine Ausstrahlung, seine Gedanken, die Blüten seines Geistes sind Kunstprodukte, sie sind so künstlich wie Kunstblumen im Vergleich zur lebendigen Rose. Wenn Menschen Gedanken äußern, erkenne ich sofort, ob diese Gedankengebilde Rosen sind oder Gummiblumen.

Ich habe mich einmal in den Körper einer Frau verliebt, in die Oberfläche der Erscheinung. Als wir uns unterhielten, vermittelte sie vorprogrammierte Sätze, ihr Denken war geprägt von gesellschaftlichen und moralischen Normen, kein Gedanke war ihr eigener, sie plapperte nach, was man ihr irgendwann einmal vorformuliert hatte. Ich sah daraufhin ihren Körper mit anderen Augen, er wurde plötzlich kalt und unlebendig, alles

Spontane wich von dieser Frau. Sie ließ Lebendigkeit nicht an sich heran, und in ihr waren nur tote, abgestandene Gedanken. Sie suchte Sicherheit — das Leben hatte da keinen Platz, es wurde ausgeschlossen, so gut es ging. Der schöne Körper war zwar immer noch ästhetisch, aber ich konnte keinen Gefallen mehr an ihm finden — er wir wie die schöne Plastikblume: dekorativ, aber uninteressant.

Das Herz frei machen

Das schlagende Herz ist der zentrale Ort des Lebens und Erlebens, man spricht davon, daß etwas zu Herzen geht, das Herz höherschlagen läßt oder Herzeleid verursacht. Herzlichkeit ist ein ganz wichtiger Aspekt seelischen Erlebens. Ein offenes Herz führt zu Herzlichkeit, ein enges Herz bedingt angstvolles Erleben. Mut wird zu Recht auch als Beherztheit bezeichnet.

Es entstehen keine Herzrhythmusstörung und keine Infarktgefährdung, wenn die Einstellung zum Leben bestimmte Voraussetzungen erfüllt. Nicht die organische Beschaffenheit des Herzens beeinflußt die Seele, sondern umgekehrt, der geistig-seelische Zustand macht das Herz krank oder frei. Wenn die Einstellung offen, lebensbejahend und aufgeschlossen ist, weiten sich die Blutgefäße, und das Herz kann kräftig und gesund schlagen.

Im Zusammenhang mit Herzerkrankungen und Infarktgefährdung wurde von der medizinischen Forschung immer wieder auf den Risikofaktor Streß hingewiesen. Was einen Menschen streßt, ist natürlich individuell verschieden. Für den einen ist Zeitdruck Streß, für den anderen sind es zynische Bemerkungen, bezogen auf seine Leistungsfähigkeit, für wieder einen anderen ist Streß Unsicherheit über Anerkennung oder Ablehnung der Mitmenschen. Jeder hat eine andere Einstellung zu diesen und jenen Situationen. Dem einen geht dies zu Herzen, worüber der andere lacht, und dem nächsten jenes.

Gleichgültig, was es im einzelnen auch immer sein mag, entscheidend ist der Einfluß auf die Verengung der Blutgefäße. Die beste Prophylaxe gegen den Herzinfarkt ist Herzlichkeit, emotionale Aufgeschlossenheit, die Fähigkeit, mit Streßfaktoren offen umzugehen, Streßerlebnisse zu registrieren, aber Abstand dazu zu gewinnen und trotzdem die herzliche Aufgeschlossenheit nicht zu verlieren: Das Herz weit und offen halten, alles verstehen, alles zulassen, sich gegen nichts sperren und verengen.

Der herzliche Mensch (der Herzgesunde) geht auf seine Mitmenschen und die Ereignisse positiv eingestellt zu. Er neigt nicht dazu, sich von negativen Vorurteilen beeinträchtigen zu lassen. Er ist vorurteilslos, wertet Menschen und Ereignisse nicht in »gut« und »schlecht«, er legt keine engen Wertmaßstäbe an. Er nimmt die Dinge so, wie sie kommen, betrachtet sie offen und verschließt sich nicht vor negativen Erfahrungen. Er hat deshalb keine Angst vor eigenen Fehlern und den Fehlern der anderen.

Er ist neugierig, interessiert sich für Meinungen und Ereignisse. Er will aber weder verurteilen noch bewundern, er hat Interesse und dabei gleichzeitig Abstand. Er taucht voll ins Leben ein, läßt es zu, davon berührt zu werden, und doch kann ihm das, was er sieht und erfährt, nichts anhaben. Schmutz kann ihn nicht beschmutzen, er bleibt rein. Schönheit kann ihn nicht süchtig machen, er empfindet keine Gier, er bleibt, wie er ist, aufgeschlossen, offen, eine Durchgangsstation für Energie des Lebens, er atmet die Ereignisse ein und wieder aus, er will den Atem niemals festhalten — ein und aus, in lebendigem Rhythmus; nichts kann sich in ihm festsetzen, er bleibt rein und unschuldig, weil für ihn nichts »falsch« und nichts »richtig« ist. Er bleibt unangetastet, im Kern unberührbar. Die Dinge geschehen, er läßt sie geschehen, er ist herzlich aufgeschlossen, er kämpft nicht, bezieht keine Stellung, ohne andererseits ein »Fähnchen im Wind« zu sein. Er bleibt fest, sein Kern ist unberührt, unverrückbar, er ist total individuell. Warum also kämpfen, warum verurteilen oder prämieren? Er läßt die Dinge geschehen, ist Betrachter, atmet ein und aus — das ist Gelassenheit.

Herzlichkeit ist ein Kennzeichen dieser Gelassenheit. Herzliche Gelassenheit ist eine herrliche seelische Haltung. Wer sie gefunden hat, wird niemals einen Herzinfarkt erleiden, das ist unmöglich, denn seine Blutgefäße sind entspannt, das Herz kann ungehemmt und unbeobachtet schlagen, es bleibt unbelastet und unberührt. Es mag schneller schlagen, es mag stocken, das ist ein lebendiger Prozeß. Es kann nicht immer wie eine Maschine in einem monotonen Rhythmus schlagen. Der Rhythmus wechselt, aber nicht die Herzlichkeit, die gelassene Offenheit. Herzlichkeit ist ein Zeichen für zentrales Offensein, ein herzlicher Mensch kann nicht an einem Magengeschwür erkranken. Es ist undenkbar, daß er geizig ist, seinen Partner drangsaliert oder Berufskollegen unterdrückt.

Er kümmert sich zwar nicht um das, was »richtig« und »falsch« ist, dennoch kann er nichts wirklich falsch machen. Auch wenn er einen Fehler begeht, so ist das nicht wirklich falsch — er lebt ja sich selbst gemäß. Ein Fehler, ein Irrtum, ein Mißerfolg — er beobachtet, registriert, akzeptiert und bleibt ohne Anstrengungen oder Einsatz des Willens innerlich ruhig, heiter, unantastbar gelassen.

Den Geist frei machen

Herzlichkeit ist etwas Wunderbares, beglückt mich selbst und die anderen. Herzlichkeit ist nur möglich, wenn der Intellekt als einfaches Werkzeug benutzt wird. Wer Intelligenz und Logik zum Götzen macht, kann natürlich nicht den Geist frei machen und das ständige Denken beiseite schieben. Nicht Denken an sich ist schlecht, sondern das ruhelose, zwanghafte Denken.

Ein Dozent suchte meinen Rat. Er erzählte mir: »Ich bin als Naturwissenschaftler stolz auf die Fortschritte und Leistungen der Logik. Ich habe einen Intelligenzquotienten von 135, der ist ausreichend hoch für eine Karriere in der Forschung. Ich bin auf der Spur einer vielversprechenden wissenschaftlichen Entdeckung. Ich könnte zufrieden sein, außerdem habe ich eine Partnerin, die sich sehr um mich kümmert, ich werde sie wohl in einem halben Jahr heiraten, obwohl ich annehme, daß ich sie nicht richtig liebe. Ich empfinde keine romantischen Gefühle für sie; das liegt wohl daran, daß ich die Dimension des Denkens nicht aufgeben kann. Ich muß ständig analysieren und Gesetzmäßigkeiten, Abhängigkeiten und Korrelationen herausfinden. Mein Geist ist dominierend, und ich kann mich davon nicht lösen, es ist wie ein Zwang. Soll ich etwas dagegen unternehmen? Ist etwas nicht in Ordnung mit mir, unter psychischem Aspekt?«

Schon allein die Fragestellung zeigt, daß etwas nicht in Ordnung ist. Wenn der Geist, die Intelligenz, das logische Denken, das Analysieren eine so dominante Position im Leben einnehmen, dann ist die lebendige Einheit gestört. Der Mensch ist nicht nur Geist, er hat, um das Einfachste zu erwähnen, auch einen Körper und die Seele, also eine körperliche und emotionale Erlebnisebene. Körper und Seele sind die Basis der Lebendigkeit, der Geist mit seiner Intelligenzfähigkeit ist nur ein Werkzeug. Zuallererst muß der Körper zu seinem Recht kommen, Nahrung aufnehmen, schlafen, sich bewegen, atmen, dann, in unmittelbarer Verbindung damit, die Seele, die Wahrnehmung — fühlen, lieben, hingezogen oder abgestoßen sein. Auf dieser Basis hat der Verstand seinen Sinn, er reagiert sachlich, wissend und logisch. Die Seele aber erfährt Glückseligkeit, sie geht im Atem des Augenblicks auf, sie vergißt sogar den Körper, er existiert nicht mehr, dann ist auch das Werkzeug »logisches Denken« abgelegt.

Ich antwortete dem Wissenschaftler: »Ich sage dir jetzt einige psychologische Wahrheiten, die du nicht mit deinen üblichen Maßstäben messen darfst, vergiß bitte für einige Minuten die Logik, auf die du so stolz bist. Wenn wir uns deinem Problem mit naturwissenschaftlicher Methodik nähern wollen, werden wir tagelang, monatelang diskutieren und Haare spalten. Du kannst sofort begreifen, worum es geht, ohne die strengen Maßstäbe deiner Verstandesregeln. Du kannst, wenn du bereit bist, das Ganze erfassen, es erkennen, erhellen.«

»Ist das auch beweisbar oder nur Geschwafel?« wollte er wissen — mit überheblichem Lächeln. »Das Lächeln sagt mehr als die Frage«, antwortete ich. »Die Frage klingt sachlich, aber das Lächeln beinhaltete die Antwort, es sagte: ›Es würde mich wundern, wenn es mehr als Geschwafel wäre, wenn es also beweisbar sein sollte.‹ Solange du dir mit deiner Skepsis selbst im Weg stehst, kannst du nichts aufnehmen. Was ich dir antworten möchte, ist nicht beweisbar mit den Mitteln der empirischen Wissenschaft, aber es lohnt sich dennoch zuzuhören. Auch wenn es nicht beweisbar ist, muß es nicht automatisch

›Geschwafel‹ sein. Picasso ist ein großer Künstler, auch wenn es nicht mit naturwissenschaftlicher Methodik bewiesen ist.

Mache den Geist frei von den Maßstäben, Regeln, Maximen, Erwartungen und höre einfach nur zu. Du hast verlernt, dich vorurteilslos aufzuschließen, total zu erfassen. Und damit sind wir bei deinem Problem. Solange du das Werkzeug Intelligenz zum Meister machst, bist du ein armseliger Handwerker, das Werkzeug beherrscht dich, nicht du das Werkzeug. Der Meister benutzt sein Werkzeug nur, wenn es nötig ist, er ändert das Werkzeug, wenn es die Situation erfordert.

Wir sprechen übrigens von deinem Leben, nicht nur von einem unbedeutenden Werkstück. Es ist dein Leben, deine Person, das Werkzeug Denken herrscht über deine Persönlichkeit. Dir tanzt das Personal auf der Nase herum. Das kann ich nicht beweisen, du kannst diese Wahrheit mit einer anderen Sichtweise erfassen, nicht mit logischem Denken. Eine Einsicht fällt wie ›Schuppen vor den Augen‹. Ein schönes Bild, die Sicht wird von Schuppen eingeschränkt, und plötzlich fallen sie herunter, und die Wahrheit wird sichtbar. Wenn ein Mensch wütend ist, benötigst du keine intellektuelle Beweisführung, wenn er traurig ist, dann erfaßt du seine Stimmung ganz spontan. Neben der überbewerteten Logik ist die Intuition ein gleichberechtigter Faktor der Erkenntnis. Auf der Ebene der Intuition ist keine Beweisführung erforderlich. Es geht nicht immer um Analyse und Zergliederung, auch das Gegenteil, die Synthese, die Zusammenfügung ist ein Weg zur Erkenntnis.

Wenn du dich von deinem Verstandeskult distanzierst, ihn jetzt sofort losläßt, dann bist du wieder frei, und deine ganze Person kann wieder zu ihrem Recht kommen. Wirf jetzt sofort alle Dogmen aus deinem Geist und erfasse deine Ganzheit. Du warst begrenzt, eingeengt auf eine geistige Disziplin, wenn du das total erkennst, dann hat es damit sofort ein Ende. Deine Ganzheit ist der Meister, und die Energie des Lebens kann in dich einströmen und ohne Pause oder Blockierungen sofort wieder aus dir herausströmen. Du bist nur eine Durchgangsstation. Laß die Energie durch dich hindurchfließen, frei, offen, und das Werkzeug Intellekt spielt sich nicht mehr als Diktator auf, das ist einfach lächerlich. Sobald du es erkannt hast, mußt du lachen, von Herzen kommend, nicht verkniffen-gespielt.«

Du siehst, was du bist

Der Depressive sieht seine Umwelt grau in grau, der Ängstliche sieht überall lauernde Gefahr — wenn er nachts durch den Wald geht, verdichten sich die dunklen Sträucher und Schatten zu gefährlichen menschlichen Gestalten oder zu Fabelwesen. Man nimmt die Welt nicht objektiv wahr, sondern projiziert die Innenwelt der Einstellungen, Hoffnungen, Ängste, Wünsche, Phantasien nach draußen in die Gegenstände. Der Außenwelt ist das gleichgültig; sie ist unabhängig von unseren Augen, ist so, wie sie ist. Die Physik etwa versucht, sich ein möglichst objektives Bild davon zu verschaffen, dagegen ist nichts einzuwenden. Uns interessiert hier aber nicht das Weltbild der Physik, sondern das subjektive Bild des einzelnen, die Wahnwelt des Verrückten oder die langweilige Banalwelt des Angepaßten.

Der Verliebte sieht überall Positives, Verständnis und hoffnungsvollen Kontakt, er ist optimistisch eingestellt. Derjenige aber, von dem sich gerade die Partnerin getrennt hat, und der unter Liebeskummer leidet, zweifelt an seinem Wert und auf ihn wirken die Mitmenschen unbeschwerter und glücklicher, als sie in Wirklichkeit sind. Ich möchte damit sagen: Wir sind selbst verursachend dafür, wie wir die Welt und uns selbst sehen. Der Betrachter sieht nicht »neutral« einen Gegenstand, er sieht seine innere Stimmung mit, der Optimist sieht einen Baum im Wachstum und in aufstrebender Pracht; der Pessimist sieht den kommenden Herbst, in seinen Gedanken spukt der

»saure Regen«, er »erlebt« einen sterbenden Baum. Der lebensbejahende Mensch verliebt sich ungehemmt in glühender Erwartung herrlicher Gefühle, der lebensverneinende Mensch ist unfähig, sich zu verlieben, weil er in jedem Partner den Ausbeuter, Intriganten, Blutsauger, Erkrankenden oder Sterbenden sieht.

Die Innenwelt wird unwillkürlich nach außen projiziert und färbt so die Außenwelt, sie ist eine Spiegelung der Innenwelt. Der erleuchtete Weise sieht in den Mitmenschen die Erleuchtung, der Kriminelle sieht im anderen den möglichen Betrüger. Wer selbst von Mordgedanken geplagt wird, sieht in anderen den möglichen Mörder. Der Ehebrecher sieht in seinem Partner den Ehebrecher, der Mann mit Intelligenzkomplex sieht in jedem Kontakt die Möglichkeit, Intelligenz zu beweisen oder zu versagen. Der sexuell Ausgehungerte sieht überall Sexualsymbole, der Künstler begegnet auf Schritt und Tritt Kunstwerken. Der Humorist findet überall Situationen, die komisch sind, der Gottsucher sieht Gott in jeder Pflanze, in jeder vorbeiziehenden Wolke.

Du siehst, was du selbst bist; bist du ehrgeizig, siehst du überall Ehrgeizlinge; bist du aggressiv, siehst du überall Streithähne, die sich mit dir anlegen wollen, die es nur darauf abgesehen haben, dich zu beleidigen; bist du Schriftsteller, sind Worte für dich von anderer Bedeutung als für einen Maler, der Farben intensiver empfindet. Die gleiche Rose ist für verschiedene Menschen eine andere Blume. Die Rose kann man erst dann total erkennen, wenn man ihr unvoreingenommen ohne Vorurteile, ohne Einstellung, ohne Meinung, ohne Hoffnung, Wertung, Idealisierung oder Moral begegnet.

Ein Angestellter, fünfzig Jahre, verheiratet, zwei Kinder, kam in meine Praxis und klagte: »Mein Hausarzt schickt mich zu Ihnen, weil ich depressiv bin, ich kann mich über nichts freuen, bin nur passiv, fühle starke seelische Schmerzen der Mutlosigkeit.« Ich sagte: »Deine Lebensphilosophie ist so beschaffen, daß du alles grau in grau sehen mußt, du bist schwermütig, weil du den Mut verloren hast, du bist ›niedergemütigt‹, das hat etwas mit gedemütigt zu tun. Die Depression ist weg, und du bist geheilt, wenn du wieder leichtsinnig sein kannst, wenn du die Demütigung überwunden hast, das heißt, wenn du dich gelöst hast von deinen Einstellungen und Lebensphilosophien. Das ist kein langwieriger Prozeß, du kannst die Welt heute noch mit anderen Augen sehen, wenn du bereit bist, meiner Lebensphilosophie zu folgen. Ich sage dir, das Leben ist etwas Herrliches, es ist ein sehr befriedigender Vorgang, denn jede Stufe des Wachstums und der Reife ist vollkommen. Es gibt nichts zu kritisieren. Der seelisch Erkrankte, der Ehrgeizige und moralisch Eingesperrte kritisiert immer, nichts kann ihm recht gemacht werden, er ist der Hüter der Moral, er muß überwachen und kontrollieren, er drückt nieder, entmutigt, macht schwermütig — es wird schwer, Mut zu haben. Und Mut ist so wichtig! Du mußt mutig und frisch jeden Tag neu auf das Leben zugehen. Jeder Tag ist neu, das ist wunderbar, jeder neue Tag ist ein Neubeginn, alles andere liegt weit hinten, was zählt, ist doch nur dieser Augenblick, es gibt nur ihn, er ist Wirklichkeit, alles andere ist verstaubtes Archiv oder Spekulation.

Im Augenblick siehst du, was du bist, deshalb ist so wichtig, was du bist, ob Optimist oder Pessimist, biophil oder nekrophil, liebend oder verbittert, depressiv oder kreativ, das ist von großer Bedeutung. Nicht die Welt ist schlecht, deine Einstellung zu dir selbst und zur Welt ist falsch. Du bist kein Opfer der Welt, sondern ihr Schöpfer. Das ist eine sehr wichtige Erkenntnis, man muß sie in voller Helligkeit des Bewußtseins erfassen, um den Impuls zu erhalten, die Einstellung zu verändern. Auf der Grundlage dieser wichtigen psychologischen Erkenntnis lohnt es sich, tiefer in die eigene Seele zu schauen und sich selbst auf die Spur zu kommen.«

Den Erziehungspersonen verzeihen

Ich sprach einmal mit einer Frau, 45 Jahre, seit 23 Jahren verheiratet, zwei Kinder, halbtags berufstätig. Sie wirkte anfangs sehr sachlich, nüchtern und intelligent, denn sie hatte sich eine recht perfekte Maske der Lebenstüchtigkeit antrainiert. Sie erzählte von ihrer Ehe und den vergangenen 23 Jahren. Ihre Tüchtigkeit wurde von ihrem Mann offenbar sehr geschätzt, denn es fiel ihr leicht, sich im Alltag bei auftretenden Konflikten Respekt zu verschaffen und selbstbewußt aufzutreten. Ihre Stimme wurde zunehmend erregter: »Ich habe mein bisheriges Leben gut gemeistert, mein eigentliches Problem sieht mir niemand an, ich bin unterschwellig sehr aggressiv. Wenn ich meine Eltern besuche oder sie bei uns zu Gast sind, fühle ich mich wie ein kleines Kind, und ich hasse diese Unsicherheit, die mich dann überfällt. Danach steigt eine ungeheure Aggression in mir hoch, ich glaube, ich wäre dann in der Lage, meinen Vater umzubringen. Meine Mutter verachte ich. Es ist für mich ganz schrecklich, mit diesen Aggressionen fertig zu werden, weil sie nicht zu meinem Selbstbild passen. Ich verzehre mich manchmal nachts stundenlang, während mein Mann ruhig und zufrieden schnarcht, mit diesen Aggressionen, die keine Erfüllung finden, ich fühle mich dann wie ein kleines Kind und möchte vor Zorn strampeln und beiße auch in mein Kissen. Wie soll ich damit fertig werden?«

Solche Aggressionen sind nichts Ungewöhnliches. Immer dann, wenn wir uns in einer Konfliktsituation befinden, in der wir uns wehren wollen, aber aus Angst oder Diplomatie dann doch »klein beigeben«, entsteht ein ungelöster Spannungskomplex, eine aufgestaute aggressive Energie, die natürlich zur Entladung drängt. Es ist verständlich, daß eine Verdrängung nicht immer möglich ist, mitunter steigt eine frühe Erinnerung wieder auf, und die Aggression gegen den unterdrückenden Erzieher ist aktualisiert.

Ich antwortete der Frau: »Wehren Sie sich nicht gegen auftauchende Aggressionen, sondern lassen Sie sie zu. Betrachten Sie die Aggressionsgefühle von allen Seiten, so wie Sie einen Schmetterling oder eine Orchidee betrachten würden. Aggressionsgefühle sind es wert, betrachtet zu werden, sie sind nichts Unbedeutendes, sondern etwas sehr Wichtiges und Interessantes. Verdrängung oder Verleugnung macht die Wut unberechenbar, nur die genaue Betrachtung macht mit der Aggression vertraut und baut die Angst davor ab. Die Aggression soll aus der Finsternis der Verdrängung hervorkommen ins strahlende Licht der Bewußtheit, nur so kann dieses aufgestaute Gefühl an Wirkung auf Seele und Geist verlieren. Das Gefühl darf rückhaltlos ausgefühlt werden, die Aggression auf Ihre Eltern ist nichts Schlechtes — schlecht ist nur die Verdrängung. Es ist psychologisch ganz verständlich, daß gegen den Unterdrücker, der die Lebensenergien begrenzt, der Wünsche beschneidet und natürliche Impulse kritisiert, Aggressionen entstehen, die aus Angst vor Liebesverlust oder Strafe nicht gezeigt werden.«

Würden wir unsere Aggressionen sofort in der jeweiligen Situation ausdrücken und ausreagieren können, würden die Eltern das mit Nachsicht und Weitsicht gestatten, wäre das Problem ein für allemal erledigt — wir wären befreit, gereinigt. Da es aber nicht zugelassen wird, führt das Gefühl ein dunkles, nicht mehr kontrollierbares Kellerdasein, es spukt in den Tiefen der Motivbildung herum und kommt an erwarteten, aber auch an vielen unerwarteten Stellen plötzlich hoch, so daß wir vor diesem »Phänomen» in uns selbst erschrecken.

Aggressionen gegen unsere Erziehungspersonen sind eine psycho-*logische* Sache, nichts Außergewöhnliches, Unmoralisches oder Erschreckendes. Wir müssen uns selbst nicht dafür verurteilen, zu der Aggression sollte nicht noch ein Schuldgefühl, eine moralische Verurteilung der eigenen »schlechten Seele« hinzukommen. Etwas Natürliches ist nichts Falsches.

Wir sollten zu uns selbst stehen, uns zu unseren Gefühlen offen bekennen, sie moralfrei betrachten, sie neugierig interessiert ans Tageslicht aufsteigen lassen, sie im hellen Sonnenschein der Bewußtheit bestaunen, das ist der erste Schritt. Die Aggression verliert an rumorender Kraft, sie flutet heraus, wir können schreien, weinen, schluchzen und um uns schlagen, das Aggressionsgewitter darf sich ereignen und entladen. Ein Psychotherapeut zum Beispiel ist Hebamme, indem er diese Gefühle hervorlockt und ihren Ausdruck ermuntert. Der künstlerische Mensch wählt den Umweg über den Ausdruck mit Farben, Tönen oder sprachlichen Formulierungen.

Am Betrachten der Aggressionen führt kein Weg vorbei. Erst danach kann der zweite Schritt erfolgen, den Personen zu verzeihen, die unsere Wut hervorgerufen haben. Erst wenn wir alle Wut ausgelebt haben, können wir wirklich verzeihen; davor ist Verzeihen nur ein Lippenbekenntnis, kommt aber nicht von Herzen, nicht aus dem Kern der Seele. Ausleben führt automatisch zum Verzeihen, man braucht gar nichts weiter aktiv zu unternehmen. Beobachte Kinder, die vor Wut und Zorn beben, die um sich schlagen und vital schreien, dann intensiv vor Wut weinen, sie sind danach von selbst ruhig und ausgeglichen. Das Gewitter ist vorübergezogen, und die Landschaft atmet danach ruhig und entspannt, sie duftet und dampft, sie hat der Schwüle und dem Donner verziehen. Im Ausleben der zornigen, wütenden, aggressiven Gefühle ist das nachfolgende Verzeihen enthalten.

Aber Achtung, es gibt natürlich keine Aggressionsfreiheit auf Dauer, denn die Situationen, die Aggression und Wut geweckt haben, sind durch Verzeihen nicht aus der Welt, sie tauchen in ähnlicher Weise immer wieder auf, man will uns täglich aufs neue unterdrücken, jetzt nicht mehr die Eltern und Lehrer, sondern Chefs, Bekannte und der Ehepartner. Das gleiche Spiel geht weiter.

Angst und Aggression können nur verhindert werden, wenn man sich mit der Reizlösung so beschäftigt hat, daß die Einstellung sich verändert, dann kann das Verzeihen bereits dasein, bevor die Aggressionsauslösung erfolgt ist. Das geschieht aber nur dann, wenn die Erlebniswelt sich durch eine andere Einstellung verändert, wenn man die Dinge in anderem Licht sieht, dann läßt einfach kalt, was einen zuvor gereizt hat.

Die Entrümpelung des Geistes

Der Geist ist nicht nur der Ort des logischen Denkens, sondern er ist auch ein Gefäß, das angefüllt ist mit Erfahrungen, Wissen und Lebensregeln. Er ist mit seiner Leistungsfähigkeit der Intelligenz nicht nur ein Werkzeug, sondern auch eine Schatzkammer oder eine Rumpelkammer, je nach den Inhalten, die hier gelagert sind. Das Gehirn ist auch Speicher (also Gedächtnis), der alles aufnehmen kann. Wissen über Astronomie, Kenntnisse über das Angeln, aber auch Meinungen über Moral, Religion, Lebensphilosophie usw.

Ich möchte einen Gang über einen Kölner Marktplatz schildern: Ich will auf dem Markt ein Kilo Nektarinen kaufen. Viele Menschen schieben sich durch die schmalen Gänge der Stände. Die Sonne scheint, und ihre Strahlen wärmen das Gesicht, denn die Luft ist noch etwas kühl. Die Menschen gehen an mir vorüber, ich schaue ihnen ins Gesicht, lese in ihrer Mimik, Physiognomie und Gestik. Gesichter tragen Spuren der Vergangenheit, zeigen vererbte Merkmale der Nationalität und aktuelle Stimmungen der Seele und Lebenseinstellungen. Die Inhalte des Geistes drängen nach draußen, sie werden im Gesichtsausdruck sichtbar und lesbar. Eine Türkin steht an einem Stand, sie zeigt wenig Aufmerksamkeit, schaut unter sich, wirkt sehr introvertiert.

Ein Mann geht mit aufrechtem Gang durch die Menschen, er ist breitschultrig, die Mitmenschen sind für ihn Gegner, die er in der Regel durch rücksichtslosen Einsatz seiner Körperlichkeit »an die Wand drückt«. Sein Gesichtsausdruck zeigt Unzufriedenheit und Aggressivität. Er fixiert mit seinen Augen die Blicke und wartet darauf, daß die Menschen wegsehen. Er provoziert, das ist seine gestörte Art von Selbstentfaltung.

Eine Frau geht vorbei, etwas vierzig Jahre alt, sie ist nicht hübsch, ihre Gesichtsfarbe ist grau, ihre Nase spitz, um ihren Mund spielt ein unzufrieden-überheblicher Zug. Ihr Geist ist randvoll mit Kritik, Skepsis und Abwertung der Mitmenschen, ihres Lebens, ihrer Umstände, ihrer Ehe ... Ein Mann kommt mir entgegen, korrekt gekleidet, aufrechter, steiler Gang. Er macht sparsame Körperbewegungen, hält den Kopf sehr gerade und ruhig, nur die Augen gehen lebhaft hin und her. Er zeigt Haltung, ist sehr beherrscht, ist ein scharfer Beobachter. Er hat Prinzipien, könnte kaufmännischer Angestellter oder Beamter auf einer Behörde sein. Er drangsaliert mit seinen Prinzipien sicherlich seine Frau und die Kinder.

Diese Gedanken mache ich mir nicht in dieser Reihenfolge und mit den gleichen Worten, die ich jetzt niederschreibe. Ich nehme den Gesamteindruck wahr, und dabei erfasse ich alle Signale des Ausdrucks, die der Mensch unbewußt aussendet, wesentlich mehr, als ich jetzt niederschreibe — und alles ist in zwei, drei Sekunden gegenwärtig, das soziale Umfeld, in dem er lebt, die finanziellen Verhaltnisse, das Mietshaus, die Art der Wohnung, das Mobiliar, die Freizeitgestaltung, die Art, wie er mit seinen Kindern redet, der Sprachstil, alles ist in seinem Geist gespeichert und drückt sich in seiner Physiognomie und im Verhalten aus.

Ein junges Mädchen kommt mir entgegen, etwa neun Jahre alt; die Gesichtszüge sind weich, verschwommen, noch unausgeprägt. In ihrem Gesicht steht noch nichts »geschrieben«, es ist noch offen, der Geist ist noch nicht randvoll mit einem »Wissen« über das Leben, über sich selbst und die Mitmenschen. Am Stil der Kleidung ist die soziale Schicht zu erkennen, der Faltenrock ist schmutzig, die Lederjacke war teuer.

Die Haare sind lang und gepflegt, modische Spangen sind in die Frisur gesteckt. Sie hat noch nicht die Verführung von Jungen im Kopf, aber die Kontrolle der Schönheit, Grazie und Äußerlichkeiten in der modischen Kleidung ist ihr schon einprogrammiert. Sie kann das noch alles vergessen, aber plötzlich sieht sie sich in einem Spiegel an einem Textilienstand, und sie streicht sich den seitlich aufgebauschten Rock zurecht, betrachtet auch kurz ihr Gesicht, die Gesichtszüge erstarren für kurze Zeit, sie macht das beherrschte, für viele Menschen typische »Spiegelgesicht«, geht weiter, vergißt es, und ihre Gesichtszüge entspannen sich wieder.

Zwei junge Männer kommen mir entgegen, etwa siebzehn oder achtzehn Jahre alt, sie lachen, stoßen sich an, einer schubst den anderen, sie sind albern, etwas laut und rauh, die Stimme absichtlich tiefer. Sie wollen jung und unkompliziert sein, werden jedoch immer wieder von ihrer Selbstkontrolle an die Männlichkeitsrolle ermahnt, dominant zu sein, zu beeindrucken, kraftvoll und imponierend zu wirken. Sie wollen sich gerne über das alles erheben durch eine laute »Alles-Scheiße-Sprache«, sie versuchen, die Rolle unbewußt abzuschütteln wie das junge Pferd den ersten Sattel, aber sie bekommen den »Sattel in ihrem Geist nicht los. Eine Frau geht vorbei in verwaschener violetter Sackhose und grau-violettem, weitem Pullover. Ihre Weiblichkeit ist nur an den langen Haaren erkennbar. Sie ist völlig ungeschminkt, sieht aber dennoch nicht natürlich aus. Ihre Gesichtszüge wirken wie erfroren, hart und doch sehr sensibel. Sie lehnt die Rolle der verführerischen Weiblichkeit ab, dennoch ist sie nicht ganz frei davon, sie ist gefangen im Gegenbild, sie erstarrt in bewußter Unattraktivität und Abwehrhaltung, sie versteckt ihre Sensibilität, möglicherweise sogar eine starke Sexualität, die ihr Angst macht. Vielleicht wurde sie einmal von einem Mann sehr verletzt und kämpft jetzt gegen ihre Weiblichkeit, sie hat eine feste Meinung, die sie auch aggressiv vertritt: Ich weiß, was ich will und nicht will!

Warum habe ich diesen Gang über den Markt so subjektiv beschrieben? Ich wollte zeigen, wie der aufmerksame Betrachter von Mimik und Gestik die Inhalte des Geistes der beobachteten Menschen an »Äußerlichkeiten« erkennen kann, denn das Innere drängt unbewußt nach außen, sowohl das Gerümpel als auch die Schätze, kreative und destruktive Gefühle, die Lebenseinstellungen jeder Art. Diese Signale kann jeder empfangen, der aufmerksam hinsieht. Natürlich ist das keine wissenschaftliche Analyse der Mitmenschen, es ist eine subjektive Betrachtung, die vielen Fehlern unterliegt, denn die Wahrnehmung wird ja auch von der Stimmungslage der eigenen Seele beeinflußt. Dennoch empfehle ich, die Mitmenschen genau zu betrachten und die persönliche Wahrnehmung der Signale aus der Tiefe der Seele und des Geistes zu schärfen.

»Seelenleben« wird sichtbar

»Was ist eigentlich Seelenleben? Was ist die Seele?« werde ich oft gefragt. Was ist die Seele für ein seltsames Organ, das die Chirurgen nicht herausoperieren und vorzeigen können?

Die Seele existiert physikalisch gesehen nicht, sie ist kein Organ wie die Nieren oder die Leber, sie spielt sich auch nicht an einem bestimmten Ort ab, etwa im Herzen oder im Gehirn. Sie ist allgegenwärtig, unter der Haut, wenn etwas plötzlich ängstigt oder besonders schön ist, im Herzen, wenn es sich weitet vor Freude oder zusammenkrampft bei Wehmut und Leid, in den Blutgefäßen, wenn Liebe die Wangen rötet, im Gehirn, wenn eine Konfliktsituation Kopfschmerzen bereitet, im Kreislauf, wenn die Lebenslust den Blutdruck steigen läßt, in den Beinmuskeln, wenn sie schwach werden, wenn ich eine Hiobsbotschaft erhalte, im Rücken, wenn er sich beugt vor Gram und Melancholie. Über das weitverzweigte Nervensystem erreicht die Seele jedes Organ und jede Körperregion bis zur Hautoberfläche, und sie nimmt sogar Kontakt zur Außenwelt auf, indem sie die Haut trocken oder feucht macht. Der Körper ist eine äußere Erscheinung, belebte Physik und Chemie, das Werkzeug der Seele. Die Seele ist der Chef. Deshalb betone ich immer wieder: Die Seele schafft sich einen gesunden oder kranken Körper, je nachdem, sie ist die Ursache für Organstörungen, Erkrankungen, Vitalität, Aufblühen oder Absterben.

Deshalb hat es wenig Sinn, Sport zu treiben, wenn die Seele

nicht mitspielt. Der Hebel für die Gesunderhaltung sollte an der Seele angesetzt werden, nicht am Körper. Natürlich sind zuallererst die Elementarbedingungen für einen gesunden Körper zu erfüllen, nämlich ausreichende Nahrung, frische, gemischte Kost, ausreichender Schlaf, körperliche Bewegung, keine einseitige Muskelbelastung im Beruf. Auf der Basis dieser Minimalbedingungen bleibt der Körper problemlos gesund. Es sind keine komplizierten Ernährungsregeln erforderlich, keine ausgeklügelten Trimmprogramme für die Muskulatur. Der Körper ist geduldig, er ist mit wenig zufrieden, wenn nur die Seele zu ihrem Recht kommt, dann ist die Atmung in Ordnung, dann reguliert sich der Blutdruck, der so wichtige Nachtschlaf ist erfrischend tief, das Herz stolpert und stockt nicht, es schlägt rhythmisch und kraftvoll, die Verdauung geschieht problemlos, nichts »Unverdauliches« wird hinuntergeschluckt, und nichts wird geizig (besitzgierig) festgehalten.

Die Körperfunktionen geschehen unbemerkt und reibungslos, wenn das Seelenleben stimmt. Das Körperleben ist Ausdruck des Seelenlebens. Nicht der Körper steuert die Seele, sondern die Seele den Körper. Sicher, chemische Stoffe sind materielle Substanzen, und sie können über die Blutbahn die Nerven beeinflussen und dadurch die Seele und hierüber wiederum den Körper. Aber das beweist doch nicht, daß die Seele nur etwas Chemisch-Physikalisches wäre. Psychopharmaka sind zwar eine Chemotherapie, aber sie beeinflussen den Körper über ausgelöste seelische Empfindungen. Der große Nachteil ist, daß das Seelenleben durch chemische Stoffe über den Körper gesteuert wird, nicht durch die Seele selbst, denn sobald der chemische Stoff im Körper abgebaut wird, ist der alte Zustand wieder da, wenn es uns gelingt, mit der Seele direkt in Kontakt zu treten, benötigen wir nicht den Umweg über die chemische Substanz, wir sind dann völlig bewußt, in jedem Augenblick in Verbindung mit Seele, Geist und Körper.

Die meisten Menschen trennen Körper, Seele und Geist.

Die einen sind nur Geist, sie wollen nicht wahrhaben, daß sie auch einen Körper haben, ihnen ist ihr Körper sogar peinlich. Die anderen sind nur Körper, vertrauen dem Wahlspruch der Römer, der da heißt: »In einem gesunden Körper wohne auch ein gesunder Geist«. Sie trainieren ihren Körper, betreiben Sport, gehen schwimmen, machen Waldlauf, Gymnastik, Aerobic, achten auf »gesunde« Ernährung usw. und wundern sich, warum sie trotzdem nicht glücklich und zufrieden sind, warum sie ihre Lebensangst nicht verlieren, warum sie Potenzprobleme haben oder »frigide« sind. Sie trinken keinen Alkohol, um nicht dem Körper zu schaden, aber sie sind nicht glücklich. Ein körperlich hinfälliger Alkoholtrinker ist stundenweise viel glücklicher (diese Bemerkung ist nicht als Werbung für den Alkohol gedacht).

Die wenigsten Menschen können Körper und Geist vergessen und die Seele in den Mittelpunkt ihres Lebens stellen. Die Seele ist eng verbunden mit dem Geist, mit dem Speicher von Lebensphilosophien, Maximen, Prinzipien, Einstellungen, Vorurteilen, Wünschen und Erwartungen. Körper und Seele harmonieren leicht miteinander, der Störenfried ist immer der Geist. Die Seele kann das Leben nicht in die Hand nehmen, solange der Geist einen zerstörerischen Einfluß ausübt. Dieses Problem müssen wir erkennen. Es geht darum, daß die Seele sich neben dem Geist frei entfalten kann, ohne vom Geist beherrscht und drangsaliert zu werden.

»Seelenleben« kann sich entfalten, wenn die Seele eine Durchgangsstation ist, wenn Transparenz besteht, wenn Eindrücke über die Sinne hereinkommen und ohne innere Blockierung als Ausdruck wieder heraustreten. Seelenleben ist Eindruck, Transparenz und Ausdruck — so einfach und doch so schwer zu verstehen. Die folgenden Seiten möchte ich dazu benutzen, diesen simplen Vorgang so begreiflich zu machen, daß jeder damit in der Praxis auch umgehen kann. Es sind keine komplizierten Übungen erforderlich, kein Spezialwissen, man muß kein Abitur haben und nicht Psychologie studieren, keine Psychoanalyse absolvieren, um seelisch gesund zu sein. Es ist ganz einfach und sofort möglich: Seelenleben ist der Vorgang, Transparenz und Ausdruck. Es geschieht beim Gesunden ohne Blockierung, keine Energie geht verloren. Die Seele ist eine Durchgangsstation, die Energie fließt nur hindurch.

Wenn man die Energie behindert, erst dann entstehen die Probleme, die Störungen, Spannungen und Krankheiten.

Meditieren statt Grübeln

Wenn ich empfehle zu meditieren, höre ich immer wieder den Einwand: »Ich habe den Eindruck, daß mir das ständige Grübeln nicht hilft.« Richtig, Grübeln führt nicht weiter, denn Grübeln ist kein Meditieren, sondern fixiertes Kreisen der Gedanken um immer wieder die gleichen Probleme.

Sowohl Emotionen als auch Inhalte des Geistes beeinflussen den Körper. Im Geist spielt sich das Grübeln ab; die Gedanken kreisen immer wieder um dasselbe Thema und wiederholen sich im Kreis drehend. Beispiel: »Sie hat mich kühl angesehen. Ob sie mich wirklich liebt? Seit einigen Tagen hatte sie keinen Orgasmus. Sie widerspricht mir, aber dann ist sie wieder anschmiegsam und zärtlich. Ist das Liebe? Liebe ich sie, oder erregt sie mich nur sexuell? Sie ist oft rechthaberisch. Mit ihrer Meinung, daß die Männer nicht wirklich lieben können, hat sie nicht recht, das macht mich wütend. Wenn sie so etwas sagt, kann sie mich doch gar nicht lieben. Sie ist kühl, sie zeigt wenig Emotionen. Tieren, vor allem Hunden gegenüber fließt sie über vor Zärtlichkeit, dann vergißt sie sich selbst. Mir gegenüber verhält sie sich viel distanzierter. Sie sagt zwar, daß sie mich liebt, aber liebt sie mich wirklich?«

Der Geist kommt nicht zur Ruhe, und die Gedanken drehen sich um die Frage: »Liebt sie mich?« So kann ich dieses Problem nicht lösen. Das Grübeln selbst wird noch zu einem zusätzlichen Problem. Grübeln kann zur Gewohnheit werden, das Gedankenkarussell dreht sich, und ich kann nicht aufmerksam für das sein, was um mich herum geschieht, denn ich bin total gefangen im Grübelkreislauf. So wird mein Leben immer enger, nicht weiter. Der Geist versucht, die Probleme durch Gedanken, Einfälle und Ideen aufzulösen; weil das nicht gelingt, nimmt die Grübelei kein Ende.

Meditieren ist etwas ganz anders. In der Meditation übernimmt nicht der Geist die Oberhand, sondern er verhält sich zurückhaltend, er läßt die Emotionen zu ihrem Recht kommen, die Sinnesorgane und die Körper-Seele-Einheit öffnen sich. Nicht Gedanken beherrschen die Szene, sondern der Augenblick mit seinen gegenwärtigen Reizen. Die Gedanken zerfallen in sich, sie treten in den Hintergrund zurück, und im Geist breitet sich Stille und Ruhe aus. Diese Stille ist entspannend und beglückend, auf der Basis dieser Stille kann sich Neues ereignen, kann der lebendige Augenblick in mich eintreten und die Frische des Erlebens erzeugen.

Ein Mensch, der grübelt, der »Probleme wälzt«, nimmt nur wenig wahr, er tagträumt, er ist stumpf und verschlossen. Einer der meditiert, nimmt dagegen alles wahr, was im Augenblick geschieht, er ist hellwach und geöffnet. Das ist der wichtige Unterschied, Grübeln und Meditieren sind Gegensätze.

Einer, der sich verliebt, kann in diesem Augenblick nicht gleichzeitig grübeln. Er ist in höchstem Maße wach, offen und aufmerksam, er nimmt mit seiner gesamten Existenz wahr, mit allen Sinnesorganen, er erfaßt mehr als sonst, kein Sinnesorgan hat die Oberhand, alles dringt simultan ein, fließt durch Körper und Seele hindurch, der Geist schweigt. Die Frische des Gefühls, ohne jegliches Nachdenken kontrolliert oder getrübt, diese Frische ist Meditation. Die Seele vibriert, sie schwingt mit. Hierzu ist kein Geist, kein Denken und Grübeln erforderlich, im Gegenteil, Grübeln verhindert diese Vibration.

Meditation kann man nicht durch einige einfache Regeln erlernen. Es hat wenig Sinn, ein Mantra wie zum Beispiel »om, om, om ...« vor sich hinzumurmeln, um auf diese Weise in Meditation zu gelangen. Das ist lächerlich und zeigt, wie wenig Verständnis für das Seelenleben besteht. Es gibt keine »Meditationsübungen«. Es hat auch keinen Sinn, sich aus der Welt in die Stille eines Klosters zurückzuziehen, um ruhig zu werden. Die Abgeschiedenheit der Einsiedelei bringt mich keinen Schritt weiter, wenn ich im Anblick der kargen Klosterwände dann noch die Gedanken kreisen lasse und über die Vergangenheit grübele.

Meditation bedarf keines Klosters, keiner Isolation — also keiner Reizentziehung. Ich kann auf den Markt gehen, ins Kaufhaus, in die Diskothek, auf den Fußballplatz, und das Denken hört auf zu kreisen, die Gedanken verflüchtigen sich, wenn ich sämtliche Sinne öffne, die Einlaßtore für das Leben, wenn ich ohne jede Blockierung hindurchziehen lasse, was hereingeweht kommt. Keine Hemmung, keine Anpassung, keine Abwehrhaltung, kein Widerstand — dann können sich die Sinne weiter öffnen, und es entsteht ein Zustand von Klarheit. Die Seele ist transparent, der Augenblick kann hindurchwehen, er kann sich voll entfalten, es entsteht Wachheit und Lebendigkeit, das ist die Voraussetzung für Lebensfreude.

Diese Lebensfreude entsteht nicht durch besondere Übungen und den Einsatz des Verstandes und Willens. Zum Zustand der Glückseligkeit kann man nicht angestrengt hinstreben, er ist nicht das Ergebnis, wie man etwa Vokabeln lernt, sondern es geht darum, falsches Anklammern und Streben loszulassen, dann kann die Seele wachsen und reifen. Deshalb kann ein Kind eine »größere, lichtere« Seele haben als der so »kluge Erwachsene«, denn viele Erwachsene werden zwar mit den Jahren älter, sie sammeln viel Wissen, aber ihre Seele wird dennoch enger und dunkler anstatt heller und reifer.

Betrachten statt Planen

Wenn ich mit den Menschen rede, erzählen sie mir schnell ihre Pläne. Der eine bereitet sich auf den beruflichen Aufstieg vor, der andere will sich selbständig machen, die eine plant einen Englischkurs auf der Volkshochschule, eine andere plant die Hochzeitsfeier in der Dorfkirche, ein anderer will auf Ibiza ein Café eröffnen, ein anderer malt mir sein Erlebnis mit zwei Frauen im Bett aus, der nächste träumt von den Seychellen, ein anderer will sich scheiden lassen, die nächste ihren Mann zur Anpassung bringen, die nächste durch die Eheschließung nicht mehr arbeiten müssen, und ein anderer begibt sich auf die Suche nach Gott. Ich schaue mir das alles an; nichts ist zu banal, nichts zu einfach, zu kapriziös, zu kitschig oder zu versponnen.

Betrachtet einmal die Pläne der anderen, ganz wach, ohne Vorurteile, also ohne Aufwertung oder Abwertung. Pläne sind »Hirngespinste«, der Geist kann tausend Dinge planen, die Phantasie ist grenzenlos — macht die Phantasie zum Objekt der Betrachtung, die Phantasie der anderen und die eigene. Hoffnungen und Wünsche sind allgegenwärtig, wenn man sich mit Menschen unterhält. Sie schwärmen von Projekten, die sie hinausprojizieren, Projektionen, während die Realität ihren Duft entfaltet.

Die meisten beklagen sich über die Realität und die Mitmenschen; der eine kritisiert seinen Chef, der andere seine Nachbarin; sie ereifern sich in Abwertung, in Kritik und Besserwisserei. So vieles soll anders werden, ist nicht richtig. Der Partner macht dies und das nicht gut, er ist nicht pünktlich, redet zu viel von seinen Hobbys, ist zur Freundin nicht freundlich, ist zu eifersüchtig, will nicht ausgehen, hält nichts von dieser und jener Musik, hat keine Ideen, ist zu melancholisch usw. Warum fällt es so schwer, die Dinge so zu lassen und zu akzeptieren, wie sie nun einmal sind?

Wir wissen alles besser, haben andere Pläne, projizieren unsere Vorstellungen in die Mitmenschen, Freunde, Kollegen und Beziehungen; die anderen hängen ihren eigenen Projektionen nach. So begegnen sich zwei Projektionen; sie zielen aneinander vorbei, und keiner kann den anderen verstehen. Befremden breitet sich aus, Verstehen wird unmöglich.

Jeder ist auf seine Art ein Weltverbesserer. Der eine will, daß alle katholisch sein sollten; der andere möchte die Religionen abschaffen; der nächste akzeptiert nur diejenigen, die den Sozialismus verstanden haben, diskutiert feindselig mit demjenigen, der Individualismus für das Allerwichtigste hält; das Unheil kommt für den einen von der Monogamie, für den anderen ist die antiautoritäre Erziehung der Ursprung allen Übels. Jeder kämpft gegen jeden, jeder ist Weltmeister im Besserwissen. Das führt zwangsläufig in ein Streben nach Überlegenheit, nach Bestätigung des eigenen Denkens; jeder will auf seine Weise mit seiner Vorstellung die Welt und die Menschen erretten und erlösen. Der Geist ist ein rechthaberischer Reformator, ein verbissener Streithahn. Das Ich kämpft um Geltung. Alles Kämpferische fordert natürlich Widerstand heraus, denn Gewalt erzeugt Gegengewalt.

Wir müssen das alles lassen, wenn wir gesund werden wollen. Beginnen wir nicht damit, die Mitmenschen zu ändern, sondern uns selbst, beginnen wir beim Nächstliegenden, bei der eigenen Seele, bei unserem Geist und den eigenen Emotionen. Wir müssen uns von alldem lösen, von den eigenen Plänen, auch von denen der anderen, von Theorien, »Ismen« und

Systemen. Beginnen wir völlig neu bei dem, was ist. Keine Pläne und Projektionen mehr. Betrachten wir das Gesagte bei uns selbst und den anderen einmal völlig losgelöst von Wünschen und Erwartungen. Kein Streben mehr, kein Ehrgeiz, kein egozentrisches Wollen oder Festhalten: *Loslösung ist die Lösung der Probleme.*

Die Menschen erwarten immer eine Lösung ihres Problems. Sie wollen wissen, wie sie die Eifersucht verlieren, die Angst vor den Mitmenschen, den Neid auf den Erfolg eines Freundes, die Enttäuschung über das »Fremdgehen«, die Traurigkeit über ein böses Wort, die Intoleranz des Partners usw. Keines dieser Probleme ist mit dem herkömmlichen Denken lösbar. Wer eine Problem*lösung* sucht, hat damit ein neues Problem, er macht sich verrückt, eine Lösung finden zu müssen, um sich wertschätzen zu können.

Ich sagte einem ehrgeizigen Unternehmer: »Die Lösung des Problems ist die Loslösung vom Problem. Sei gelassen, ohne nachlässig zu sein. Gelassenheit darf nicht mit ›Schludrigkeit‹ verwechselt werden — es ist das Loslassen des Problems, das Aufgeben aller Pläne und Kämpfe. Der Kampf ist zu Ende.« Das ist keine Schwäche, sondern Stärke. Der Schwache kämpft; er will immer Stärke beweisen. Der wirklich Starke kann die Dinge geschehen lasen, wie sie geschehen. Die Menschen sind nun mal, wie sie sind, wir sollten sie akzeptieren, ohne sie verändern zu wollen. Wir fragen nicht: Warum sind keine zwei Monde am Himmel, warum ist das Matterhorn so spitz, warum ist die Welle so hoch, warum ist die Mohnblüte nicht gelb? Wir betrachten den im Wind zitternden Mohn ohne Projektion und sind in diesem Augenblick damit zufrieden und ausgefüllt. Aber die Nachbarin, die wollen wir anders haben, den Kollegen prangern wir an, den Ängstlichen nehmen wir nicht ernst, den Unsicheren trösten wir nicht. Gelassenheit heißt die Dinge geschehen lassen, ohne Gewalt auszuüben und dadurch alles noch schlimmer zu machen. Es muß geschehen, zum Ausdruck kommen; alles hat seinen Sinn und seinen Platz. Wie können wir uns anmaßen, darüber ständig zu richten und alles besser zu wissen? Das größte Unheil entsteht durch die Besserwisserei, durch die Verbissenheit einer Heilslehre, denn jedes geplante Heil beschwört das Unheil herauf. Wer den Alkohol verbietet, fördert den Alkoholismus, wer Prüderie will, fördert die Pornoindustrie, wer Wahrheitsfanatiker ist, fördert die Lüge, der Christ erzeugt das Unchristliche, der Kapitalist stärkt den Sozialismus und umgekehrt, der Militarist ruft den Pazifisten hervor, und der Friedensprediger stärkt die Falken. So fördert jede Bestrebung ihre Gegenbestrebung, wenn keine Gelassenheit besteht.«

Wir sollten zuerst uns selbst verändern und dann gelassen schauen auf das, was geschieht. Wir sind nur Gast auf dieser Welt; wir sollten uns wie Gäste betragen, das Gastrecht genießen, aber den Gastgeber nicht verändern wollen; er wird sich dafür rächen. Nicht die Angst vor Rache, nicht Feigheit vor dem Widerstand, nein, es geht um etwas anderes — um die Ausreifung und Weisheit, das Leben zu genießen, zu erfassen, hereinzulassen ohne Zensur, es zu nehmen, wie es ist, Zeitzeuge sein. Leider hat uns niemand erklärt, wie schön es ist, das Leben (die Menschen eingeschlossen) einfach nur zu erleben und nicht zu manipulieren.

Selbsterkenntnis und Selbstbestimmung

Selbsterkenntnis ist die Voraussetzung für Selbstbestimmung und Unabhängigkeit von Fremdbestimmung. Ein vierzigjähriger, erfolgreicher Geschäftsmann erzählte mir:

»Im Beruf bin ich erfolgreich und durch Tüchtigkeit, Fleiß und Initiative vorwärtsgekommen. Aber mit meiner Frau bin ich nie so richtig zurechtgekommen. Ich habe sie vor sechzehn Jahren aus Liebe geheiratet. Ich überließ ihr den häuslichen Bereich, sie hat mir zwei Söhne geboren und erzogen. Sie sieht gut aus, ist gesellig und bei unseren Bekannten beliebt, und ich könnte eigentlich zufrieden sein. Meine Freunde sagen: ›Manfred, du hast aber eine patente Frau.‹ Niemand sieht in mich hinein und weiß, wie es in mir tatsächlich aussieht. Im sexuellen Bereich z. B. bin ich unbefriedigt, denn sie hat dauernd Migräne oder eine Magenverstimmung, wenn ich Sex will. Sie bestimmt also durch ihre Launen und Ausreden total über mein Sexleben. Erst während der Ehe habe ich bemerkt, daß sie sich im Grund aus Sex nicht viel macht. Einen Orgasmus hat sie in ihrem Leben erst drei- oder viermal gehabt. Sie macht mir keine Vorwürfe deswegen, aber ich habe trotzdem Schuldgefühle.«

»Sie hat mein Privatleben total im Griff. Sie ruft mich tagsüber im Büro an und checkt, ob es abends eine Verspätung geben wird, eine Besprechung oder ein Essen mit Geschäftsfreunden. Ohne ihre Kontrolle kann ich kaum einen Schritt unternehmen, denn sie ist sehr eifersüchtig. In die Erziehung der beiden Kinder läßt sie sich überhaupt nicht hineinreden, hier habe ich gar nichts zu sagen, es geschieht nur das, was sie für richtig hält. Sie bestimmt auch über meine Kleidung, wenn ich mir mal selbst etwas kaufe, macht sie es so lange schlecht, bis ich es im Schrank hängenlasse. Ich soll nur das anziehen, was sie für mich gekauft hat oder wobei sie mich beraten hat. Ich soll mich total konservativ kleiden.«

Und: »Sie greift sogar in meine private Lektüre ein. Als ich einmal das Buch ›Der dressierte Mann‹ von Esther Vilar mitbrachte, war es am anderen Tag verschwunden mit dem Kommentar: So einen Blödsinn solltest du nicht lesen, du machst dich ja lächerlich. Sie äußert sich immer sehr bestimmt, mit einer etwas harten und eindringlichen Stimme, ihr nicht zu widersprechen. Wenn ich es dennoch wage, wird sie laut, noch eindringlicher, leicht aggressiv und gereizt, bedrohlich wirkend, und ich bin dann um des lieben Friedens willen lieber still. Sie bestimmt, was gegessen wird, wieviel ich trinken darf, welcher Film gesehen wird, welche Leute eingeladen werden und welche ›unmöglich‹ sind, wann wir zu Bett gehen und welches Möbelstück angeschafft werden soll. Sie überwacht natürlich auch mein Konto, und sie wacht über mein Denken. Wenn ihr ein Gedanke, eine Idee nicht paßt, dann zieht sie über die ›Idiotie‹ einer solchen Denkweise leicht aggressiv her, so daß ich lieber aufhöre, den Gedanken weiterzuspinnen. — Ich kann sagen, daß ich meine Frau heute nicht mehr liebe, und dennoch fällt es mir schwer, mich scheiden zu lassen — ich bin trotz allem von ihr abhängig. Ich bewundere ihre Konsequenz und ihre Dominanz, mit der sie bestimmt. Sie ist sich immer so sicher, davon bin ich oft ganz verunsichert. Und je unsicherer ich bin, desto sicherer tritt sie auf. Ich kann sie nicht lieben, ich bin sicher, sie liebt mich auch nicht, aber wir brauchen uns, sie braucht mein Geld; ich muß fleißig arbeiten, damit sie weiterhin die ›Frau des Hauses‹ spielen kann, und ich brauche ihre Ausstrahlung von Sicherheit, wenn ich mich entscheiden soll.«

Aus Erfahrung weiß ich, daß es in vielen Partnerschaften des Mittelstandes ähnlich aussieht: Der Mann arbeitet, verdient das Geld, und die Frau sieht ihre Selbstentfaltung als Mutter und Hausfrau, Hüterin des Heimes und der Partnerschaft, sie entscheidet über die richtige und falsche Moral, über die »richtigen« Einstellungen und die Lebensphilosophie. Sie zensiert das Denken durch Ausübung von psychischen Druck bis zum Psychoterror, sie unterbindet Selbstentfaltung und Selbstbestimmung und übt mit Dominanz die Macht der Fremdbestimmung aus. Hat sie erst ein oder zwei Kinder geboren, und steckt der Mann mitten im beruflichen Aufstieg, erkennt sie ihre Chance, diese Machtposition auszubauen. Der Mann bleibt meist auf der Strecke, er gibt auf, nach Selbsterkenntnis zu forschen und Selbstbestimmung zu entwickeln, er beginnt, die Fremderkenntnis zu übernehmen und sogar zu fragen: Wie findest du das? Wie gefällt dir dieses? Wie hättest du hier reagiert? Was ist deine Meinung zu dieser Frage?

So nistet sich die Fremdbestimmung mehr und mehr im Geist ein, und es entsteht langsam Abhängigkeit bis zur Sucht. Schließlich glaubt er wirklich: Ich kann ohne dich nicht mehr leben. Ich kann dich nicht mehr loslassen, obwohl ich dich nicht liebe. Das Defizit an Selbsterkenntnis läßt die Seele jedoch nicht zur Ruhe kommen, Unzufriedenheit macht sich breit. Niemand fühlt sich wirklich wohl ohne Selbstfindung und Selbstbestimmung. Der Fremdbestimmer mag zwar über Jahre hinweg erfolgreich sein, aber die Zeitbombe tickt, die Explosion geht entweder nach innen, und es entstehen psychosomatische Symptome aller Art, oder sie zielt nach außen, und es kommt der Tag, an dem in einem aggressiven Ausbruch die Partnerschaft zerbricht, in unverzeihlicher Gewalttat, oder der Entschluß zur Scheidung reift, trotz Kinder, trotz Rentensplitting, drohender Unterhaltszahlung und empfindlicher finanzieller Einbußen. Die Selbstbestimmung wird zu einem sehr, sehr schmerzlichen Prozeß.

Selbstsicherheit — Angstfreiheit

Selbstsicherheit breitet sich erst dann in der Seele aus, wenn ich mir innerlich so sicher bin, daß mir kein anderer mehr angst machen kann, kein anderer Mensch, keine Situation, keine Zukunftserwartung und keine Religion. Wenn ich über die Straße gehe und ein Auto plötzlich mit quietschenden Bremsen heranfährt, dann erschrecke ich natürlich; das ist normal. Aber zehn Minuten später ist der See wieder ruhig. Das ist nicht die Angst, die mir die Selbstsicherheit raubt; es sind die schleichenden Ängste, etwa die Angst, nicht für voll genommen zu werden, es nicht »recht zu machen«, eine Moral nicht zu erfüllen, eine Erwartung anderer zu enttäuschen.

Ich wurde von einem jungen Mann gefragt: »Wie kann ich selbstsicherer werden? Ich habe Angst, von den anderen abgelehnt zu werden, weil ich nicht witzig sein kann, ich bin innerlich bei Geselligkeiten so verkrampft, und dann kann ich überhaupt nicht spontan und locker reagieren. Das macht mir fürchterliche Angst, das quält mich sogar richtig.«

Wie soll man selbstsicher sein, solange man diese Angst hat, nicht schnell und flexibel zu antworten und nicht witzig zu sein. Schöne Menschen beispielsweise sind oft sehr unsicher, sie haben Angst, nicht schön genug zu sein. Und intelligente Menschen beispielsweise sind oft sehr leicht durch einen kritischen Einwand zu verunsichern, weil sie ihre Intelligenz fühlen und deshalb auf sie achten und darauf Wert legen, daß sie bemerkt und geschätzt wird. Kreative Menschen beispielsweise sind oft sehr empfindlich, wenn sie nicht gebührend beachtet werden, weil sie spüren, daß sie etwas zu sagen haben, daß sie neue Ideen haben. Manche Genies sind so sehr in Hektik, weil sie Angst haben, daß ihre Begabung nicht erkannt werden könnte. Sie leiden unter dem Problem:

Je begabter sie sind, desto schwerer ist es oft, sich verständlich machen zu können, weil sie in ihrer Genialität von der Norm abweichen, weil sie oft eine Sprache sprechen, die für die anderen nicht immer leicht verständlich ist.

Eine Stärke ist häufig der Ursprung für Ängste und Unsicherheiten. Selbstsicher sein heißt, um es ganz deutlich zu sagen, *angstfrei* zu sein, sich ohne Blockierungen entfalten zu können, ohne nach irgendeinem Beifall zu schielen, egal von welcher Seite er kommen mag. Wir sind oft so abhängig vom Lob, so dressiert, auf Anerkennung zu achten, daß wir Kritik und Abwertung nicht angstfrei ertragen können. Die Angst sitzt so tief, die Sehnsucht nach Anerkennung und Lob ist so groß, gerade auf den Gebieten, die uns wichtig sind. Und deshalb macht es manchen so ein diebisches Vergnügen, die anderen zu kritisieren, gerade an ihrer empfindlichen Stelle:

den Intelligenten in seiner Logik,
die Schone in ihrer Frisur,
den Künstler in seinem Werk,
den Dichter in seiner Sprache,
den Handwerker in seinem Handwerk,
die Mutter in ihren Kindern,
den Manager in seiner Führungstechnik,
den Sozialisten in seiner Lebensführung,
den Christen in seiner Heuchelei,
den Moralisten in seiner Triebhaftigkeit,
die Feministin in ihrer gelebten Partnerschaft,
den Humoristen in seiner Depressionsneigung,
den Guru in seinen Jüngern,

den Pedantischen in seiner Unordnung,
den Ehrlichen in seiner Lügenhaftigkeit,
den Mutigen in seiner Angst,
den Pazifisten in seiner Aggressivität.

Wo einer glaubt, seine Stärke zu haben, gerade da hat er seine empfindlichste Stelle — aufgrund seiner Angst, daß seine Stärke nicht erkannt werden könnte. So kann niemals Selbstsicherheit entstehen, sosehr auch Individualität, Fähigkeit, Talent und Leistung sich ausprägen mögen. Selbstsicherheit beginnt erst dann, wenn jemand sich entwickelt, ausreift, Begabung entfaltet, sich von den anderen abhebt, ohne dabei sein Ego beachtet wissen zu wollen. Wo kein Geltungsstreben ist, kann auch keine Angst sein. Wenn der Dichter dichtet um der Dichtung willen, kann es keine Angst geben, wenn die Schöne schön ist um der Schönheit willen, um ihre Existenz zu verwirklichen, wie man atmet, um zu leben, einfach, weil es Freude macht, kann keine Angst eindringen, denn dann ist die Entfaltung nicht auf Wirkung bedacht.

Deshalb: Wer selbstbewußt werden will, um angstfrei zu *wirken*, um mehr zu gelten, um überlegen zu sein, der wird scheitern, der wird die Angst geradezu herausfordern und sich gehemmt und geängstigt fühlen. Selbstsicherheit ist ein Zustand des Seins, der erst angstfrei ist, wenn eine Bedingung erfüllt ist: Losgelöstheit von allem anderen außer dem Selbst. Dann ist Intelligenz schön um der Brillanz des Geistes willen.

Die Rose macht sich keine Gedanken über die Kommentare der Betrachter; sie entfaltet ihr Rosesein. Die Nachtigall singt ihr Lied, sie »weiß« nicht, daß sie eine Nachtigall ist. Ich sagte dem jungen Mann, der sich verkrampfte, wenn er witzig sein wollte: »Sei wie eine wilde Heckenrose am Waldrand, blühe dein Leben einfach für dich und frage nicht nach den Passanten. Die Rose kümmert sich nicht einmal um die anderen Rosen. Der Mond kümmert sich nicht um die Sonne. Warum kümmerst du dich um die Meinung, die moralische Einstellung, das ästhetische Empfinden des Herrn Meier? Warum kümmert dieser sich um das Denken von Herrn Sinner? Warum denkt dieser so oft an Pfarrer Menner?«

Selbstsicherheit ist Angstfreiheit, Freiheit von der Angst, daß andere etwas anderes für richtig halten, als man selbst zur Zeit für gut hält. Loslassen führt zur Gelöstheit. Erst in völliger Gelöstheit entsteht der Zustand der Angstfreiheit.

Alle Ängste hinter sich lassen

Zuerst muß ich mich selbst erfahren, um Selbsterkenntnis gewinnen zu können. Selbsterfahrungsgruppen werden von Psychologen und Psychotherapeuten veranstaltet, um über den Weg der Selbsterfahrung und Selbsterkenntnis anzuregen. Jeder erlebt aber auch täglich genug Möglichkeiten der Selbsterfahrung im Beruf und in der Partnerschaft. Ich möchte damit nicht sagen, daß Selbsterfahrungsgruppen überflüssig seien — aber es geht auch ohne.

Sich einer Angst zu stellen, sie zu sehen ist die beste Selbsterfahrung, weil wir dann beobachten können, wie die Angst unser Verhalten beeinflußt, wie sie Aggressionen weckt und dazu bringt, vor anderen »anzugeben«, die Angst durch besonders mutiges Auftreten zu verscheuchen.

Die Erfahrung der unangenehmen Angst, ihr nicht auszuweichen, das bringt mich in meiner Selbsterkenntnis weiter — das ist das Wichtigste. Die meisten sind gute Menschenkenner, wenn es um andere geht, aber bei sich selbst versagen sie. Sie sehen nicht ihre eigene Angst als Grundmotiv für ihr Verhalten. Ich unterhielt mich mit einem erfolgreichen Schriftsteller, er sagte: »Ich kann in meinen Romanen die Menschen sehr genau beschreiben und ihre Ängste darstellen. Eines Tages fragte ich mich ganz bewußt: Was habe eigentlich ich für Ängste? Ich war überrascht, diese Frage hatte ich mir bisher nie gestellt. Ich bemerkte, daß mir die Fragestellung schon den Schweiß auf die Stirn trieb. Ich listete trotzdem alle Ängste auf, so etwa Angst vor Erfolglosigkeit, Angst vor der Kritik an meinen Büchern, Angst vor aggressiven Menschen, Angst sexuell zu versagen, Angst, meine Frau zu verlieren, Angst, im Gespräch nicht so brillant zu sein wie in meinen Büchern, Angst, mich in eine andere Frau zu verlieben, Angst vor einem wirklich vitalen Leben, nicht genug gebildet zu sein, Angst nicht konsequent genug zu sein, usw. Ich stellte fest, daß ich viele, viele Ängste hatte, daß ich von Ängsten durchdrungen, zerfressen und vergiftet war. Diese Selbsterkenntnis war sehr angsterregend. Ich bin zu einigen Psychotherapeuten gegangen, um meine Angstansammlung fachmännisch unter die Lupe nehmen zu lassen. Ich fühle mich heute zwar besser, aber noch nicht geheilt. Nun will ich von dir wissen, was ich noch tun kann.«

Der erste Schritt besteht darin, die eigenen Ängste überhaupt erst einmal zu bemerken. Viele verschließen schon vor diesem Anblick die Augen: »Erkenne dich selbst« ist also der elementare Anfang. Es ist natürlich nicht schmeichelhaft, diese Ängste und die merkwürdigen Reaktionen, Abwehrtechniken, Verleugnungen und Ungerechtigkeiten deutlich sehen zu müssen. Schau dich an, wie du wirklich bist, den anderen hast du viel vorgemacht, aber mach wenigstens dir selbst nichts vor. Wer sich selbst ständig belügt, kann nicht selbstbewußt auftreten, er kann zwar die Maske einer Scheinselbstsicherheit tragen, er kann die anderen vielleicht damit täuschen, aber immer mit der Angst im Nacken, daß vielleicht einer kommen wird, der ihm die Maske plötzlich herunterreißt. Sich selbst betrachten, die eigene Angst, sie ausfühlen, das ist der Anfang. Dann geht es darum, hinter die Gründe der Ängste zu schauen.

Ich antwortete dem Schriftsteller: »Angst hat Ursachen. Beseitige die Ursachen, und die Angst verdunstet. Erfolglosigkeit ängstigt nur, wenn man Erfolge erhofft, löse dich also von der Erfolgserwartung. Laß kritische Menschen ihre kritische Meinung äußern, das ist ihr Problem, nicht deines. Kritik läßt sich nicht vermeiden, also nehme sie an, ohne gegen sie anzugehen. Fordere sie heraus und freue dich dann darüber — dann ist die Angst weg. Warum soll man nicht sexuell versagen? Gönne dir das Versagen, genieße das Versagen, und du gehst zu den Quellen deiner wahren Empfindungen. Vielleicht brauchst du das Versagen? Vielleicht findest du im Versagen etwas für dich Wichtiges, vielleicht eröffnet sich dahinter eine ganz neue Welt, die du bisher noch nicht sehen konntest. Verliere deine Frau, hab den Mut, sie loszulassen, verliere sie täglich neu, laß sie sich entfalten, damit du sie verlieren kannst, darin liegt viel Weisheit und Reife und auch ein Glück, das dir bisher verborgen blieb. Ein Gespräch ist kein Buch, es ist spontan, es geht ins Unreine, es wird nicht verbessert und sprachlich ausgefeilt, das ist gut so. Deine Bücher sind Kunstprodukte, es wäre nicht schön, wenn auch die Gespräche so künstlich wären. Ein Roman darf stilisiert sein, aber nicht dein lebendiger Ausdruck, er sollte fließen. Das ist eine Erfahrung, die sicher auch deine Bücher beeinflussen wird.«

Und: »Interessant ist die Angst, du könntest dich in eine andere Frau verlieben. Vielleicht ist deine Tugendhaftigkeit und Treue gar nichts Positives, sondern nur Geiz, Pedanterie und Lebensangst? Es lohnt sich, darüber nachzudenken. Wie kannst du Angst vor einem vitalen Leben haben? Ein vitales Leben ist doch das Wichtigste, um alle Ängste zu überwinden. Ein vitales Leben bedeutet die Entfaltung der gesamten Lebensenergie auf allen Gebieten, körperlich, seelisch und geistig. Du entfaltest dich vor allem geistig, Körper und Seele sind bisher zu kurz gekommen. Du hast die Energie blockiert und nicht fließen lassen, aus Angst, daß dir die Kontrolle entgleitet. Du willst dich am Zügel nehmen, schränkst dich ein, bist dein eigener Tyrann und Sklavenhalter, du hast Angst vor deiner eigenen Lebensenergie. Laß die Lebensenergie heraus, laß sie sich verströmen, und du siehst, daß alle Ängste verfliegen. Selbstsicherheit, aber jetzt die angstfreie, breitet sich in dir aus.

Wenn die Angst verflogen ist, wird das Leben weit und schön, dann wird kein Eindruck abgewehrt und kein Ausdruck durch die innere Zensur an der Entfaltung gehindert; das ist der Zustand vollkommener seelisch-geistiger Gesundheit, in dem zwanglos Lebensfreude entsteht.«

Selbstfindung — Selbstentfaltung

Viele Menschen kommen zu mir und sprechen davon, daß sie sich in einer Phase der Selbstfindung befinden würden. Sie sind auf der Suche nach sich selbst und hoffen, daß ich ihnen behilflich sein kann, sich selbst zu entdecken.

Ich antworte: »Ich muß dich enttäuschen, ich kann dir nicht helfen, dich zu finden, das ist unnötig, denn du bist ja schon bei dir. Du mußt nur den ganzen Schutt von Lüge und Abwehrhaltung wegräumen; dahinter wird dein Selbst sichtbar; es ist bereits da; es mußt nicht erst gefunden werden. Du brauchst keine besondere Lehre, keinen psychotherapeutischen Kunstgriff, keinen Test — nur der Mut ist erforderlich, Ballast wegzuwerfen, dich zu entrümpeln.«

Ich sehe dann meist in enttäuschte Gesichter: So einfach soll es sein? Dann folgt die Frage: »Was soll ich wegwerfen? Woher weiß ich, daß das eine Gerümpel ist und das andere wertvoll? Ist zum Beispiel die Angst Gerümpel? Aber ich kann sie nicht einfach hinauswerfen. Ist mein Pflichtbewußtsein etwas Wertvolles?«

»Die Angst gehört nicht zu dem Müll, den man hinauswerfen kann, denn die Angst kommt erst richtig zum Vorschein, wenn man die Masken zur Seite legt. Das Pflichtbewußtsein ist auch eine solche Maske, die einmal übernommen wurde, um sich dahinter verstecken zu können. Die Angst aber ist echt, in der Angst bin ich bei mir, hier habe ich mich gefunden. Stelle dich also diesen Ängsten und deinen Aggressionen.«

Man braucht keine große Suchaktion zu starten, muß nicht viele Bücher lesen, braucht keinen Psychologiekurs bei der Volkshochschule und keine Gruppentherapie, um sich selbst nahezukommen. Es ist keine kostspielige Reise in den Fernen Osten zu einem der zahllosen Gurus und Heilslehrer erforderlich.

Wer will, kann heute, jetzt, sofort, zu sich selbst gelangen, wenn er sich die Zeit nimmt, hinter die eigenen Masken zu schauen, auf die Dinge, die ihm unangenehm sind, vor denen er bisher immer geflohen ist. Wer erst viele Bücher lesen will, eine »Gruppe« aufsucht oder sich einen Guru auswählt, begibt sich nur erneut auf die Flucht — der trifft tausend Vorbereitungen für ein Später, weil er das Jetzt umgehen will.

Wir sind schon am Ziel, wir müssen nicht lange suchen, wir müssen nur bereit sein, endlich in Ruhe und ohne Panik hineinzuschauen in unsere Einstellungen und auf unsere Gefühle. Selbstentfaltung ist dann wirkliche Entfaltung aus dem Selbst, wenn sie aus der Tiefe der ureigensten Gefühle und Empfindungen erfolgt.

Wer so handelt, wie es andere wünschen, um Lob und Anerkennung zu bekommen, befindet sich nicht in Selbstentfaltung, sondern er handelt fremdbestimmt.

Eine Frau erzählte mir von ihrer Ehe: »Ich liebe meinen Mann nicht mehr und empfinde im Sexuellen nichts, aber ich machte trotzdem mit ihm Sex, weil er es braucht und weil ich als seine Ehefrau ihm diesen Gefallen tun will. Ich kann es ihm einfach nicht abschlagen, ich hätte sonst Schuldgefühle.«

Das Geschlechtserleben dieser Frau ist keine Selbstentfaltung; sie handelt fremdbestimmt und fühlt sich deshalb natürlich freudlos und unwohl. Auch für den Ehemann ist die Sexualität keine Selbstentfaltung, da der sexuelle Kontakt ja nur einseitig abläuft. So könnte er auch onanieren, um seinen Triebdruck abzureagieren. Mit seiner Liebe kann es auch nicht weit her sein, wenn er seine Partnerin auf diese Weise nur benutzt, ohne den Energiefluß eines gegenseitigen Gebens auszulösen.

Selbstentfaltung ist also kein Egoismus auf Kosten der anderen, Entfaltung ist keine Rücksichtslosigkeit; sie ist vor allem ein Geben, weniger ein Nehmen, ein Verströmen und kein Verlangen.

Entfaltung heißt, die Seele zu öffnen und ihre Blätter aufzuschlagen, damit sich der Duft der Lebendigkeit verströmen kann. Das ist mit dem Wort »geben« gemeint.

Selbstentfaltung heißt das geben, was man täglich empfängt und bisher im Leben empfangen hat. Im Vorgang dieser Selbstentfaltung entsteht Selbstsicherheit, Angstfreiheit, weil man der Gebende ist. Geben ist Lebensbejahung. Der Lebensverneinende verschließt sich, hält geizig zurück, ist ehrgeizig und skeptisch, er fürchtet, daß er vielleicht zuviel Energie abgeben könnte, oder er hat Angst, daß seine Geschenke nicht angenommen werden, nichts gelten könnten. Das ist kleinbürgerliches Denken, Gerümpel des Geistes, falsche Einstellung, unnatürlich, eine Erkrankung der Seele.

Zuerst geschieht die Selbstfindung, die totale Hingabe an sich selbst, das kompromißlose Selbstsein, erst dann ist Selbstentfaltung möglich, also das Innerste aus sich herausströmen zu lassen, ohne die Blockierungen einer Zensur. Selbstentfaltung ist ein Geschenk an die Mitmenschen und die Welt, eine Entfaltung der Gesundheit und Lebensfreude, denn diese Lebensfreude wird auch zur Freude der anderen, an der beobachteten Lebendigkeit, eine Freude, die uns auch das Blühen der Apfelblüte schenkt. Jeder Mensch kann die anderen beglücken, allein durch die Entfaltung seiner Gegenwart. Das ist der Sinn seiner Existenz; es gibt keinen anderen Sinn und keine andere Aufgabe des Lebens. Es geht nicht darum, Besitz anzuhäufen und einen höheren Status zu erreichen, und es geht auch nicht darum, sich so einzufügen, daß man möglichst unbemerkt durchs Leben geht.

Die gesunde Seele entfaltet sich ohne Einschränkung, ohne Angst, »Perlen vor die Säue« zu werfen. Die Rose verströmt ihren Duft auch für Säue, die Sonne sendet ihre wärmenden Strahlen auch für die Gleichgültigen, für Steine und Erblindete. Die Kirschbäume blühen im Frühjahr — und es kommt ihnen nicht die Idee, daß es vielleicht ein Wildschwein nicht bemerken könnte.

Im Zulassen liegt Offenheit

Gelassenheit ist nicht nur innere seelische Ausgeglichenheit, sondern vor allem Gelassenheit den Mitmenschen gegenüber. Der Kontakt zu Mitmenschen ist für viele ein großes Problemfeld, das Konflikte und Spannungen erzeugt — weil sie nicht in der Lage sind, sie so zu nehmen, wie sie sind. Es ist ein Zeichen von hoher seelischer Reife und Freiheit (auch von Sicherheit), die anderen in ihrer Andersartigkeit ohne Angst aushalten zu können, diejenigen nicht zu bevormunden, die weniger erfahren sind und Anleitung suchen, und diejenigen nicht zu attackieren, die reifer, wissender und weiser sind.

Die anderen so hinnehmen können, wie sie sind, zeigt Offenheit. Ich begegnete in meinem Beruf vielen Menschen aus allen sozialen Schichten. Ich traf noch nie einen, der diese innere Weite besaß. Einmal glaubte ich einen Mann gefunden zu haben, der sie zu besitzen schien, er sagte mir: »Ich gehe auf alle Menschen zu, sie interessieren mich alle, keiner ist mir zu gering und keiner zu hochstehend. Ich lerne von ihnen. Ich habe mehr durch sie gelernt als auf der Schule. Menschen erzählen mir ihre Erfahrungen, und ich kann davon lernen.« Einige Wochen später bemerkte ich, daß er die Menschen in sich aufsaugt, sie ausfragt, sie für seine Interessen einspannt. Er war der perfekte Zuhörer, und sie waren deshalb begeistert von ihm. Er war auch in der Lage, jedem das passende Kompliment zu geben. Aber sobald er erfahren hatte, was er wissen wollte, wandte er sich ziemlich abrupt ab und anderen zu, die seinen

Wissensdurst wieder neu stillen konnten. Seine Kontaktfähigkeit war egozentrisch, er wollte Wissen ansammeln, Erfahrungen aufnehmen, um sich auf diese Weise zu erhöhen. Sein Motiv war also nicht Menschenliebe, er war auch nicht aus der Tiefe herausgelassen, denn er suchte Überlegenheit, wollte alles wissen, um über seine Mitmenschen hinauszuwachsen. Seine Kommunikation war einseitig, nicht auf Verstehen angelegt, sondern auf Ausbeutung. Nicht nur der ist ein Ausbeuter, der andere für niederen Lohn für sich arbeiten läßt, um sich selbst dadurch zu bereichern, sondern auch derjenige, der die anderen geistig-seelisch aussagt, um sich mit Kenntnissen, Erfahrungen und Wissen vollzupumpen, um dadurch Überlegenheit und Macht zu erlangen. Er sah seinen Vorteil darin, sie so zu lassen, wie sie waren, um sie anschließend besser manipulieren zu können, um sein Ego zu stärken, Selbstsicherheit zu erlangen und eigene innere Angst abzubauen.

Als ich ihm die Motive darlegte, weil er mich danach fragte, war er nicht in der Lage, sachlich darüber zu reden, er wurde sehr aggressiv und versuchte geschickt und zielbewußt meinen »wunden Punkt« zu treffen, indem er mich als »schlechten Psychologen« bezeichnete, der nicht in der Lage sei, seine »Kontaktfreude« zu erkennen. Ich sagte ihm, daß mir nicht wichtig wäre, ein »guter oder schlechter Psychologe« zu sein, ich hätte keinen Ehrgeiz in dieser Richtung. Da beschimpfte er mich, daß ich meinen Beruf nicht ernsthaft genug ausüben würde. Ich sagte ihm, daß ich das Gespräch beenden möchte, weil er nicht aufnahmebereit sei, mehr über mich und über meinen Beruf zu sehen. »Ein andermal geht es vielleicht besser«, sagte ich, und das brachte ihn erst recht in Rage. Nichts war mehr übrig von seiner gelassenen Haltung, interessiert zuzuhören. Auch in dieser Situation muß man den anderen so lassen, wie er ist, es hat keinen Sinn, ihn zu belehren, wenn er um Überlegenheit ringt. Ich verabschiedete mich.

Gelassenheit heißt frei sein von egozentrischem Überlegenheits- und Geltungsstreben, frei von der Besserwisserei und Provokation der anderen, unabhängig von Bewertungen, seien sie auch noch so negativ oder positiv. Unabhängigkeit ist keine Schwäche, sondern Stärke. Der Schwache will immer beweisen, wie stark er ist, um sich ruhig und sicher zu fühlen, der Starke fühlt seine innere Stärke, er erlebt sie und braucht keine äußerlichen oberflächlichen Beweise. Das Verhalten der ungelassenen, spannungsgeladenen Menschen ist oft darauf angelegt, Angst zu vermindern; das drückt sich durch eine beruhigende und beschwichtigende Stimme aus. Wenn jemand beruhigend und einfühlsam auf mich einredet, dann werde ich immer hellwach und frage: Aufgepaßt, was will er von mir?

Es ist nicht leicht, gespielte von echter Gelassenheit zu unterscheiden. Ich mache dann den »Kannst du mich so nehmen wie ich bin?«-Test. Ich bin total anderer Meinung als er und beobachte, was dann geschieht. Wenn er darüber lachen kann und an Herzlichkeit und Sicherheit nichts verliert, ist er wirklich gelassen und ohne Angst; er meint es ernst, er strömt einfach über von Ruhe und Entspanntheit, seine Seele strömt die Energie aus, die sein Wesen durchdringt. Dann bin ich sehr glücklich, und es bedarf keiner weiteren Worte. Wenn er mich so lassen kann, wie ich bin, können wir zusammen reden, Gefühle schildern, Liebe und Aggressionen ausströmen lassen, es kann sich Ausdruck entfalten, herrliches Sein.

Gelassenheit in der Liebe ist die höchste Lebenskunst

Liebe ist in erster Linie ein seelischer Zustand der wachen Gegenwärtigkeit. Wenn die Sexualität als körperliches Ausdrucks- und Eindrucksfeld noch hinzukommt, so ist das sehr schön, wenn aber nicht — auch gut. Wir sind in unserem Denken durch den Einfluß der Medien viel zu sexbesessen. Sexualität, diese wundervolle Bereicherung, ist ein Fluch, wenn sie durch Gier ein Übergewicht in unserem Leben erhält.

Liebe entsteht in der Seele, nicht im Verstand und (trotz der Sexualhormone) nicht in den Geschlechtsorganen. Liebe entwickelt sich aus der seelischen Grundhaltung der Aufgeschlossenheit und Aufmerksamkeit (Beeindruckbarkeit). Liebe kennt keine Moral, keine Schranken von Rasse und Nationalität, keine Religionsunterschiede, keine Bildungsschranken, keine Klassenunterschiede, denn alle diese Grenzen sind vom Denken erfunden und deshalb künstlich.

Moral ist etwas vom Staat, von Religionen und der Philosophie Geschaffenes, Moral ist immer einengend. Kultur und Zivilisation haben die Liebe reglementiert: Es geht um die Herstellung einer Beziehung, die Besitzrechte regelt und Sicherheit aufbauen soll. Im natürlichen Lebensprozeß ist nichts moralisch geregelt. Abstand und Nähe wechseln sich ab, es besteht Freiheit zwischen zwei Fremden, es gibt keine Sicherheit, Spielregeln oder moralischen Gesetze, es herrscht Unsicherheit und damit Frische. Liebe kümmert sich nicht um künstliche Moral, sie erzeugt Glückseligkeit durch achtsame Aufmerksamkeit und daraus sich ergebender Annäherung zweier Fremder.

Die Liebe ereignet sich wie der unvorhersagbare Flug eines Schmetterlings. Er setzt sich hierhin und dann dorthin, sein Flug ist unberechenbar, leicht und frei. Die Biologen mögen mir diese poetische Analogie verzeihen, denn sie wissen sicherlich darzulegen, wie unfrei und instinktgebunden der Schmetterling seine Flugrichtung gestaltet. Es gefällt mir dennoch, Bilder zu gebrauchen, die treffende poetische Assoziationen für das Verständnis wecken, auch wenn sie nicht immer die naturwissenschaftliche Realität genau wiedergeben.

Die Liebe setzt sich auf einen Menschen nieder wie ein Schmetterling. Wenn man ihn festhalten will, ist er aufgeflogen und setzt sich auf eine Blume oder einen Stein. Liebe gedeiht nur an frischer Luft; sie läßt sich nicht durch Moral, Religion, Wirtschaftsinteressen, Rasse, Nationalität, Ausbildungsstand oder Sprache bändigen. Dem Zitronenfalter ist es egal, welche Nationalität oder Philosophie der Spaziergänger hat, ob er ein Dichter ist oder ein Krimineller. Liebe ist unberechenbar wie der Schmetterling, sie setzt sich nieder oder auch nicht. Der Verstand hat keinen Einfluß darauf. Es geschieht, — und wir sollten es zulassen — oder wir verkrampfen uns im Widerstand gegen das Unberechenbare und werden dadurch körperlich und seelisch krank.

Wenn man sich der Liebe öffnet, sie eindringen läßt in die Psyche, kann sie sich in voller Pracht entfalten. Öffnen heißt bereit sein, sich zuwenden, Liebe fühlen und auch zeigen, davor haben die meisten Menschen große Angst. Es ist die Angst, durch die Zuneigung dem anderen ausgeliefert zu sein, völlig schutzlos und verletzbar zu sein. Die Angst verrät ein gestörtes Verhältnis zu den Mitmenschen und zu sich selbst.

Was kann man für einen Fehler machen, wenn man zu erkennen gibt, daß man liebt? Was ist daran falsch? »Liebe kann mißbraucht, für egoistische Zwecke ausgebeutet werden. Wer liebt, gilt als schwach und manipulierbar«, sagte mir eine Kindergärtnerin. Das trifft aber nur auf den Liebenden zu, der vom Besitzdenken korrumpiert ist. Wer aufgrund seiner Liebesgefühle einen Partner exklusiv für sich beanspruchen will und sich auf seinen Besitzanspruch einlassen will, ist tatsächlich in Gefahr, sich möglicherweise einem Lügner und Liebesbetrüger hinzugeben. Wer Sicherheit sucht, muß natürlich Angst vor der Unsicherheit erleiden, und er versucht deshalb, Unsicherheit zu vermeiden. Er wird zum Trickspezialisten und Taktiker.

Wer sich verliebt, aber einen Lebenspartner sucht, sich selbst als möglichen Lebenspartner für andere sieht, muß von Liebe überwältigt werden, um seine Angst zu verlieren, sich möglicherweise falsch zu entscheiden, denn es steht für ihn die Zukunft von noch bis zu fünfzig Lebensjahren auf dem Spiel. Nur weil man aufmerksam, offen, staunend, achtend einen anderen mit wachen Sinnen in sich aufnimmt, sich von seinen Sinnesreizen begeistern läßt, sich ihm seelisch und körperlich nähert, das Glück der Überwindung von Fremdheit, Stunden der Schwerelosigkeit genießt, nur wegen einer so schönen Erfahrung, die einen die Zeit für Augenblicke oder Stunden vergessen läßt — wegen dieser Selbstvergessenheit in der Begegnung mit einem anderen soll man ein Leben lang zur Aufrechterhaltung von Liebe verpflichtet werden? Kein Wunder, daß sich in der Seele Angst ausbreitet. Auch der Schmetterling hätte Angst, wenn es Blumen gäbe, die ihn besonders faszinierten, ihn aber sein weiteres Leben in Umarmung festhalten würden, wenn er sich, von ihrem Duft berauscht, auf ihnen niederließe.

Liebe darf zu nichts verpflichten, sie muß sich frei ereignen können. Liebe darf auch nicht an eine Verpflichtung auf lebenslange Treue gebunden sein; dann wird sie schwerblütig. Da ist es ja noch besser, ganz sachlich einen Ehepartner als Lebenspartner auszuwählen, der eine gesellschaftliche Funktion besitzt, ohne daß das alles etwas mit Liebe zu tun hat. Dann entfällt die moralische Verpflichtung, »lieben zu müssen«, ohne sich schlecht dabei zu fühlen.

Wenn die Liebe vergeht, fliegt sie nicht bei beiden zur gleichen Zeit auf und davon. Einer zermartert sich das Gehirn, warum er nicht in der Lage war, den anderen zu binden. Sexualität ist zwar nur ein Detail der Liebe, aber sie zeigt doch sehr sensibel an, wenn die Liebe davongeflogen ist, und zwar dann, wenn die Sexualität an Seele verliert. Sie verselbständigt sich, wird zur Geilheit, es geht um »sex pour sex«, um Onanie zu zweit. Reine Triebbefriedigung und Sexgier hat nichts mit Liebe zu tun, weil der Körper vereinzelt dasteht, ähnlich wie bei der platonischen Liebe, wenn die Seele vereinzelt dasteht. Im vorigen Jahrhundert wurde der Körper verdrängt, heute wird die Seele verdrängt.

Welch armseliges Bemühen, wenn über Sexualität versucht wird, die Liebe zu retten, denn Sex führt nicht zwangsläufig auf den Pfad der Liebe, wogegen Liebe leichter und unkomplizierter ihr Lied auf den Körper überspringen läßt. Ich will damit sagen: Erst Liebe krönt die Sexualität, hebt sie aus einer rein körperlichen Funktion heraus und erzeugt über die Orgasmusbefriedigung hinaus ein Gefühl der Glückseligkeit.

Durch Sexualität ist deshalb Liebe nie zu retten, im Gegenteil — sie verflüchtigt sich durch die Melancholie »danach« um so schneller. Wer dem Sex nachläuft, geht in die falsche Richtung.

Sex ist etwas praktisch Handhabbares; wir klammern uns deshalb an das einfacher Faßbare. Sex kann man mit technischen Hinweisen erlernen und anwenden. Es gibt keine Technik, Liebe zu erlernen; sie ist ein seelischer Vorgang, der sich jeder technischen Gebrauchsanleitung entzieht. Der einzig praktikable Tip wirkt auf viele merkwürdig naiv und nebulös: Öffne deine Sinne, erfasse mit Augen, Ohren, Geruchssinn, Tastsinn und Geschmackssinn, was geschieht; du selbst trittst in den Hintergrund und das Geschehen in den Vordergrund.

Sich geöffnet, also angstfrei, hingebungsvoll, demütig, ja naiv in das, was sich ereignet, hineinfallen lassen, mit offenen Augen und Ohren staunend sehen, dann entfaltet sich Gegenwart ohne Einfluß von Vergangenheit und von einer gedachten Zukunft. *Augenblick, Aufmerksamkeit, Beachtung, Achtsamkeit und Achtung*, das ergibt ganz von selbst ohne jede Anstrengung Liebe. Sexualität ist dann eine Folge der Achtsamkeit, Achtung und Verehrung. Wer das sexuelle Bild (Stimulanz) im Kopf hat und damit gezielt auf die Umwelt zugeht, kann nicht mehr unvoreingenommen schauen und lieben, er ist begrenzt, genauso wie der Nationalist und Religionsfanatiker. Religiös zu sein ist positiv, aber ein Religionsdogmatiker zu sein macht das Positive negativ. Sex zu mögen ist gut, aber ein Sexbesessener zu sein zerstört die Liebesfähigkeit.

Liebe ist Schwerelosigkeit und Leichtigkeit

Im Zustand der Verliebtheit besteht höchste Achtsamkeit, weil die beiden Menschen Distanz zueinander haben. Wenn ich Distanz zu den Dingen habe, sehe ich deutlicher, was geschieht, Distanz fördert die Achtsamkeit. Nähe führt zur Gewöhnung und dadurch zur Unachtsamkeit und Abstumpfung. Wenn man einen Menschen liebt, nimmt man ihn mit allen Sinnen achtsam auf, man riecht seinen Geruch, sein Parfüm, betrachtet seine Gesichtszüge und Mimik, lauscht seiner Stimme. Liebe entfaltet sich in dieser sensitiven Achtsamkeit, also in Sensitivität. Liebe und Sensitivität gehören zusammen, deshalb spreche ich auch von »Liesens«.

Achtsamkeit ergibt sich von selbst, man muß sich nicht dazu zwingen, denn man ist über die Sinneseindrücke beeindruckt. Auf Grund der Achtsamkeit entsteht Achtung ganz von selbst. Man beachtet den Partner, und durch Beachtung wird Achtung möglich. Es geschieht in folgender Reihenfolge: *Achtsamkeit, Beachtung und Achtung.* Das entwickelt sich ganz leicht, wie von selbst, man muß sich nicht dazu zwingen, es ist keine moralische Haltung erforderlich und auch kein Pflichtgefühl. Achtsamkeit, Beachtung und Achtung geschehen damit leicht, Liebe ist keine anstrengende Leistung.

Diese Leichtigkeit und Duftigkeit ist wunderschön, gibt das Gefühl, »auf rosa Wolken zu schweben«. Alles Suchen hat plötzlich ein Ende, man fühlt sich am Ziel, und Ruhe breitet sich in der Seele aus. Für einige Stunden oder Tage gibt es keine

Unruhe mehr, jetzt ist alles in Ordnung, alle anderen Probleme erscheinen lösbar. Es ist, als wäre man angekommen, man fühlt sich selbstbewußt, sinnvoll, wertvoll und sicher.

Die Sexualität ist überhaupt kein Problem, sie ergibt sich spielerisch von selbst, sie entsteht aus dem Augenblick heraus und entfaltet sich mit höchster Gefühlsintensität. Körper, Geist und Seele sind eine Einheit, man fühlt sich ganz und deshalb gesund. Die Lebensenergie fließt frei und ungehemmt, man empfindet keine Anspannung oder Verkrampfung mehr. Die Umwelt spürt die Ausstrahlung eines verliebten Paares, und die meisten Menschen sind deshalb oft automatisch netter und freundlicher.

Die Entfaltung der Liebesfähigkeit steht am Anfang. Wenn man ängstlich darauf achtet, wie man wirkt, sich also laufend selbst beobachtet, kann man sich der Verliebtheit nicht zwanglos hingeben. Je verkrampfter man sich selbst kontrolliert, bewertet und mit den Augen der anderen beobachtet, um so schwerer fällt es, sich spontan den eigenen Gefühlen hinzugeben. Wer sich ständig mit anderen Augen beobachtet, mit den Augen der Eltern, den Augen eines Lehrmeisters oder den Augen eines nahestehenden Bekannten, ist in seiner Aufmerksamkeit eingeschränkt. Wenn die Eindrücke schon gefiltert und fremdbewertet sind, wie soll dann das eigene Verhalten darauf spontan und unverfälscht individuell sein? Wenn die Wahrnehmung schon verzerrt ist, wie kann dann das Verhalten rein und echt sein?

Mit dieser Andeutung der Hindernisse der Entfaltung von beglückender, erfrischender Liebe möchte ich deutlich machen, daß Liebe zwar anstrengungslos geschieht, aber sich deshalb keineswegs leicht und deshalb häufig in der Psyche ereignet. Deswegen löst sie, wenn sie geschieht, so viel Begeisterung und Glückseligkeit aus. Wenn sich Liebe ereignet, besteht ein psychisch natürlicher und gesunder Zustand, nämlich achtsam, beachtend und damit achtend zu sein. In diesem Zustand fühlt man sich wohl und glücklich, weil Körper, Seele und Geist im Einklang miteinander sind.

Warum ist dieser Zustand so schwer festzuhalten, warum verflüchtigt er sich wieder so schnell, warum ist die Liebe heute da und morgen nicht? Es ist nützlich, das Verschwinden der Liebe zu verstehen, weil man dann mit einer Partnerschaft besser zurechtkommt, sich nicht an die Liebe klammert, daraus keinen Besitz macht und vor allem eine Trennung besser mit dem Herzen, aber auch mit dem Verstand verstehen kann.

Die Problematik der Zuwendung und Trennung ist das wichtigste Thema unseres Lebens. Wir suchen nach Liebe und erfahren doch immer wieder die Abwesenheit von Liebe. Woran liegt das? Was liegt dieser Tatsache zugrunde? Kann man dem Leid und Leiden der Gefühlsschwankung entkommen?

Aus Distanz wird Nähe reizvoll

Man benötigt Abstand, um etwas aufmerksam betrachten zu können. Betrachten ist bei den meisten Menschen mehr ein Analysieren und Studieren als ein absichtsloses Schauen. Wenn ich einen Menschen betrachtend analysiere und meinem Wertsystem einordne, wird er in einer Schublade abgelegt; in diesem Augenblick wird er für mich uninteressant, es gibt meist nichts mehr zu entdecken, denn ich habe mich für eine Beurteilung entschieden. Aus anfänglich so reizvoller Distanz wird plötzlich Nähe; damit verschwinden die Aufmerksamkeit und die Achtung, und in diesem Moment zerfällt die Liebe wie Glut in der Asche.

Nichtliebe entsteht keineswegs langsam, mit schleichender Entwicklung; sie ist spontan da, von einer Stunde auf die andere. Eben habe ich noch das Gefühl der Liebe im Herzen gefühlt, es hat mich ausgefüllt und gewärmt, und schlagartig, zum Beispiel nach einem Spaziergang, nach einem Mittagsschlaf, nach einem Essen oder einem Fernsehfilm, ist es weg. Die Distanz ist verschwunden, und Nähe breitet sich aus, geistig-seelische oder körperliche Nähe. Für diese plötzliche Vertrautheit bin ich selbst verantwortlich, nicht der Partner.

Distanz bedeutet zwangsläufig auch Unsicherheit. Ich habe gelernt, Unsicherheit zu vermeiden und Sicherheit zu suchen, also versuche ich automatisch, den anderen aus der Distanz herüberzuziehen in meine Nähe, die mir Sicherheit gibt. Wenn ich den anderen bewerte, einordne, seine Eigenschaften analysiere und beurteile, versuche ich, den anfänglichen Zustand der Unsicherheit in den Zustand der Sicherheit überzuführen. Am Anfang begegnet mir der andere unabhängig, eingefügt in eine andere soziale Konstellation, die ich nicht kenne; er lebt sein Leben, er geht seinem Beruf nach, hat seinen Freundeskreis, pflegt seine Hobbys. Jetzt komme ich mit meiner Verliebtheit, mit meiner liebenden Aufmerksamkeit, mit meinem Sex — ich breche ein in dieses Leben und baue schnell Nähe auf.

Die Nähe wird deutlich, wenn ich aufgrund meiner Liebe Besitzansprüche stelle, wenn ich glaube, nun über das Leben des Partners bestimmen zu können, wenn ich ihn so an mich binde, daß er die eigene freie Gestaltungsmöglichkeit seines Lebens aufgeben soll, wenn er für mich dasein muß, weil ich aufgrund meiner Liebe Exklusivrechte beanspruche. Oft schon nach dem ersten sexuellen Kontakt und Orgasmus glaubt man, den Stempel einer Inbesitznahme aufgedrückt zu haben.

Wenn man dieses Problem einmal unvoreingenommen betrachtet, ohne ein Vorurteil zu verteidigen, dann ist jeder Besitzanspruch gegenüber einem anderen Menschen ganz deutlich das Ende der Distanz, das Ende von Freiheit, Achtsamkeit, Achtung und Interessantheit. Die Frische der Freiheit geht verloren, wenn ich etwas zu meinem Besitz mache. Alles, was ich besitze, lege ich ab, und ganz automatisch wende ich mich Neuem zu — das ist ganz natürlich. Mit der Inbesitznahme erwacht das Interesse an anderen, die Eifersucht kommt auf und damit die entwürdigende Bespitzelung des anderen.

Jeder kann an sich selbst beobachten: Während man liebt, hat man keine Augen und Ohren für andere Partner. Man ist in dieser Phase zwar besonders nett zu anderen, aber es besteht dennoch kein Grund zur Eifersucht, da der Liebespartner automatisch die volle Aufmerksamkeit beansprucht. Während der Liebe schweigt dieses Streben und Begehren; es breitet sich wohltuende Ruhe aus. Tritt Nichtliebe ein, spiele ich die Komödie Liebe, bin aber mit meinen Sinnen schon wieder bei den

Reizen anderer in schuldbewußt verstohlener Aufmerksamkeit. Ich breche aus der Nähe wieder aus, es zieht mich aus der so zwanghaft gewünschten Sicherheit nun doch wieder hinaus in die reizvolle Unsicherheit.

Mitteilen heißt, mit anderen etwas teilen

Ich beobachtete vor einiger Zeit ein Gespräch. Er (etwa 45) sagte zu ihr: »Ich weiß nicht, ob ich ihn nochmals einladen soll, er geht immer die anwesenden Frauen ohne jegliches Einfühlungsvermögen an und bemerkt überhaupt nicht, wie peinlich das wirkt.« Sie (etwa 35) antwortete ihm: »Ich kaufte mir heute einen hellrosa Nagellack mit Perlmutteffekt, hast du schon gesehen?«

Er: »Hab' ich gesehen. Du solltest dann das schwarze Kleid anziehen, das ist schön dezent, dann läßt er dich auch mit seinen Aufdringlichkeiten in Ruhe.«

Sie: »Sag mal, findest du nicht, daß Christine ganz schön dick geworden ist? Ich habe in letzter Zeit auch wieder ein Pfund zugenommen. Was hältst du von Akupunktur, um den Appetit zu hemmen?«

Er: »Mein Chef hat auch zugenommen, vor allem am Bauch. Wenn der nicht aufpaßt, ist seine Figur in einigen Jahren erledigt. Er fühlt sich aber immer noch attraktiv, streckt seinen Bauch ungeniert heraus und kommt sich unwiderstehlich dabei vor.«

Sie: »Na ja, der! Ich habe ihn bei dem ›kleinen Italiener‹ kennengelernt. Er sieht unattraktiv aus, besitzt aber irgendwie eine erotische Ausstrahlung. Er kann charmante Komplimente machen, obwohl er ordinär wird, wenn er getrunken hat.«

Und in dieser Art setzte sich das Gespräch fort, von einer Assoziation zur nächsten. Keiner geht auf den anderen richtig ein, jeder liefert einen Gesprächsbeitrag, ohne den anderen wirklich interessieren zu können oder einzubeziehen, jeder redet am anderen vorbei, greift das angesprochene Thema überhaupt nicht oder nur flüchtig auf, es wird zwar geredet, aber die Mitteilung entwickelt sich nicht zu einem Thema, das miteinander wirklich geteilt wird. Viele Gespräche spielen sich auf dieser oberflächlichen, nur assoziativen Ebene ab. Jeder liefert dem anderen nur ein Stichwort, etwa vom Nagel»lack« zur »Lack«tapete zur Renovierung, zum Mietvertrag, zur Wohngemeinschaft (»Übrigens, Inge wohnt jetzt in einer Wohngemeinschaft«) usw. Das Gespräch plätschert dahin, Probleme werden vermieden, ein Springen von Idee zu Idee; viel wird gestreift, man bleibt unverbindlich-unberührt, die Zeit vergeht und nichts ist geschehen: Die Sinne haben nur wenig wahrgenommen; es ist wie das Grübeln, ein Denken im Kreis herum, zu zweit, zu dritt oder viert, je nachdem.

So kann keine Meditation entstehen, die Kommunikation ist ohne Kommunion. Wir sollten unsere Zeit nicht so sinnlos verschwenden.

Der Kontakt zu einem anderen Menschen ist nur dann wirklich befriedigend, wenn jeder die Möglichkeit erhält, etwas mitzuteilen, es mit dem anderen zu teilen, indem er auch wirklich Anteil nimmt. Eine Äußerung (Ausdruck) ist ein Geben (ein Geschenk), etwas, das ich teilen will. Wenn der andere mit diesem Geschenk nichts anzufangen weiß, wenn er es nicht betrachten kann, sondern nur als Reiz für eine Assoziation benutzt, um mir wiederum einen Reiz vor die Füße zu werfen, kann kein wirklicher Kontakt entstehen und natürlich auch keine Liebe, dann ist das Gespräch krank, und ich kann mich dabei nicht glücklich und erfüllt fühlen.

Wenn sich zwei Menschen im Gespräch dagegen wirklich mitteilen, fühlen sie sich in Verbindung zueinander, sie nähern und nähren sich gegenseitig; sie geben sich einen Teil von sich, jeder dem anderen, und sie fühlen sich dabei sehr wohl und geborgen, denn es wird eine Brücke geschlagen, jeder empfindet den Beitrag des anderen als eine Steigerung seiner Lebensfreude.

Ich belauschte ein solches Gespräch vor einigen Tagen in einer Künstlerkneipe.

Sie: »Ich mache vor allem Aquarelle, weil ich den Fluß der Farben als abenteuerliches Erlebnis verfolge. Ich habe keine Angst vor diesen Zufällen.«

Er: »Ich kenne diese Angst, sie ist nur da, wenn man etwas Bestimmtes erzielen, wenn man ein Ergebnis verwirklichen will, etwa eine Ähnlichkeit mit der Natur, wenn man beispielsweise eine rote Mohnblume malt.«

»Ich male auch Blumen, aber ich halte mich nicht an die Natur; ich fühle mich von ihr befreit, denn ich will nichts konkret abbilden, sondern lasse sich das entwickeln, was sich im Augenblick entwickelt; es ist ein Traum, bei dem ich Zeuge bin. Ich gestalte das mit meiner Handschrift, und viele Gedanken schießen mir dabei durch den Kopf; keinen kontrolliere ich, ich lasse alles zu.«

»Indem du alles zuläßt, bist du offen, diese Offenheit macht glücklich und gibt dir ein Gefühl von Weite. Du überläßt dich dem Augenblick und wertest nicht. Wertest du hinterher?«

»Hinterher ja, aber dann ist der schöpferische Vorgang vorbei. Hinterher finde ich es gut oder auch schlecht. Dann bin ich in anderer Stimmung. Oft stehe ich fassungslos davor und frage mich: Das hast du gemalt? Was war bloß los? Ich stehe mitunter wie eine Fremde davor. Aber was ich heute nicht gut finde — vielleicht ist es mir morgen wichtig? Weißt du, was ich damit sagen will? Ich möchte meine Malerei gar nicht werten, nur echt sein im Moment, indem sie geschieht; das Machen ist wichtiger als das Ergebnis. Es ist wie mit der Liebe, sie ist in dem Moment, in dem sie geschieht, wunderbar, und hinterher habe ich keinen richtigen Bezug mehr dazu. Das war ja gestern, und heute ist ganz neu, ich muß einen neuen Anlauf nehmen und mich neu verlieben — auch in denselben Menschen.«

»Du hast etwas sehr Bedeutungsvolles und Schwieriges gesagt. Ich möchte es nicht zerreden. Du gehst ganz vom Augenblick aus und willst dich nicht in einen Stil, ein Schema oder eine Konvention pressen lassen.«

»Ich bin aber kein Fähnchen im Wind, bin nicht flatterhaft und besitze durchaus Verantwortungsgefühl. Bitte, versuche das zu verstehen. Vor allem Männer wollen mich nicht verstehen. Sie haben Angst vor dieser Spontaneität, suchen Sicherheit, Pläne, Systeme, Ziele und immer wieder Sicherheit. So kann ich nicht malen, nicht lieben — und also auch nicht leben.«

Nicht streben, nicht werten

Die Bewertung der anderen ist uns etwas ganz Selbstverständliches, weil wir schon im Kindergarten und in der Schule konditioniert werden, uns selbst und andere zu bewerten: »Das hast du aber gut gemacht, das kann die Sieglinde besser, jenes ist nicht deine Stärke, und hier hat der Manfred Mist gebaut.« Bewertung ist in einer Gesellschaft, die auf Konkurrenzdenken basiert, so selbstverständlich, daß man über ihren Sinn gar nicht mehr nachdenkt.

Bewertung und Etikettierung der Mitmenschen sind ein seelisches Gift. Sobald ich mich selbst mit anderen vergleiche, trete ich in Konkurrenz, und es entsteht Neid, wenn der andere besser ist, oder Überheblichkeit, wenn der andere schlechter ist oder weniger hat als ich. Wie soll ich den anderen lieben können, wenn ich ständig neidisch oder überheblich bin? Liebe kann nur dann entstehen, wenn diese beiden Gefühle, die aus dem Bewerten entspringen, nicht auftreten. Die Bewertung mag sinnvoll sein, wenn es darum geht, eine gemeinsame Leistung zu erbringen; dann zeichnet der beste Zeichner den Plan, der Kreativste kann seine Ideen vortragen, und der beste Techniker kümmert sich um technische Detailfragen. In der Berufsleistung ist Bewertung sinnvoll.

Ich beobachtete zwei junge Mädchen in einem Café. Sie taxierten zwanghaft die anwesenden und neu hereinkommenden Mädchen und Frauen: »Schau mal, was die für einen Rock anhat, der paßt überhaupt nicht zu ihren dicken Beinen. — Die sieht gut aus, schönes Gesicht, aber schau dir den Gang an, die kippt ja gleich aus den Schuhen. — Sieh dir die Dicke an, wenn ich diese Pfunde hätte, würde ich nicht diesen Pulli anziehen. Die da drüben, die ist wohl in den Schminktopf gefallen. Die soll früher übrigens eine Nutte gewesen sein.«

Nach Gelassenheit kann man nicht ehrgeizig streben. Je mehr man danach strebt, desto verkrampfter wird man, und desto mehr entzieht sich die Gelassenheit. Aller Ehrgeiz und alles Streben muß aufhören, damit Gelassenheit sich zwanglos von selbst einstellen kann.

Auch nach Liebe kann ich nicht ehrgeizig streben. Erst wenn das Jagen nach Liebe aufhört, wenn ich absichtslos bin, kann sich die Liebe ereignen. Der Maler Picasso hat die wunderschöne Bemerkung gemacht: »Ich suche nicht, sondern ich finde.« Wer bewertet, wählt aus, er sortiert und kann deshalb vor lauter Suchen nichts mehr finden. Liebe und Gelassenheit sollte man nicht ehrgeizig suchen, sondern ohne Erwartungen finden. Ein großer Künstler wie Picasso hat während seiner Arbeit bemerkt, daß seine Bilder dann besonders interessant und künstlerisch aufregend sind, wenn er zwanglos, gelassen, spielerisch auf das Finden achtet, ohne ängstlich voll Erwartung zu suchen.

Je weniger man wertet, desto besser kann man finden. Wenn ich den Mitmenschen, der mir begegnet, nicht werte, kann ich ihn vorurteilsfrei entdecken. Die Liebe geschieht so selten, weil die meisten Menschen einen Wertmaßstab, ein Bild im Kopf tragen, die sie kennenlernen, vergleichen. Ein Bekannter sagte zu mir: »Mein Typ, in den ich mich verlieben kann, muß blond sein, große Brüste haben und muß viel lachen. Ich brauche eine Partnerin, die mich aufheitert und die Spaß versteht. Patent soll sie sein, sehr sexy, und sie muß praktisch veranlagt sein. Ich hasse Frauen, die nicht zupacken können, die zimperlich sind.« Und so konnte er begeistert weiter erzählen, die Merkmalliste wurde länger und länger. Ich fragte ihn dann schließlich: »Hast du denn diese Frau schon einmal gefunden?« Er sagte ganz betrübt: »Nein.« Ich fragte weiter: »Warst du denn trotzdem schon einmal richtig verliebt?« Er konnte sich nicht erinnern. Ich sagte zu ihm: »Du bist achtunddreißig Jahre alt und kannst dich nicht erinnern, verliebt gewesen zu sein. Du machst die Liebe von deinen Erwartungen und Plänen abhängig. Du suchst ein Bild, das mit den Jahren immer ausgefeilter wurde, und kannst im Leben dieses Bild nicht finden, je festumrissener deine Vorstellungen sind. Du weißt zwar, was du willst, was du suchst, aber du schränkst deine Möglichkeiten, Frauen unvoreingenommen zu entdecken, immer mehr ein. Wirf dieses Bild aus deinem Gehirn, und stürze dich vorurteilsfrei, ohne jemals wieder zu bewerten, ins Leben, und du wirst feststellen, daß du dich endlich mal verliebst. Je weniger du die anderen bewertest und dich selbst dabei auf- oder abwertest, desto häufiger bist du verliebt.«

Ich kannte einen gutaussehenden, vermögenden Mann. Er hatte jede Woche eine andere Freundin, in die er verliebt war. Seine Freundinnen waren oft nicht hübsch, waren teilweise sogar häßlich; manche waren jung, andere viel älter als er. Es wurde getuschelt: »Ich verstehe nicht, wie der immer wieder so komische Frauen und Mädchen hat? Das hat er doch gar nicht nötig.« Er war nicht auf einen Typ festgelegt, er legte keinen Wertmaßstab an, er war kontaktaktiv und verliebte sich ohne Vorurteil in die Frau, die er gerade kennenlernte, an der einen bewunderte er die Figur, an der anderen ihren Witz und an der dritten die Art, wie sie sich bewegte. Es ist eine herrliche Freiheit, auf die Mitmenschen völlig offen zugehen zu können. Wer so offen ist, verliebt sich schnell — davor haben viele natürlich auch wieder Angst.

Loslösung von Besitz

Kinder sind in ihrer Seele damit beschäftigt, sich dem »einzig Wichtigen« zu widmen, nämlich sich selbst und »dem rätselhaften Zusammenhang ihrer eigenen Person mit der Welt ringsumher«. Deshalb sind sie auch so fasziniert von Märchen und Geschichten, die das Individuum in einer rätselhaften Märchenwelt schildern. Kinder streben noch nicht nach materiellem Besitz; sie interessieren sich zwar für alles Neue, aber sie wollen es nicht horten, werfen es in die Ecke, wenn es sie nicht mehr interessiert; es hat dann keine Bedeutung mehr für ihre Seele, es ist kein Spekulationsobjekt, das einmal Gewinn bringen soll. Deshalb sind Kinder so frei und für Erwachsene oft so unverständlich achtlos gegenüber materiellen Werten; sie können die Gegenstände der Erwachsenen einfach noch nicht wertschätzen, erinnern dabei nicht selten an Katzen und Hunde, die einfach bloß lebendig sein wollen und auf Polstermöbel oder Tapeten keine Rücksicht nehmen. Sie gehorchen nur, weil sie bestraft werden, aber sie sehen den Sinn nicht ein. Das Streben nach Besitz wird ihnen deshalb auch in Zukunft abgehen, selbst wenn sie sich scheinbar brav neben der Polstergarnitur niederlassen.

»Sucher und Weise kehren mit den Jahren der Reife zu diesen Beschäftigungen zurück«, sagt Herrmann Hesse. Er meint, die Beschäftigung mit der Seele und ihrer Beziehung zur Welt ringsumher sei das Wichtigste. Materieller Besitz und seine Pflege tritt dann in den Hintergrund. Dieses Beschäftigen mit der Seele, mit sich selbst, ist kein Egoismus, keine Egozentrik, es ist etwas ganz Natürliches. Hesse sagt: »Die meisten Menschen aber vergessen und verlassen diese innere Welt des wahrhaftig Wichtigen schon früh für immer und irren lebenslang in den bunten Irrsalen von Sorgen, Wünschen und Zielen umher.« Er verurteilt damit, was die meisten Erwachsenen für wichtig halten, nämlich die Sorge um Besitz, um das Haben, um das Erreichen von Zielen und Wünschen. Hesse gehört zu den großen Weisen der europäischen Geistesgeschichte; er formuliert hier eine Erkenntnis, die auch der Psychoanalytiker Erich Fromm in seinem Buch »Haben oder Sein« ausführlich dargestellt hat. Die Habenmentalität führt in eine Sackgasse; was zählt und glücklich macht, ist dagegen die in unserer Industriegesellschaft so seltene Seinsmentalität. So irren die Menschen den bunten Zielen hinterher, »deren keines in ihrem Innersten wohnt, deren keines sie wieder zu ihrem Innersten und nach Hause führt«.

Das neue Auto führt mich nicht zu meinem Innersten, so schön auch das kurze Glück der ersten gefahrenen hundert Kilometer sein mag; das neue Haus führt mich nicht zum Kern meiner Seele, sosehr ich mich auch über den Anblick freuen mag. Es ist letztlich gleichgültig, ob ich zur Miete wohne oder in einer Eigentumswohnung; ich bin letztendlich doch nur Gast auf dieser Welt. Besitz ist ein kurzer Seelentröster; er verschafft das trügerische Gefühl, als würde einem jetzt etwas für immer gehören, als wäre man mächtig, als hätte man eine Sicherheit erreicht. Aber es gibt keine Sicherheit, nichts kann festgehalten werden, alles ist dem Fluß des lebendigen Lebens unterworfen, alles altert, der Putz blättert ab, das Eisen rostet, im Garten wuchert das »Unkraut«, die Farbe der Fensterläden verwittert, nichts bleibt, wie es ist. Wer sich ans Haben bindet, lebt in ständiger Angst und Unfreiheit.

Freiheit aber ist Loslösung von Besitz. Und trotzdem entscheiden sich viele für die Unfreiheit und den Besitz und die

Angst; so stark ist die Hoffnung auf ewiges Leben, nach Sicherheit, nach Überlistung des Todes. Freiheit ist Leben in Unsicherheit, ist Anerkennen des Geheimnisses des Lebens, ist Eintauchen in das Geheimnis, ist stetiges Fließen, beschäftigt mit dem rätselhaften Zusammenhang der eigenen Person mit der Welt ringsumher.

»Sucher und Weise kehren mit den Jahren der Reife zu diesen Beschäftigungen zurück.« Laßt uns deshalb innehalten im Sorgen, Wünschen und Streben, laßt uns den Besitz loslassen und wieder zum Wichtigsten zurückkehren. Wenn der Mensch liebt, wird er sehr ernst. Laßt uns uns selbst und das Leben lieben, es also ernst nehmen und mit achtsamer Aufmerksamkeit betrachten.

Ich kann fast alles zum Besitz machen

»Jeder ist sich selbst der Nächste«, höre ich oft. Die eigene Haut ist die nächstliegende Haut; von meinem Geist und Nervensystem geht die Wahrnehmung der Welt aus. So ist zunächst psychologisch verständlich, daß ich mich als Mittelpunkt der Welt sehe, als das Zentrum des Erlebens und Handelns. Natürlich weiß dabei jeder, daß er in Wirklichkeit nicht der Mittelpunkt der Welt ist, sondern noch Milliarden ähnliche Zentren menschlichen Lebens existieren. Wenn sich also jemand wirklich als Zentrum der Welt fühlt, könnte man das durchaus als eine Geisteskrankheit bezeichnen.

Der gesunde und bewußte Mensch spürt die Nähe zu sich selbst, aber er empfindet auch gleichzeitig seine Verbundenheit mit den Menschen um ihn herum. Er sieht in jedem anderen auch ein Stück von sich selbst; er fühlt sich außerdem mit der Luft verbunden, die er einatmet, mit der Sonne, die ihn wärmt, und der Erde, in der seine Nahrung heranwächst, die er verzehrt; das alles ist miteinander in lebendigem Kontakt. Alles steht miteinander in Verbindung, jedes Teil ist auf das andere Teil angewiesen, sogar das Sonnensystem ist ein System, in dem die Sonne, die Erde und der Mond in einer gesetzmäßigen Verbindung zueinander stehen. Der Mond ist auf die Erde angewiesen wie die Erde auf die Sonne.

Ich möchte mit diesen etwas weitläufigen Gedanken zum Ausdruck bringen, daß sich jeder zwar sich selbst als Nächstes fühlt und im Notfall zunächst einmal instinktiv seine eigene

Haut rettet, aber dabei die Verbindung zu seinen Mitmenschen und zur Umwelt nie unterbricht. Ein kranker Egoist sagte zu mir einmal: »Ich gebe zu, daß ich ein Egoist bin und nur mich selbst sehe. Ich strebe nach meinem persönlichen Erfolg auf Kosten der anderen. Ich fühle mich als ein Fremder in der Welt, ich sehe die Welt und die Natur feindlich. Entweder du frißt die anderen, oder sie fressen dich. Auf dieser Welt gilt ganz klar — wie biologisch erwiesen — das Gesetz des Stärkeren; deshalb bekenne ich mich ganz freimütig zum Egoismus. Ich will überleben und muß dafür kämpfen, weil jeder andere nämlich auch mich als Gegner und Konkurrenten im Lebenskampf betrachtet.«

Diese egoistische Einstellung wird zwar nicht immer so deutlich und unerschrocken zugegeben, aber viele Menschen denken ähnlich und können sich mit einer solchen Lebensauffassung identifizieren. Was ist daran falsch? Der Egoist will seinen Besitz vergrößern, sein Ego dadurch aufwerten, er strebt nicht nach Erfolg, um dadurch für andere mehr tun zu können, um dadurch teilen und abgeben zu können oder durch seine Tätigkeit anderen zu nützen, sondern sein Erfolgsstreben ist »egozentriert«, nur auf die Bereicherung seines Egos bezogen, deshalb fühlt er sich als ein Fremder in der Welt. Die Mitmenschen sind für ihn Fremde — vom Fremden zum Feind ist es nicht weit. Alles Fremde wird zunächst feindselig betrachtet, denn es könnte sich ja als feindlich entpuppen, das ist durchaus natürlich und auch bei Schimpansen oder Naturvölkern zu beobachten.

»Entweder du frißt die anderen, oder sie fressen dich«, das ist tatsächlich aus jedem Biologieunterricht über »das Leben unter Wasser, auf dem Feld und im Gebirge« zu verstehen. Jede Art ernährt sich von anderen Arten. Aber es ist in der Regel nicht üblich, daß sich die Arten untereinander verfolgen, versklaven, töten oder gar auffressen. Hierin liegt der Trugschluß. In der Natur besteht unter Tieren gleicher Art oft sogar ein großer Zusammenhalt — sie schützen sich gegenseitig. Auch der Streit um Jagdgebiete (das Territorium) ist ein gegenseitiger Schutz, weil damit erreicht werden soll, daß jedes Lebewesen ein optimales Nahrungsterritorium erhält, um sich erhalten und entfalten zu können. Bei diesen Revierkämpfen wird der Gegner deshalb nicht getötet, denn das würde gegen das elementare Naturgesetz der Arterhaltung verstoßen. Aber gegen dieses Gesetz verstößt der Mensch, wenn er seinen Gegner in den Ruin oder Selbstmord treibt oder in einen Krieg, um ihn »legal« töten zu können.

»Ich will überleben und muß dafür kämpfen, weil jeder andere nämlich auch mich als Gegner und Konkurrenten im Lebenskampf betrachtet.« Für den Egoisten ist das Leben kein natürlicher Kampf gegen die Naturereignisse, gegen die natürlichen Feinde wie Kälte, Raubtiere, Feuer, Trockenheit usw., sondern vor allem ein Kampf gegen seine Mitmenschen, die er als »Gegner und Konkurrenten« betrachtet. Er hat den Sinn für die Artgemeinschaft verloren, sieht nicht mehr die Geborgenheit innerhalb der Art, die Schutz und Entspannung bietet, sondern überbetont verzerrend den arterhaltenden Kampf der Lebewesen ums Territorium. So wird in seinem Wahndenken der Mitmensch zu einem Konkurrenten, der ihm sein Territorium streitig machen könnte. Dabei geht es nicht nur um ein Stück Ackerland mit Fischteich, Bach und Wald, das ihn ernähren muß wie einst im Wilden Westen. Der Egoist generalisiert, ihm wird alles zum Territorium, das er verteidigen muß: seine Meinung, sein Partner, der Platz in der Warteschlange, die Religion, seine Moral, seine Nationalität, die Intelligenz und seine Gefühle. Schließlich wird alles bewertet und als ein persönlicher Besitz gesehen, den es gegen die anderen zu verteidigen gilt. So wird fast alles fremd und feindlich, die Lebensenergie verschließt sich hinter der Haut, und hinter »verschlossenen Türen« hecke ich Pläne aus, wie ich im Kampf gegen die feindlichen Artgenossen und die feindliche Umwelt bestehen kann. Mit dem Gefühl der Fremdheit fängt es an, und mit verbittertem Argwohn gegenüber allem und jedem geht es im Greisenalter dann schließlich zu Ende, so daß tatsächlich alles aufatmet, wenn dieser »Lebensfeind« endlich tot ist.

Wer alles zum Besitz macht, um seinen Besitz gegen die anderen zu verteidigen, wird zwangsläufig verbittert, argwöhnisch und starr. Wer dagegen nichts zum Besitz macht, hat auch nichts, das er verteidigen müßte, er kann offen, wach, neugierig und freundlich in die Welt schauen, er kann von Tag zu Tag jünger und gesünder werden, sein Leben kann sich entfalten, seine Seele wieder aufblühen und den Duft der Liebe verströmen.

Begabungen und Wissen als geistige Besitztümer

Nur eine sehr geringe Zahl von Menschen verteidigt Besitztümer an Grund und Boden, also Territorien im biologischen Sinne; die meisten Menschen besitzen nicht mehr als eine Mietwohnung, ein Auto, ihre Arbeitskraft, also vor allem sich selbst.

Das Territorium, das sie verteidigen, sind sie selbst, ihr Wissen, ihr Können, ihre Moral, ihre Religion, Nationalität usw., also geistige (vom Geist geschaffene) Besitztümer; sie kämpfen nicht um reale Güter, Burgen und Schlösser, sondern um Geistesgüter, um »Luftschlösser«.

Bei einer Diskussion um Religionen sagte ein Katholik zu einem Atheisten: »Ich lasse mir von Ihnen nicht meinen Glauben nehmen.« Weil der andere Zweifel an der Religion äußerte, am System rüttelte, dachte er, dieser wolle ihm einen Besitz »wegnehmen«, seinen Glauben, sein geistiges Territorium, das ihm Sicherheit und Geborgenheit gab.

Ich kenne einen Künstler, der keinerlei Kritik an seinen Werken duldet, der mit panischer Aggression gegen jeden Zweifel an seinen »Geistesprodukten« vorgeht; auch er verteidigt seinen Glauben (sein Geistesgut). Ohne diesen Glauben hätte er kein Territorium mehr, wäre er besitzlos, hätte er nichts mehr, an das er sich klammern könnte.

Viele Menschen klammern sich an ihre Begabung, ihre Intelligenz, ihre Nationalität, Religion und ihr Wissen, als gälte es, ein Königreich zu verteidigen. Die Religion kann zum Königreich werden, Christus sagte ja: »Mein Reich ist nicht von dieser Welt«, und am Kreuz zum Schächer: »Heute noch wirst du mit mir im Paradiese sein.« So klammern sich die Besitzlosen an ein zukünftiges Territorium, das viel schöner sein soll als die irdische Welt. Das spricht nicht gegen Jesus Christus, der einer der ganz großen Weisen war, sondern gegen die Art der Interpretation seiner Worte durch die »Gläubigen«.

Der Künstler sollte sein Werk nicht wie ein Territorium verteidigen, der Christ sollte nicht das Paradies in Besitz nehmen wollen, er sollte seine Religion nicht gegen andere Religionen abgrenzen und einen Glaubenskrieg gegen andere anzetteln, er sollte sein Wissen nicht als einen Wissensbesitz betrachten, den es zu verteidigen gilt.

In der Schule wollte ich einmal von meinen Banknachbarn während einer Klassenarbeit abschreiben; als er das bemerkte, hielt er seine Hand demonstrativ so, daß ich nicht mehr in sein Heft sehen konnte. Damit signalisierte er mir, daß er mich als Konkurrenten betrachtete. Ich war verblüfft, da ich gedacht hatte, daß wir als Schüler alle im gleichen Boot säßen und uns gegenseitig helfen sollten. Besonders unangenehm war zusätzlich, daß der Lehrer auf die Haltung meines Nachbarn aufmerksam wurde und daraus schloß, daß ich abzuschreiben versuchte. Damit klagte mich mein Nachbar des »geistigen Diebstahls« an. Er verweigerte mir mit dieser Geste nicht nur eine Hilfe gegenüber dem »Artgenossen«, sondern zeigte mich gleichzeitig an als einen, der sich an seiner Leistung ungerechtfertigt bereichern wollte. In diesem Moment wurde mir deutlich, daß Wissen zum Besitz werden kann, den man als ein Gut behandeln kann.

Man kann Wissen verkaufen, horten und verteidigen oder freigebig austeilen, aus Freude, anderen damit zu helfen. Übrigens, ich habe während meiner Schulzeit alle Mitschüler immer von mir abschreiben lassen, weil ich stolz darauf war, wenn ich etwas geben konnte, habe aber auch gerne und dankbar genommen, wenn mir jemand aus tiefstem Herzen etwas erklären wollte.

Wissen war für mich nicht Besitz, Geheimwissen für meinen persönlichen Erfolg, denn ich wollte meine Erkenntnisse wieder weitergeben und zur Diskussion stellen. So ist es bis heute geblieben.

Psychologie ist für mich keine Geheimwissenschaft für »eingeweihte Auserwählte«, sondern eine Hilfswissenschaft für jeden einzelnen, der nach dieser Hilfe verlangt.

Wir sollten unsere Intelligenz und unser Wissen nicht zu einem Besitztum machen und uns gegen die Unwissenden überheblich abgrenzen.

Wir sollten so viel Wissen und Erfahrung in uns aufsaugen wie ein Schwamm, aber es anders als der Schwamm in einer einzigen Bewegung des Zusammenziehens so schnell wie möglich wieder abgeben. Die Rose behält ihre Schönheit und ihren Duft nicht für sich, sie gibt alles ab, wahllos an Bienen, Schmetterlinge, Vögel und Menschen, an den Verbrecher ebenso wie an einen Christen.

Die Rose verströmt ihre Lebendigkeit ohne Zurückhaltung und Wertung. So sollten auch wir uns verströmen, ohne jede Wertung.

Es wird uns täglich so viel gegeben, die Luft zum Atmen, die Sonne auf dem Blatt im Wind, der andere Mensch, um ihn zu lieben, die Erfahrung eines anderen, um etwas zu lernen, das sollte in uns hineinfließen ohne jede Zensur und wieder aus uns herausströmen.

Sobald ich etwas zurückhalte, kämpfe ich gegen den anderen. Nicht nur der offene Angriff ist Kampf, sondern auch die Verheimlichung. Damit möchte ich sagen: Wir sollten nichts horten, um es anderen vorzuenthalten. Jeder hat Anteil an allem. Niemand sollte etwas Geistiges oder Seelisches besitzen wollen. Alles sollte durch uns hindurchfließen und wieder aus uns herausfließen, damit jeder andere es nutzen kann, denn jeder ist Nahrung für alles, das ist die Offenheit der Liebe für die gesamte Existenz, das ist Lebensbejahung und Lebensfreude, Gesundheit und Wachstum, das Lebenselixier für die Blüte.

III. Sich selbst finden und entfalten

Jahrhundertfragen

Seit hundert und mehr Jahren
die gleichen Fragen.
Warum lebe ich?
Was ist Liebe?
Wer bin ich?
Wem gehört alles?
Was ist der Sinn?

Du lebst und atmest,
weil das dein Sinn ist,
Du liebst und leidest,
weil das das Leben ist.

Das alles gehört zu allem.
in allem bist du allein,
du gehörst niemandem.
Suche keinen Platz außer dir,
wo du bist,
ist die Antwort.

Ein Mensch, der Abwehrarten und Lebenslügen praktiziert, entwickelt eine für ihn typische Eigenschaftsstruktur, die ich kurz beschreiben möchte. Für die Charakterisierung wähle ich eine männliche Person, weil Männer diese Struktur meist stärker ausprägen als Frauen.

Er wird rasch aggressiv, wobei er die Aggressivität nicht immer klar und offen zeigt, sondern häufig als Ironie, Zynismus und Spaß tarnt. Lächelnd und spaßig wird ein Angriff vorgebracht, der verletzen soll, aber jederzeit als »witzige Bemerkung« verharmlost werden kann: »Du verstehst wohl keinen Spaß?« Sogar diese Frage ist eine getarnte Aggression.

Er arbeitet fleißig und »geht in der Arbeit auf«. Auch in der Freizeit wird rege Betriebsamkeit entfaltet, die Wohnung wird renoviert oder ein Hobby intensiv gepflegt. Er ist jedenfalls immer beschäftigt, und er spricht gern davon, daß er »immer im Streß« ist.

Die Sexualität spielt eine wichtige Rolle — er ist sexuell aktiv und jedem »Seitensprung« gegenüber aufgeschlossen. Er macht gerne »anzügliche« Bemerkungen und fühlt sich als ganzer Mann. Er legt Wert auf seinen Status und betont gerne, was er sich »geleistet« und was es gekostet hat. Er sieht nur sich selbst und ist stark auf seine Wirkung auf andere bedacht, denn er möchte Eindruck machen und bewundert werden.

Er hat große Pläne für die Zukunft, und er spricht gerne von den Dingen, die er noch kaufen möchte, und davon, was er beruflich noch alles erreichen kann. Sozialer Aufstieg ist für ihn überaus wichtig. Er möchte Karriere machen. Er ist ein geselliger Mensch, er hat gerne viele Menschen um sich und vermeidet es möglichst, alleine zu sein.

Er will kein Außenseiter sein, sondern paßt sich in der Kleidung, in der Einrichtung seiner Wohnung, an den gängigen Geschmack seiner Gesellschaftsschicht an. Er strebt nach gesellschaftlichem Aufstieg und ist jederzeit bereit, seine gesellschaftliche Stellung auch zu dokumentieren, indem er sich sofort an die neuen Verhältnisse anpaßt und sich an den anderen, ihrer Lebensweise und ihrem Geschmack, orientiert.

Er kann seine Gefühle gut beherrschen. Er bezeichnet sich selbst eher als Rationalist und weniger als einen Gefühlsmenschen. Er spricht nicht gerne über Gefühle, und der spontane Gefühlsausdruck anderer ist ihm peinlich. Er zeigt sich nach außen hin nicht verletzlich oder sensibel, sondern als nüchterner, sachlicher, beherrschter Mensch. Über die Sensibilität anderer macht er gerne ironische Bemerkungen.

Er identifiziert sich mit den Rollen, die ihm übertragen werden. Er füllt die einzelnen Rollen so aus, wie es erwartet wird. Er betont, daß er einen guten Charakter hat und daß man sich auf ihn verlassen kann. Er bewertet gerne andere Menschen, er wertet sie vor allem gerne ab, und er kritisiert gerne, denn hierbei kann er seine Aggressivität ausleben und sein Selbstbewußtsein stärken. Selbstbewußtes Auftreten ist ihm sehr wichtig.

Er strebt nach Besitz, nach persönlichem Eigentum. Er bewundert Reichtum und strebt insgeheim selbst danach. Er akzeptiert die staatliche Macht, Institutionen jeder Art flößen ihm Respekt ein. Er akzeptiert, daß er sich einfügen muß und daß es Freiheit für ihn nicht geben kann. Er fühlt sich sicher, wenn alles reibungslos und geordnet funktioniert. Er ist ein Perfektionist und haßt Unordnung jeder Art. Auf seine aufgeräumte Wohnung und die Sauberkeit seiner Frau ist er stolz.

Die Wohnung muß stets aufgeräumt sein, wenn er nach Hause kommt, und alles muß an seinem Platz liegen.

Er ist sich seiner selbst und seiner Rolle in der Gesellschaft sicher. Er fügt sich reibungslos ein, seine Verhältnisse sind geordnet, er fällt niemandem zur Last, er arbeitet viel und ist tüchtig, er sorgt für die Familie, hütet seinen Besitz und versucht ihn »für die Kinder« zu vermehren.

Er hat seine feste Meinung über den Menschen, die Ehe, die Religion, die Liebe, den Beruf, die Politik, die Kollegen und über Bekannte.

Er empfindet gegenüber anderen nicht viel Sympathie, denn er betont vor allem ihre Schwächen und Fehler. Gegenüber gesellschaftlich Höherstehenden empfindet er Respekt und Angst, von ihnen nicht ganz für voll genommen zu werden.

Er ist von den sozialen Rangunterschieden überzeugt und glaubt, daß der intelligentere und tüchtigere Mensch, der mehr kann als er selbst, zwangsläufig über ihm stehen soll. Die gesellschaftliche Struktur ist für ihn richtig und gerecht.

Sein Leben ist geordnet, er gibt sich einerseits mit dem zufrieden, was er hat, strebt aber andererseits danach, mehr zu erreichen, soweit es die Verhältnisse zulassen. Er hält sich für einen guten und gerechten Menschen, der mehr erreichen könnte, wenn er wollte. Er fühlt sich von anderen unterschätzt, sie können seinen wirklichen Wert nicht erkennen. Er zeigt durch ironische Bemerkungen, daß er sich durchsetzen kann und Selbstbewußtsein besitzt.

Ich erinnere mich, daß ich als Kind und Jugendlicher die Erwachsenen genau beobachtete und daß die meisten Erwachsenen auf mich unangenehm wirkten. Ich hatte oft das Gefühl, obwohl sie sich so sicher geben und so eindeutig ihre Rolle ausfüllen, kann da etwas nicht stimmen. Die Erwachsenen leben in ihrer Erwachsenenwelt, sie betreiben ernsthaft und wichtig ihre Geschäfte; sie sind gegenüber mir viel mächtiger, und sie sind reicher an Besitz, aber eigentlich bin ich in meiner Welt der Gefühle und des intensiven Erlebens viel reicher.

Wenn ich auf dem Nußbaum in unserem Garten am Fluß saß und der Onkel aus der Stadt auf Besuch kam, dann schaute er zwar imponierend gekleidet zu mir hinauf; er war ein gestandener Mann und ich ein Kind, aber ich fühlte mich ihm nur äußerlich unterlegen, nicht innerlich. Ich spürte, daß ich etwas besaß, was er verloren hatte, und er tat mir deshalb leid. Seine Festigkeit und Mächtigkeit des Auftretens war für mich zwar interessant zu beobachten, aber ich konnte nichts damit anfangen. Sein Wesen war mir fremd, es zog mich nicht an, stieß mich auch nicht ab, aber ich fühlte, so wollte ich nicht werden. Lieber kein Haus in der Stadt, lieber nur ein Vogel sein, der von Ast zu Ast fliegt, lieber nur ein Eichhörnchen sein, das nachts in den Zweigen schläft, als so ein »Onkel in der Stadt« zu werden.

Ich wußte damals noch nichts über Psychoanalyse und Sozialpsychologie, und doch war mir ganz spontan klar, daß mit der Psyche meines Onkels etwas nicht stimmte. Heute kann ich es genauer ausdrücken, heute kann ich mit Begriffen der Psychologie darüber reden, das Gefühl in Worte fassen, aber geändert hat sich dadurch an den Tatsachen nichts. Der Onkel hat sich selbst im Gestrüpp der Sozialisation verloren, er ist zu einer Charaktermaske geworden, um an Macht, Status und Prestige zu gewinnen. Er klammerte sich an seine extreme Sicherheit und Ordnung, für diesen Besitz hatte er das verloren, was ich noch hatte und was mir ein Gefühl innerer Wärme und Geborgenheit gab.

Ich hätte sein Haus und sein Auto schon gerne gehabt, aber nur oberflächlich, weil es etwas Neues gewesen wäre, aber ich hätte meine Lebensweise und Erlebensweise dafür nicht aufgeben wollen. Ich hätte mich dafür nicht angepaßt, ich hätte nicht seine Kleider angezogen, ich wäre nicht in sein Büro gegangen, ich hätte nicht mit seiner Frau, meiner Tante, leben wollen, ich wäre zurück auf meinen Nußbaum geklettert, hier hatte ich mehr Erlebnisse als er in der Stadt, er war für mich ein Eingesperrter in seinem Charakter, in seiner »Persönlichkeit« und in den Verhältnissen, die er um sich herum schuf und ertragen mußte.

Ehrlichkeit zu sich selbst — das Gegenteil des Abwehrcharakters

Nun möchte ich im Gegensatz zum beschriebenen Abwehrcharakter einen Menschen darstellen und vorstellen, der nicht auf der Flucht vor sich selbst ist, keine Abwehrmechanismen anwendet und sein Leben nicht an »Lebenslügen« der Selbstbelügung und Belügung anderer ausrichtet. Auch für dieses Persönlichkeitsbild wähle ich wieder einen Mann, um die Einheitlichkeit zu wahren.

Er ist nicht aggressiv und neigt nicht dazu, durch verbale Äußerungen seine Mitmenschen zu verletzen. Er hat keine Freude daran, ironische oder zynische Bemerkungen zu machen, und er vermeidet es, seine Mitmenschen zu verletzen. Dieses Verhalten resultiert nicht aus einer Verdrängung der Aggressivität, sondern aus einer Einstellung der mitfühlenden Zuneigung. Er besitzt kein Bedürfnis, Aggressivität auszuleben, weil er nur selten verärgert oder wütend ist. Er ist anderen gegenüber tolerant, das bedeutet nicht, daß er sich nicht behaupten könnte, wenn er angegriffen wird. Er wehrt sich gegenüber verbalen Attacken durch sachliche Erläuterung seiner Position, ohne aggressiv zu reagieren, also verletzen zu wollen.

Er flüchtet nicht in die Arbeit und ist nicht süchtig nach Arbeit und Beschäftigung. Er ist kein »Workaholic«, der in der Arbeit aufgeht. Er akzeptiert Arbeit als eine notwendige Gegebenheit, den Lebensunterhalt zu verdienen, aber sucht nicht Arbeit, um sich von sich selbst abzulenken. Er verwirklicht sich gleichwertig in der Arbeit, wie auch in der Freizeit.

Sein Motiv zu arbeiten ist nicht das Geld, sondern die Befriedigung, durch Arbeit anderen nützlich zu sein, sich in der Arbeit selbst zu erkennen. Er klammert sich deshalb nicht an ein bestimmtes Gebiet, sondern ist jederzeit bereit, etwas anderes zu machen, wenn es ihn interessiert und sich die Möglichkeit bietet. Arbeit belastet ihn auch nicht im Sinne eines Drucks und Zwangs, weil er keine ehrgeizigen finanziellen Erwartungen verfolgt.

Im zwischenmenschlichen Kontakt steht die Liebe im Vordergrund, nicht die Sexualität. Die Sexualität ist für ihn eine Ausdrucksmöglichkeit, Liebe auszutauschen. Er strebt also nicht primär nach sexuellem Genuß, sondern nach Realisierung der Liebe in körperlichem Ausdruck, wobei ihm der seelische Austausch wichtig ist. Sexualität ist für ihn Realisierung von Liebe und kein Selbstzweck. Er heuchelt also keine Liebe vor, um danach leichter ein sexuelles Erlebnis zu erzielen, sondern es kristallisieren sich sexuelle Erlebnisse aus der Liebe unmittelbar von selbst heraus.

Er versucht nicht, sich in Form eines Ellenbogen-Egoismus durchzusetzen. Er verwirklicht sich selbst, ohne hierbei die Entfaltung eines anderen zu beeinträchtigen. Es geht ihm also nicht darum, seine eigene Freiheit auf Kosten anderer zu verwirklichen. Äußere Macht und gesellschaftlicher Status interessieren ihn nicht. Er strebt nicht danach, seinen Status zu betonen und sich in selbstbezogener Weise, also egozentrisch, in den Mittelpunkt zu stellen. Er strebt nicht danach, sein Ego vor anderen herauszustellen oder zu stärken, sondern er möchte von seinen Mitmenschen als gleichwertiger Mitmensch behandelt werden.

Er strebt keine zukunftsbezogenen Ziele an. Er schmiedet keine Pläne für ein zukünftiges Leben, sondern er geht in der Gegenwart auf. Er nährt in sich nicht die Hoffnung auf zukünftige gesellschaftliche oder politische Änderungen, sondern er lebt das, wofür es sich für ihn lohnt zu leben, ohne andere hierbei in ihrer Entfaltung zu beeinträchtigen.

Er ist kein Utopist, der sein Leben für eine Utopie opfert. Er erkennt die Schwächen und Fehler der Gesellschaft sehr wohl, aber er wird nicht zum fanatischen Kämpfer einer Revolution. Dafür besitzt er zu wenig Aggression (Kampfgeist) und ein zu starkes Bedürfnis nach Lebensfreude und Individualität.

Trotz seiner Lebensfreude neigt er nicht zur Genußsucht. Er genießt zwar den Augenblick, in jeder Phase und Ausprägung, mit allen Sinnen, aber er ist kein Hedonist. Er versucht nicht die Phasen von Trauer, Leid, Angst, Not und Mißerfolg durch oberflächliches Amüsement zu überspielen. Er versucht nicht den Genuß um jeden Preis zu erreichen, er will nicht Lebensfreude inszenieren, wenn es eigentlich darum geht, die Erfahrung einer Traurigkeit über einen Verlust zu machen. Er ist leidensfähig, weil das Leiden genauso zur Verwirklichung gehört wie die Freude.

Er respektiert und toleriert seine Mitmenschen, aber er strebt nicht danach, sich ihnen anzupassen. Er möchte seine eigene Auffassung von Lebendigkeit, Freude, Kommunikation und Arbeit realisieren. Er möchte kein Insider einer Gruppe sein, es kränkt ihn nicht, »Außenseiter« zu sein, obwohl er auch nicht geltungssüchtig nach einer »Außenseiterrolle« strebt, um aufzufallen oder etwas Besonders zu sein. Er sucht nicht nach Anerkennung und auch nicht nach Absonderung, um eine Sonderstellung zu erzielen. Er strebt danach, sich selbst zu finden, ohne sich abzusondern.

Er hat ein positives Verhältnis zu seinen Gefühlen. Er neigt nicht dazu, die eigenen Gefühle zu unterdrücken oder zu verbergen, und die Gefühle der anderen sind ihm nicht peinlich. Er akzeptiert die Gefühle als eine Erscheinungsform, wie die Wirklichkeit optischer Eindrücke, Gerüche, Geräusche usw. Gefühle sind für ihn nichts Negatives oder Positives, sondern Gegebenheiten, die man betrachtet und in ihrer Seinsweise als

Realität aufnimmt. Die Schönheit der Gefühle ist genauso real wie die Schönheit einer Blume. Vor seinen eigenen Gefühlen verschließt er sich nicht, sondern sie sind für ihn ein Ereignis, das zur Lebendigkeit gehört. Er liebt und beachtet seine Gefühle genauso wie er seinen Körper liebt und dessen Reaktionen beachtet. Er hat keine Angst vor den eigenen Gefühlen, und er ist auch nicht gefühlsselig auf sie fixiert.

Er strebt nicht danach, in der Gesellschaft eine Rolle einzunehmen, um durch die Gesellschaft eine Absicherung seiner Person zu bekommen, da er sich als Individuum sieht. Er ist bereit, aus dem Augenblick heraus eine Rolle oder Funktion zu übernehmen, wenn sie danach wieder erlischt. Er möchte sich nicht auf eine Rolle festlegen lassen und seine Person an ein Rollenklischee binden.

Er möchte sich nicht in eine Typenetikettierung zwängen lassen. Er strebt also nicht danach, sich selbst zu definieren oder von anderen definiert zu werden. Er möchte sich nicht auf ein Charakterbild festlegen lassen und selbst festlegen.

Er neigt auch nicht dazu, seine Mitmenschen zu bewerten oder gar zu beschuldigen. Er möchte niemanden kritisieren, sondern jedem die Möglichkeit einräumen, sich so zu verwirklichen, wie er es für richtig hält, sofern er niemanden anderes dabei unterdrückt oder in seiner Entfaltung einschränkt.

Er möchte niemand bewerten und auch selbst nicht bewertet werden. Er möchte nicht durch Abwertung der anderen sein eigenes Ego aufwerten, und er möchte nicht durch Aufwertung von anderen, als Bewunderer einer Idee oder eines Idols, selbst abgewertet werden. Er hat keine Idole und möchte selbst auf keinen Fall ein Idol sein, oder von anderen bewundert werden. Wenn er sich selbst verwirklicht, so tut er es nicht, um von anderen dafür gelobt zu werden, oder gar, um ein Vorbild für Selbstverwirklichung zu sein.

Er orientiert sich nicht an Institutionen, Gesetzen, Eigentum oder Tradition. Systeme und Institutionen sind für ihn etwas Totes. Er strebt nicht danach, Institutionen zu beseitigen und neue Institutionen zu schaffen. Ihn interessiert die Lebendigkeit, nicht das System. Ihn interessiert der Prozeß als solcher, aber nicht die Festschreibung in Form eines Gesetzes oder einer Regel. Er sieht nichts festgelegt, sondern alles lebendig und flexibel in einem Wandlungsprozeß. Er möchte keinen Staat oder eine Religion gründen, keine Schule aufbauen.

Er findet keine Beziehung zu allem, was starr und reglementiert ist. Er liebt alles, was in Veränderung ist, was sich wandelt. Er strebt deshalb nicht nach Besitz, den es zu hüten und zu schützen gilt, sondern nach der Verwirklichung seines Selbst ohne Fixierung auf Materie oder Geist. Eine Lebensphilosophie ist für ihn Fixierung auf eine Denkweise. Er möchte sich weder an Materielles noch an Geistiges binden.

Er möchte nicht von Besitz, Ideologien, Philosophien oder Idealbildern beherrscht werden. Er möchte nicht Sklave von etwas Totem sein, weil die Lebendigkeit und die Wandlung ihm wertvoller sind.

Er versucht die Offenheit und meidet Enge des Denkens und enge soziale Strukturen oder einengende Regeln, Besitzverhältnisse und Bindungen. Er lebt lieber in Unsicherheit und Unbestimmbarkeit als in der Sicherheit eines »Käfigs«. Er vermeidet es deshalb, sich längere Zeit festzulegen, etwa durch bindende Verträge. Er gibt sein Wort nur dann, wenn er sicher ist, daß er dazu auch noch nach Ablauf einiger Zeit wirklich stehen kann. Er legt sich deshalb nie gerne fest, dies ist keine Entscheidungsschwäche, sondern Einsicht in den Wandlungsprozeß eines freien und schöpferischen Lebens.

Er neigt nicht dazu, sich mit einem System zu identifizieren. Er ist kein Nationalist oder Rassist. Er möchte nicht Mitglied eines Vereins oder einer Institution sein. Er identifiziert sich nicht mit einem ästhetischen Stil und auch nicht mit einer Gesellschaftsschicht. Er sieht in einer Identifizierung eine Festlegung aus Schwäche oder Angst vor Unsicherheit.

Er neigt nicht dazu, seine Gefühle zu verdrängen. Er steht zu auftauchenden Emotionen, auch den »unangenehmen«, wie Angst, Trauer, Wut, Unruhe, Unsicherheit, Minderwertigkeit, Schuld, Neid usw. Er bekennt sich zu diesen Gefühlen und läßt sie zu.

Er projiziert keine eigenen Gefühle in andere hinein, weil er andere klarsichtig betrachtet, ihnen in Ruhe zuhört und nicht das hören will, was ihm angenehm ist oder gerade nützen könnte. Er verharmlost deshalb aggressive Menschen nicht, und er bewundert auch nicht ihre Stärken, weil er selbst gerne so sein würde. Er projiziert also weder seine Angst in andere noch seine eigene Schwäche oder Größenphantasie. Er ist kein Idealist und Ästhetizist, sondern Realist.

Er neigt nicht dazu, aufgrund von seelischen Vorgängen wie beispielsweise unterdrückter Wut, psychosomatische Symptome auszubilden. Er ist frei von Herzrhythmusstörungen, Magenbeschwerden, Kopfschmerzen, Handschweiß, Schlaflosigkeit, um einige dieser Symptome zu nennen. Er ist psychisch gesund und fühlt sich frisch, lebendig und voller Tatendrang und Energie. Er genießt seine Ermüdung nach der Arbeit genauso wie seine vitale Frische nach einem Schlaf.

Er versucht nicht, persönliche seelische Probleme in einer wissenschaftlichen oder künstlerischen Tätigkeit zu sublimieren. Wenn er in irgendeiner Form künstlerisch tätig ist, dann aus reiner Freude am Musizieren, Malen oder Schreiben. Er versucht dadurch nicht, von aktuellen Problemen abzulenken oder gar seinen Sexualtrieb dadurch zu bändigen, wie Sigmund Freud so treffend analysierte. Das überläßt er anderen, die sich damit zufriedengeben wollen, er selbst sieht in künstlerischer Tätigkeit keine Ersatzbefriedigung für ein erfülltes Sexualleben.

Er möchte nie etwas vermeiden, sondern er ist stets bereit, sich einem auftauchenden Problem, einer Schwierigkeit, einer auch unangenehmen Erfahrung zu stellen. Es würde ihm nie einfallen, einen Ort zu meiden, an dem er ein ängstigendes Erlebnis hatte. Wenn er vom Pferd fällt, steigt er sofort wieder auf, wenn ihm etwas nicht gelingt, dann versucht er es in Frische aufs neue, ohne hierbei von fanatischem Ehrgeiz getrieben zu sein. Wenn ihn ein Mensch nicht liebt, wird er zum Beispiel nicht versuchen, ihn zu bedrängen, er wird allerdings auch nicht den Kontakt total abbrechen oder die Gegenwart des anderen in Panik meiden.

Er bezeichnet nicht die Trauben als sauer, wenn sie ihm zu hoch hängen. Er möchte die wahren Gründe für einen Mißerfolg herausfinden, nicht beruhigende Scheingründe vorschieben; er wird deshalb eine Kündigung nicht nur mit einer »allgemeinen Entlassungswelle« rationalisieren, sondern auch seine eigenen Schwächen und Fehler sehen. Er wird die Schuld für ein verlorenes Tischtennisspiel nicht auf den Schläger schieben, sondern auch aufgeschlossen sein, sich seine eigenen Fehler erklären zu lassen. Die Schuld für eine gescheiterte Ehe sieht er nicht nur beim Partner, sondern auch bei sich selbst. Persönliche seelische Probleme sieht er nicht nur in der »verkorksten« Gesellschaft, sondern auch in seiner mangelnden Flexibilität und Individualität, hierauf entsprechend zu reagieren.

Er möchte sich nicht durch Alkohol oder Drogen betäuben, denn er will die Wirklichkeit so erfahren, wie sie ist, nicht in vorübergehendes rosarotes Licht getaucht, durch Stimmungsaufheller oder Psychopharmaka. Er ist zwar kein fanatischer Gegner von Alkohol und Drogen, aber er mißt diesen »Enthemmern« für sich selbst keine große Bedeutung bei. Er will sich vor der Realität nicht abschirmen, nicht in ein Traumglück flüchten, sondern mit Bewußtsein die Realität erleben.

Er erklärt sich selbst nicht für ohnmächtig und hält sich nicht für ein winziges Rädchen im Getriebe. Er weiß, daß selten jemand wirklich ohnmächtig ist. Eine Ausrede für die eigene Bequemlichkeit sucht er nicht. Er fühlt sich nicht als Opfer, sondern spürt in sich die Kraft der Lebendigkeit und Gestaltung. Er kann also gar nicht ohnmächtig sein, wenn er sich selbst verwirklicht.

Er möchte seine Gefühle nicht abpanzern, sondern sie zulassen. Er hat keine Angst davor, seine Gefühle zu zeigen, er möchte hemmungslos weinen und lachen, wenn es ihm im Innersten danach zumute ist. Er möchte aber keine Gefühle vorheucheln, wenn sie nicht vorhanden sind.

Er will sich selbst nicht belügen und keine Lebenslüge leben, deshalb läßt er seine Gefühle zu, und damit auch Verletzbarkeit. Er versteckt sich nicht hinter einer Charaktermaske, um unverletzlich zu sein, sondern er gibt seine Verletzbarkeit offen zu erkennen. Er macht kein unberührtes »Pokerface«, wenn er verletzt ist und sich unsicher fühlt. Er gibt zu, daß er unsicher und verletzbar ist. Seine Verletzbarkeit ist seine Würde. Wenn er die Verletzbarkeit zur Schau trägt, hält er den Mitmenschen einen Spiegel ihrer Aggression und Roheit vor Augen. Er kann nur Kontakt zu seinen Mitmenschen finden, wenn er sich selbst wahrhaftig und ehrlich fühlt und ausdrücken kann.

Er besitzt keine Vorbilder, denen er nacheifert. Er möchte nicht werden, wie irgendein Vorbild. Er orientiert sich zwar an anderen, versucht jedoch nicht, ihnen nachzueifern oder sie gar zu imitieren. Er richtet sich auch nicht nach Idealen oder nach einer großen Leitidee.

Er strebt nicht nach Sicherheit, das heißt, daß er sich selbst und seinen Lebensweg nicht einengen und begrenzen möchte. Er setzt sich natürlich nicht mutwillig unnötigen Gefahren aus. Sicherheit nicht anzustreben bedeutet nicht Unsicherheit und Gefahr zu suchen, also das andere Extrem in den Vordergrund zu stellen. Er ist weder auf Sicherheit noch auf Gefahr fixiert, sondern sucht die lebendige Selbstentfaltung, die Sicherheit und Unsicherheit integriert. Freiheit ist für ihn nicht Chaos und Unordnung, sondern flexible Lebendigkeit.

Er möchte zu seinen Mitmenschen nicht in Leistungskonkurrenz treten. Er sieht sich als eigenständiges Individuum und respektiert gerade deshalb die Individualität der anderen. Er möchte sich nicht auf Kosten anderer oder gegen andere verwirklichen, im Sinne einer egoistischen Aggression, sondern unabhängig von anderen. Er möchte niemand für seine Zwecke mißbrauchen, weil er sich selbst nicht manipulieren läßt.

Er macht keine Rang- und Wertunterschiede zwischen den Menschen, er betrachtet jeden Menschen als gleichwertig, obwohl er in der Sozialstruktur die sozialen Hierarchien und Gesellschaftsklassen deutlich sieht. Klassenunterschiede sind für ihn bedeutungslos; deshalb interessiert ihn auch nicht das Streben nach Sozialprestige. Auch die psychische Reife eines Menschen sieht er nicht als eine Leistung, die einen Menschen qualifiziert oder deklassiert.

Was er liebt, möchte er nicht besitzen. Da er selbst Freiheit leben möchte, will er den Liebespartner nicht in Unfreiheit binden. Er möchte also keine Exklusivrechte ausüben, sondern die Individualität des anderen akzeptieren und respektieren. Nur durch diesen Respekt bleibt die Liebe frisch und lebendig.

Er lebt nicht allein nach Plänen und Vorstellungen der Vernunft, sondern erkennt auch die Bedeutung seines Körpers. Er läßt die Bedürfnisse des Körpers genauso zu ihrem Recht kommen wie die Bedürfnisse des Geistes. Er vergewaltigt nicht den Körper, weil der Intellekt »der Boß« ist. Er lebt in Einheit mit Körper, Seele und Geist, aus der Mitte seines Selbst heraus. Der Kern weiß in jedem Augenblick, welche Nahrung die Einheit braucht. Kommt jeder Teil in jedem Augenblick zu seinem Recht, hört die Zwiespältigkeit und Zerrissenheit auf.

Mit den Abwehrtechniken der anderen bewußt umgehen

In der Kommunikation geht es in erster Linie darum, die Wirklichkeit von der Täuschung zu unterscheiden, zu erkennen, wann man uns manipulieren will und wann wir selbst die anderen manipulieren wollen. Im Alltag ist davon auszugehen, daß wir häufiger auf Menschen treffen, die Abwehrtechniken anwenden und sich selbst belügen, als auf Personen, die frei von Abwehr und Selbstbetrug kommunizieren.

In der Kommunikation geht es dem Abwehrcharakter darum, sich selbst zu bestätigen, er sucht nach Anerkennung, Aufrechterhaltung und Bestätigung seiner Charaktermaske. Er verfolgt das Ziel, seine Denkhaltung und Einstellung weiter zu festigen und versucht, andere in diesem Sinne zu manipulieren. Er reagiert getarnt aggressiv, z. B. mit Spaß und Ironie, denn er möchte sein Ego stärken und seine Rangposition verstärken.

Es geht also im Kontakt vor allem darum, als Individuum standzuhalten, ohne Fixierung oder Starrheit. Standhalten heißt, sich nicht hin- und herreißen lassen von Meinungen, Drohungen, Schmeicheleien, sich nicht verwirren lassen, also stets wissen, wer man ist. Das ist nur möglich, indem man in jedem Moment ganz bewußt beobachtet, was geschieht, ohne Angst vor der Aggression des anderen und ohne Angst davor, nicht »freundlich« genug oder sympathisch genug zu wirken. Es ist im Kontakt ein großer Fehler, unbedingt Anerkennung zu suchen oder geliebt werden zu wollen, denn wer geliebt werden möchte, ist nur zu schnell bereit, die Wirklichkeit nicht scharf genug sehen zu wollen, z. B. eine Aggression zu entschuldigen, sie nicht ernst zu nehmen, sondern den »Spaß« burschikos, charmant lächelnd aufzugreifen.

Es geht im Kontakt darum, eine Täuschung als Täuschung zu erkennen, also bei der Wirklichkeit zu bleiben, ohne davor zu fliehen. Der Abwehrcharakter möchte aggressiv sein, ohne die Aggression offen zu erkennen zu geben, er möchte seine falsche Lebenseinstellung weitervermitteln, in »flotten Sprüchen«, und hierfür Beifall erhalten. Er möchte den Kommunikationspartner zum Komplizen machen, um sich seiner zu versichern, auch hier geht es ihm um Sicherheit, er möchte den anderen ängstigen und sich ihm gegenüber als der Stärkere fühlen. Er versucht unmerklich, den anderen auf seine Seite zu ziehen. Wenn er sagte: »Ich sehe, in diesem Punkt sind wir einer Meinung«, dann stellte er diesen Konsensus nur her, um den anderen in Vertrauen und Sicherheit zu wiegen. Er wendet diese Methode der Manipulation zur Eingemeindung oder Unterwerfung des anderen an, weil er sich nur auf diese Weise sicher und wohlfühlen kann. Offene Distanz und Unterschiedlichkeit kann er nicht ertragen, sie erzeugt Spannung in ihm, die ihn in Frage stellt.

Der Abwehrcharakter versucht seine Kontaktpartner also immer auf seine Seite zu ziehen, er sagt deshalb auch oft fragend: »Habe ich nicht recht?« »Habt ihr verstanden?« »Weißt du, was ich damit sagen will?« Er sucht auf suggestive Weise Zustimmung zu erreichen, immer wieder, bis der höfliche Partner nicht mehr weiß, ob er wirklich zustimmt oder ob er nur Streit vermeiden will.

Die Gefahr ist groß, gegenüber dem dominant auftretenden Abwehrcharakter, der Angst vor ernsthafter Auseinandersetzung aufbaut, und mit Komplimenten und Lob bei Zustimmung lockt, in die defensive Rolle der Zustimmung zu geraten.

Darauf legt er es an, er manipuliert so die Anerkennung seiner Person und einer Kommunikation, die darauf abzielt, sich gegenseitig zu verstehen, wobei nur er verstanden werden will, aber nicht bereit dazu ist, den anderen zu verstehen.

Versucht man, sich mit dem Abwehrcharakter wirklich ernsthaft zu unterhalten, wird er versuchen,

- abzulenken oder das Thema zu wechseln oder einen Spaß zu machen, der durch Assoziationen auch zu einem Themenwechsel führen soll;
- in den Angriff überzugehen, durch Bemerkungen wie: »Mußt du immer alles so problematisch und schwierig sehen?« Er versucht, den Gesprächspartner, indem er ihn als »schwierigen Problematiker« hinstellt, davon abzuhalten, das Thema weiter zu verfolgen;
- in den Angriff überzugehen, indem er seine bisherige Meinung gereizter und lauter vorbringt, um zu erreichen, daß der Gesprächspartner jetzt eine weitere Auseinandersetzung und Vertiefung des Themas vermeidet, also aufgibt;
- in Komplimente zu verfallen über die Qualitäten des Gesprächspartners. Er wird sagen, daß er die Meinung schätzt, aber eben anderer Auffassung ist und es »zu weit führen würde, das heute auszudiskutieren«.

21,Ein Standhalten gegenüber dem Abwehrcharakter ist nur möglich durch Wachsamkeit, Bewußtheit und Klarheit des Beobachtens, damit kein Ablenkungsmanöver vom Thema wegführen kann. Es geht in jedem Moment darum zu erkennen, welche Tricks und Techniken der Manipulation angewendet werden, und man sollte hartnäckig immer wieder auf den Punkt zurückkommen, um den es eigentlich geht. Nur auf diese Weise gelingt es zu zeigen, daß man den anderen durchschaut hat und sich nicht manipulieren läßt. Erst durch dieses Standhalten mit Geduld und Wachheit bekommt der

Abwehrcharakter Respekt, und man findet in ihm einen ernsthafteren Diskussionspartner, der sich öffnet — oder einen Feind. Wenn er sich öffnet, empfindet er sich leicht als »besiegt«, und er nimmt diesen Sieg im Nachhinein oft übel, so daß er bei der nächsten Begegnung seine getarnte Aggression verstärkt.

Es ist also Selbstbewußtsein erforderlich, um die Kommunikation, die für ihn Kampf ist, durchzuhalten. Selbstbewußtsein heißt im Wortsinne, sich seiner selbst bewußt zu sein. In der Bewußtheit liegt die Kraft für die Selbstbehauptung, für das Standhalten.

Wer ohne Angst genau das betrachtet, was geschieht, ohne die Aggression zu verharmlosen oder das Kompliment als Zuneigung auszulegen, der kann Selbstbewußtsein und Selbstbehauptung miteinander vereinen.

Es hat keinen Sinn, die Taktik des Abwehrcharakters ihm gegenüber selbst anzuwenden, also zu imitieren, dadurch potenziert sich nur die Verwirrung, Lüge und Entfremdung. Man geht nach dem Gespräch auseinander und weiß nicht mehr genau, um was es bei der ganzen Taktik eigentlich wirklich ging, es besteht nur ein Gefühl von Unzufriedenheit, Unbehagen, Unaufrichtigkeit — ein Spiel, in dem man nicht gewinnen kann, der Sieger freut sich nicht des Sieges, der Verlierer fühlt sich nicht unterlegen.

Bei einer sinnvollen Kommunikation geht es nicht um Sieg oder Niederlage, sondern um gegenseitiges Verstehen, dann gibt es weder Sieger noch Besiegte. Bei ernsthaftem gegenseitigen Verstehen hört jeder Wettstreit auf.

Wer mit Bewußtsein den anderen zu verstehen, zu erkennen versucht, wird den Kampf aufgeben.

Er wird erkennen, daß er sich mit dem Abwehrcharakter nicht in einem Kampf befindet, sondern daß er ja nur der Wahrheit auf die Spur kommen will.

Wenn der Kampf aufhört, hört auch die Angst davor auf, zu

verlieren. In diesem Moment kann das Bewußtsein sich selbst und den anderen erkennen, so wie die Verhältnisse wirklich sind. Die Aggression des anderen wird bedeutungslos, sie ist nicht mehr mein Problem und kann keine Unterwürfigkeit oder Gegenaggression mehr provozieren.

Angst und Aggression

Angst und Aggression sind zwei elementare Gefühle, die für die Selbstfindung und Selbstentfaltung eine große Bedeutung haben. Sämtlichen beschriebenen Abwehrtechniken, Lebenslügen und Fluchtarten liegt, wie dargestellt, Angst zugrunde. Die Angst spielt in unserem Seelenleben eine ganz entscheidende Rolle, ihr fällt eine Schlüsselfunktion zu. Der amerikanische Psychotherapeut Alexander Lowen bringt das auf die Kurzformel: »Das Dasein der meisten Menschen ist von der Angst davor geprägt, ihr Leben voll zu entfalten.« Der Selbstentfaltung steht also die Angst davor entgegen.

Das Wort Angst ist ein sehr schillernder Begriff, denn es gibt verschiedene Arten von Angst. Wenn ein Auto auf mich zurast, springe ich in ganz konkreter Angst zur Seite. Diese Art von Lebensangst muß nicht weiter definiert werden, sie ist sofort verständlich. Angst entsteht jedoch nicht nur bei akuter Lebensgefahr, sondern auch bei drohendem psychischem Schmerz, wie zum Beispiel Liebesverlust, Tadel, Strafandrohung, zum Außenseiter erklärt zu werden.

Durch Anpassung soll zwar die Angst vor seelischem Schmerz beseitigt werden, aber es besteht dadurch neue Angst, das eigene Leben voll zu entfalten und zu leben.

Mit Angstgefühlen ganz eng verknüpft ist die Aggression. Wenn man aus Angst heraus etwas unterläßt, was man gerne tun würde, entsteht gleichzeitig Wut auf denjenigen, der diese

Angst verursacht, also auf die Erziehungspersonen, auf den Lehrer und auch auf denjenigen, der bereits angepaßt ist.

Ich glaube nicht an die Existenz eines »Aggressionstriebes«, wie er von Sigmund Freud beschrieben wurde, ich glaube also nicht, daß der Mensch von Natur aus in angeborener Weise einen Trieb zur Aggressionsentfaltung, wie den Sexualtrieb, bei Geburt mitbringt. Der Sexualtrieb ist an die Geschlechtshormone gebunden, es gibt z. B. keine damit vergleichbaren Aggressionshormone, die den Menschen dazu bestimmen würden, Aggressionen in gleicher Weise zu entladen wie sexuelle Spannung. Der Geschlechtstrieb ist an biologische Verhältnisse gebunden, nicht jedoch die Aggression, die deshalb kein Trieb ist, sondern durch Erziehung, Entwicklung und Sozialisation vermittelt wird. Die Entfaltung der Sexualität im Orgasmus ist ein körperliches, angeborenes Schicksal, die Entfaltung von Aggression ist kein unabdingbarer körperlicher Vorgang, sondern ein erziehungsbedingtes, also erworbenes seelisches Schicksal. Wer mit Angst erzogen wird, wird zwangsläufig auch mit der auftauchenden Aggression konfrontiert. Angst ist die Folge von Zwang, Unterdrückung oder Strafe, und Aggression ist die Folge dieses Prozesses. Die entstehende Aggression kann aber nicht offen ausgelebt werden, denn dadurch entsteht neue Angst vor Strafe, also wird sie zunächst unterdrückt, verdrängt, verborgen, wobei sie hierdurch aber nicht verschwindet, oder sich in Luft auflöst. Die verdrängte und verborgene Aggression ist nach wie vor seelisch vorhanden und drängt danach, sich auszudrücken. Dieser Drang nach Aggressionsausdruck mag »triebhaft« wirken, aber ist dennoch kein biologisch angeborener Trieb wie der Sexualtrieb.

Die nach wie vor existente Aggression, die zunächst aus Angst nicht gezeigt oder ausgedrückt wird, richtet sich nach innen, also wirkt auf Körper und Seele ein, so entstehen psychosomatische Symptome und die seelischen Störungen der

Neurose, im schlimmsten Fall die Psychosen (Geisteskrankheiten) oder auf psychosomatischen Weg der Krebs.

Aggression wirkt jedoch nicht nur nach innen auf Körper, Geist und Seele, sondern auch nach außen auf die Umwelt und die Mitmenschen. Verdrängte Aggression führt zu den beschriebenen Kommunikationsfolgen des Angstabwehrcharakters, also zu getarnter Aggression in Form von Ironie, Zynismus, Leistungsstreben, Konkurrenzverhalten, Ellenbogenegoismus, Status- und Machtstreben. Nach außen hin erscheint das Ergebnis der Aggression mitunter positiv in Form von Erfolgen und Statussymbolen. Es soll damit Neid erregt werden und über das Erwecken von Neid wird in Wahrheit in getarnter Weise das tieferliegende Aggressionsbedürfnis befriedigt. Wenn der Aggressionsverdränger über seine Erfolge und finanziell teuren Einkäufe prahlt, beobachtet er hierbei genau, ob seine Erfolgsschilderung und Statusdokumentation beim Zuhörer Neid erregen. Nach der Geselligkeit sagt der Aggressionsverdränger zu seiner Frau: »Hast du gesehen, wie Frau Knoll neidisch auf deinen Nerz war. Hast du beobachtet, wie versteinert der Müller geschaut hat, als ich von meinem Erfolg erzählte.« Erfolg und Konsum werden zu einem Kampfmittel, sich selbst aufzuwerten, und andere abzuwerten, also zu einer Aggression. Der Nerz wird als Aggression eingesetzt; die anderen sollen neidisch sein und sich ärgern, daß sie nicht geschafft haben, was der Aggressionsverdränger geschafft hat.

Je mehr es gelingt, die Aggressionen nach außen hin abzureagieren, desto weniger ist der Mensch gefährdet, daß sie sich nach innen psychosomatisch auswirken. Wem aber die Aggressionsabfuhr nach außen nicht gelingt, richtet sie schließlich verzweifelt gegen sich selbst; er wird auf sich selbst böse und wütend, getarnt als psychosomatische Beschwerden und Neurosen, mit denen er auf Umwegen wiederum die Außenwelt traktieren kann. Der Krankheitsgewinn ist: »Schaut her, was aus mir geworden ist, das habt ihr nun davon, jetzt bin ich krank und unbrauchbar, jetzt bin ich schwierig und ihr habt eure liebe Not mit mir.« Wer selbst das nicht wirkungsvoll dokumentieren kann, weil niemand zuhört, Mitleid oder Interesse zeigt, der bekommt Krebs und er zerstört sich auf diese Weise selbst. Ein Leben, das durch die Angst ging, das keine Möglichkeit von Entfaltung der Aggression hat, weil entweder niemand die Aggression beachtet, oder kein Mut zum Aggressionsdruck nach außen besteht, richtet die Aggression gegen sich selbst. Es handelt sich um einen verzweifelten Vorgang, der sich gegen das Leben und die Schöpfung richtet. Der Mensch wendet sich vom Biophilen ab und wird nekrophil, selbstzerstörerisch und fremdzerstörerisch, die Aggression wird zur *Destruktion*.

Angst erzeugt Aggression und die behinderte Ausdrucksmöglichkeit der Wut wird zur Destruktion des eigenen Lebens oder des Lebens der anderen. Hinter jeder Destruktion steht Aggression und hinter ihr liegt Angst verborgen. Jeder destruktive Akt einer Kriminalität führt uns in der Analyse zur Angst und jeder destruktive Akt einer psychosomatischen Erkrankung oder Neurose führt uns gleichfalls zur selben Angst.

Angst, Aggression und Destruktion sind die großen Negativkräfte unseres Lebens. Angstfreiheit, Liebe und Kreativität sind dagegen die großen Positivkräfte unseres Lebens. Wir müssen von Angst frei werden, das Leben und uns selbst lieben und etwas Nützliches, Sinnvolles erschaffen, um glücklich zu werden. Die Negativkräfte führen in Kriminalität, Krankheit, Destruktion und getarnten Selbstmord; die Positivkräfte führen uns in Gesundheit, Liebe, Kreativität und lebendige Selbstentfaltung.

Befreiung von Angst und Aggression

Angst weckt automatisch auch Aggression, wobei die Verarbeitungsmöglichkeiten der Aggression das weitere Schicksal eines Menschen bestimmen. Der angepaßte Abwehrcharakter wird durch Erfolge und besondere Leistung im Konkurrenzstreben seine Aggressivität kanalisieren. Wenn sich der Weg in die Anpassung durch äußere Umstände, zum Beispiel niederes soziales Milieu, schlechte Schul- und Ausbildungsmöglichkeiten, Arbeitslosigkeit, gescheiterte Freundschaften und Liebesbeziehungen versperrt, wird sich seine Aggressivität, wie beschrieben, selbstzerstörerisch nach innen oder fremdzerstörerisch nach außen richten; beide Reaktionen sind destruktiv. Psychosomatische Erkrankung oder Kriminalität sind Zeichen von Destruktivität umgewandelter Aggression. Wir müssen also ganz deutlich sehen, daß mit dem Erziehungsmittel Angst zwar angepaßte disziplinierte und gehorsame Mitglieder der Gesellschaft erzogen werden, aber damit auch das Risiko verbunden ist, daß die Aggression zur Destruktion werden kann, also Krankheit und Kriminalität entstehen. Krankheit und Kriminalität sind kein unabänderliches Potential, mit dem eine Gesellschaft durch biologische Erbverteilung zwangsläufig zu rechnen hätte, sondern sie sind eine negative Folge des Erziehungsstiles. Je angsterzeugender dieser Stil ist, mit desto stärkeren Aggressionsauswirkungen ist für die gesamte Gesellschaft zu rechnen.

Angst tritt nicht nur in der Kindheit, also während des Erziehungsprozesses auf, sondern natürlich auch im Leben des Erwachsenen nach der Adoleszenz. Der Erwachsene hat beispielsweise Angst, die an ihn gestellten Leistungsanforderungen nicht zu schaffen, von Bekannten und Freunden nicht geliebt und vom Partner verlassen zu werden. Die Hauptängste des Erwachsenen sind:

- Leistungsangst,
- Angst vor Konkurrenten,
- Angst davor, nicht anerkannt zu sein,
- Angst vor Liebesverlust,
- Angst vor Ablehnung und Ausstoßung aus der Gesellschaft, also ein Außenseiter zu sein,
- Angst vor Krankheit und Tod,
- Angst vor Verlust des materiellen Besitzes,
- Angst vor Krieg und Katastrophen.

Auf Angst folgt zwangsläufig die Aggression.

- Leistungsangst erzeugt starken Ehrgeiz und erhöhte Leistungsanstrengung. Leistung wird zur Aggression im Sinne von: »Ich werde euch zeigen, was ich kann und wer ich bin!«
- Angst vor Konkurrenten führt zur Ellenbogen-Aggression und zum Intrigantentum. Der Konkurrent muß niedergerungen und besiegt werden. Die Aggression fließt in diesen Kampf um Selbstbehauptung.
- Angst davor, nicht anerkannt zu sein, führt zum aggressiven Streben nach Statussymbolen und finanziellem Erfolg. Status und Geld sollen Achtung und Respekt erzeugen und natürlich Neid hervorrufen.
- Angst vor Liebesverlust führt zu unterdrückendem, autoritären Verhalten gegenüber dem Liebespartner, der überwacht und in seiner Freiheit beschränkt wird. Es wird Macht demonstriert und der Liebespartner zur Einhaltung

von Regeln in getarnter Weise gezwungen. Es wird versucht, ihn abhängig zu machen.

- Angst davor, ein Außenseiter zu sein, führt zur extremen Anpassung an die Regeln der Gesellschaft. Die Aggression richtet sich auf das eigene Selbst, man verhält sich besonders diszipliniert und ordnungsbewußt. Die eigene Freiheitssucht wird niedergerungen. Abweichungen anderer werden besonders hart verurteilt.
- Angst vor Krankheit und Tod führt zur aggressiven Ablehnung von Krankheit. Krankheit und Tod werden bei anderen ignoriert und verleugnet. Krankheit wird als Lebensunfähigkeit verurteilt und der Tod wird im Bewußtsein nicht zur Kenntnis genommen. Das ist eine Aggression gegen die eigene Erkenntnisfähigkeit.
- Angst vor Verlust des materiellen Besitzes führt zu Geiz und egozentrischem Besitzstreben. Der Geiz richtet sich gegen andere, und das Festklammern an Besitz ist eine Aggression gegen sich selbst, weil die eigene Freiheit dadurch beschränkt wird.
- Angst vor Krieg und Katastrophen führt zu einer aggressiven Genußsucht; die eigene gegenwärtige Lust steht im Vordergrund und das Mitleid mit anderen wird reduziert.

Die gesamten Ängste eines erwachsenen Menschen addieren sich zu einem Aggressionspotential, das von hoher Stärke ist. Der geängstigte Mensch in unserer Industriegesellschaft ist ein in hohem Grade aggressiver Mensch, der mit der Aggressionssumme zum Feind des Mitmenschen wird und jederzeit auch destruktiv reagieren kann.

Wenn wir die einzelnen Menschen genau beobachten, stellen wir fest, daß hinter der angepaßten Maske des umgänglichen, braven und gut funktionierenden Zeitgenossen ein gereizter Mensch steckt, der schnell bereit ist, in Streit zu geraten. Je mehr jemand streitet und mit »Wut im Bauch« sich selbst behaupten und verteidigen will, desto größer ist seine Angst.

Was können wir dagegen tun? Wenn wir unsere eigene Aggression abbauen wollen, müssen wir uns fragen, wovor wir Angst haben. Wir müssen klar und bewußt unsere Angst betrachten. Wenn wir unsere eigene Aggressivität abbauen wollen, müssen wir uns zunächst unseren Ängsten stellen, um frei zu werden von diesen Ängsten, denn Angstfreiheit führt automatisch zur Aggressionsfreiheit. Selbstfindung ist also zunächst ein Prozeß der Angstauffindung. Verleugnen und Verdrängen führt uns ganz sicher in die Aggression und ihre unangenehmen Folgen für uns selbst und die anderen. Der erste Schritt ist zu akzeptieren und anzuerkennen, daß wir Leistungsangst, Angst vor Konkurrenten, Angst vor Liebesverlust usw. haben. Wir müssen uns diesen Ängsten total bewußt sein, wir müssen uns dazu bekennen, die Ängste nicht abstreiten, sie offen und ehrlich vor uns selbst und anderen zugeben. Wenn wir eine Angst klar sehen und zugeben, ist der direkte Weg in die Aggression zunächst unterbrochen. Ich erkenne, daß ich zuerst mit der Angst fertig werden muß und die Wut auf die Angst im Grunde eine kindliche, unreife Reaktion ist. Wenn das Kind sich vor dem heißen Ofen fürchtet, weil es sich verbrannt hat, dann schlägt es den Ofen mit einem Stock oder es tyrannisiert die Mutter. Wenn ein Erwachsener sich am Ofen verbrennt, hat er genug Erfahrung und Erkenntnis, um zu wissen, daß ein Schlagen des Ofens lächerlich ist. Er wird den Ofen also nicht schlagen, sondern sich mit der Qualität des Ofens anfreunden. Er wird Geduld und Toleranz mit dem Wärmespender aufbringen. Er weiß, daß die Dinge so sein müssen, wie sie sind.

Er wird sich nicht über das Wetter aufregen und aggressiv werden, weil es draußen regnet. Er weiß, daß die Ereignisse kommen und gehen; er weiß, daß nach dem Sonnenschein Regenwolken heraufziehen, nach dem Tag die Nacht kommt, nach dem Sommer der Winter und nach dem Frühling, in dem die Pflanzen erwachen, der Herbst, in dem die Pflanzen wieder sterben, um erneut erwachen zu können.

Warum sehen wir die Menschen und ihre Probleme nicht genauso gelassen, wie das Wetter? Wir betrachten die Klimaverhältnisse in der Regel ohne Angst und Wut, weil wir die Gegebenheiten so nehmen, wie sie sind, in Gelassenheit. Wenn aber ein fremder Mensch nicht in unserem Sinne handelt, uns nicht mit Zuneigung anerkennt, dann reagieren wir mit Angst und Aggression und schaden damit in erster Linie uns selbst. Zum Schutz gegen das Wetter ziehen wir uns in ein Haus zurück und warten gelassen ab. Warum ziehen wir uns gegenüber einem Menschen oder der Gesellschaft nicht genauso in unser Selbst (in unser seelisches Haus) zurück und warten gelassen ab?

Unser innerer seelischer Kern ist unsere Sicherheit, wenn wir uns ihm anvertrauen. Es gibt dann keinen Grund, sich zu ängstigen und damit auch keinen Grund, aggressiv zu werden; lassen wir einfach geschehen, was geschieht, denn der innere Kern bleibt davon unberührt, dann verschwindet die Angst und damit die Aggression gegen andere oder uns selbst. In diesem Moment können wir aus dem Kern heraustauchen, wir lieben uns selbst und die anderen. Mit der Zuwendung in Liebe hören Angst und Aggression auf. Wo Liebe ist, kann keine Angst sein, und wo keine Angst ist, gibt es keine Aggression. Liebe aber kann nur sein, wenn ich in Klarheit aus dem Kern meines Selbst mich nach außen öffne.

Schöpferisches Erleben und Handeln

Angst und Aggression erzeugen Spannung. Unter Angst möchte man einer Gefahr ausweichen oder davor zurückweichen, während die Aggression ein Schritt zur Aktivität ist. Angst führt zu defensivem Verhalten, Aggression dagegen sucht die Offensive. Entsteht Angst vor der Aggression, besteht eine Spannung zwischen Zurückweichen und offensivem Angreifen. Dieser Spannungszustand äußert sich körperlich als Muskelanspannung und -verkrampfung.

Auch auf geistig-seelischem Gebiet wirkt sich die Spannung aus. Das Erleben ist beeinträchtigt, die Wahrnehmung verengt, es besteht eine leichte Schreckhaftigkeit. Sicherlich haben Sie schon beobachtet, daß man bei einem plötzlich auftretenden lauten Geräusch an manchen Tagen heftig zusammenzuckt, aber an anderen Tagen dagegen nur ganz leicht erschrickt. Je mehr man geistig-seelisch unter Spannung steht, um so stärker und heftiger ist das Zusammenzucken; man ist auf Gefahr unbewußt eingestellt und projiziert die eigene innere Angst-Aggressionsspannung in die Außenwelt hinein, man ist verstärkt wachsam und fühlt sich doch unangenehm gelähmt.

Auch auf die Entfaltung des Geistes und Intellekts wirkt sich Angst-Aggressionsspannung negativ aus. Die intellektuelle Leistungsfähigkeit reagiert sehr sensibel auf seelische Gespannt- oder Entspanntheit. Psychologische Untersuchungen haben ergeben, daß die Leistungsfähigkeit durch zu großen

Ehrgeiz schädlich beeinflußt wird. In Prüfungssituationen tritt ganz konkrete Versagensangst auf, die bei starkem Ehrgeiz (getarnte Aggression) zu einer Angst-Aggressionsspannung führt, die den Gedankenfluß hemmt bis blockiert. So kann es dazu kommen, daß in einer Prüfung die einfachsten Fachbegriffe nicht mehr flüssig über die Lippen gehen, der Prüfling wirkt dann so gehemmt und geistig blockiert, daß er auf andere und sich selbst geradezu »dumm« wirkt. Die Gedanken können nicht mehr frei und locker fließen, und die Kreativität wird dadurch in starkem Maße beeinträchtigt. Gelerntes Wissen kann nur mit Mühe noch reproduziert werden, aber Flexibilität des schöpferischen Denkens ist nicht mehr möglich.

Körper, Seele und Geist sind eng miteinander verbunden, sie sind nur durch die analysierenden Begriffe voneinander getrennt, sind jedoch in Wirklichkeit eine Einheit. Eine Spannung durchdringt Körper, Seele und Geist, und auch die Entspannung wirkt sich auf alle Teile gleichzeitig aus. Körperliche Muskelentspannung im autogenen Training beeinflußt Seele und Geist wohltuend, genauso wie sich geistig-seelische Entspannung, etwa durch Meditation, auf die Muskulatur und den Gesamtorganismus wohltuend auswirkt.

Jeder Teil sollte möglichst gleichgewichtig zu seinem Recht kommen. Es hat also wenig Sinn, nur den Körper gesund zu erhalten und zu trainieren, wenn der seelische Bereich durch Ehrgeiz ständig in Spannung gehalten wird. Körpertraining bringt dann zwar kurze Zeit eine Linderung der Anspannung, aber danach setzt zwangsläufig die Muskelverkrampfung wieder ein. Körper, Geist und Seele dürfen auf die Dauer keinen unterschiedlichen Belastungen ausgesetzt werden, weil die Teile sich in einer Einheit durchdringen. Seelische Dauerbelastung wird zwangsläufig den Körper schädigen, wie auch körperliche Dauerbelastung Seele und Geist schädigt. Angst-Aggressionsspannung ist eine seelische Belastung, die zwangsläufig auch den Organismus schädigt. Kein Teil darf auf Kosten der beiden anderen Teile überstrapaziert oder unterfordert werden.

Auch zu viel Entspannung ist auf die Dauer schädlich. Wenn der Körper sich zu häufig ausruht, dann erschlaffen die Muskeln und beginnen sich zurückzubilden, die allgemeine Vitalität, auch die seelische, nimmt ab. Wer sich zuviel entspannt, wird träge, energielos, vitalschwach, müde und depressiv.

Ein ständiger Wechsel von Anspannung und Entspannung ist gesund. Weder Spannung noch Entspannung dürfen zu einem Dauerzustand werden. Streß ist zur Gesunderhaltung erforderlich, aber kein Dauerstreß. Jede Spannung muß sich durch Entspannung wieder lösen, um Bereitschaft für neue Spannung zu schaffen. Das Leben entfaltet sich in den Phasen zwischen Spannung und Entspannung. Im Phasengleichgewicht müssen auch Erleben und Handeln sein. Nach einer Phase des aufmerksamen Erlebens, der absoluten Wachheit, muß eine Phase der Ruhe oder des Schlafs folgen. Nach einer Phase des aktiven Handelns muß die Phase des Erlebens einsetzen, in der kein Zwang zum Handeln besteht. Es ist also weder richtig, sich nur auf das Erleben zu konzentrieren, ohne zu handeln, wie es auch nicht richtig ist, sich nur auf das Handeln zu verlegen, also ein »Macher« zu sein und das Erleben zu vernachlässigen.

Schöpferisches Erleben führt zu schöpferischem Handeln, eine Phase intensiver Erlebnisse sollte abgelöst werden von einer Phase intensiven Handelns und umgekehrt. Der schöpferische Mensch nimmt intensiv über die Sinne Erleben auf; er gewinnt Eindrücke, die seelisch und geistig verarbeitet werden und zum Ausdruck führen. Eindruck und Ausdruck müssen im Gleichgewicht zueinander stehen. Ich beobachte häufig Menschen, die viele Eindrücke in sich aufnehmen, aber nicht in der Lage sind, ihre Eindrücke durch Ausdruck wieder aus ihrer Seele herauszubefördern. Der seelisch-geistige Prozeß ist ein Eindruck-Ausdruck-Vorgang. Der Mensch besitzt ein Bedürfnis nach Eindrücken, aber auch ein Bedürfnis danach sich auszudrücken. Fehlende Erlebnisse führen zur verstärkten Traumarbeit, wie wissenschaftliche Untersuchungen gezeigt haben. Wenn Eindrücke fehlen, produziert das Gehirn Halluzinationen. Sind dagegen genug Erlebnisse vorhanden, fehlt aber die Ausdrucksmöglichkeit, führt das zur Muskelanspannung, zur Depression oder Aggression. Depression ist ein Zeichen von Ausdrucksblockierung und Aggression ein Zeichen von Ausdruckswut bei fehlender Ausdrucksbefriedigung.

Der Mensch lebt erst dann schöpferisch, wenn er hellwach ohne innere Hemmung sich dem Erleben, dem aktuellen Eindruck hingibt und den Eindruck in Ausdruck umwandeln kann. Deshalb ist das Gespräch für die psychische Gesundheit so überaus wichtig. Es muß mitgeteilt, also ausgedrückt werden können, was erlebt wurde. Erst wenn Eindruck und Ausdruck stattgefunden haben, sich der Kreislauf dieser Einheit geschlossen hat, ist der Mensch ohne Spannung, also mit sich selbst und der Welt zufrieden.

Zu empfehlen ist, sich auch künstlerischer Ausdrucksmittel zu bedienen. Jeder sollte singen (Stimmenausdruck), tanzen (Körperausdruck), schreiben (geistiger Ausdruck), malen (visueller Gestaltungsausdruck), musizieren (akustischer Ausdruck), Theater spielen (sozialer Ausdruck). Deshalb wurden alle Ausdrucksarten in die Psychotherapie mit aufgenommen, weil Ausdruck Seele und Geist erleichtern, von den Eindrücken wieder befreien. Eindrücke werden zu Ballast, wenn sie nicht durch Ausdrucksumwandlung aus der Seele wieder hinausbefördert werden können. Ausdruck ist die seelische Verdauung, in der wir uns von seelischem Ballast wieder befreien, um wieder frei und offen für neues Erleben zu sein. Wenn dieser »seelische Stuhlgang« nicht stattfindet, wird der Mensch bedrückt, depressiv und er erkrankt an diesem Ballast. Die Bedeutung des seelischen Ausdrucks für die psychische Gesundheit im Alltag wurde bisher noch nicht genügend erkannt. Ein

Mensch ist erst dann wirklich glücklich und gesund, wenn er das Gleichgewicht zwischen Eindruck und Ausdruck erreicht hat.

Wir sollten also das Schwergewicht nicht zu sehr auf Eindrücke, auf Konsum von primären oder sekundären Erlebnissen (Film und Fernsehen) legen, sondern auch den schöpferischen Ausdruck fördern. Wir haben eine »Erlebnisvermittlungsindustrie«, aber keine gleichwertige Ausdrucksindustrie.

Lebenskunst heißt, Erleben und Ausdruck in gleicher Weise zu berücksichtigen. Ein Erlebenskünstler sollte gleichzeitig auch ein Ausdruckskünstler sein. Kunst darf nicht in Ausdrucksmuseen erstarren, sondern sie muß täglich lebendig geschehen, denn jeder ist durch seinen persönlichen Ausdruck ein gestaltender Künstler, wir müssen den Ausdruck genauso wichtig nehmen wie den Eindruck, erst dann kann der Mensch wirklich schöpferisch und flexibel mit sich selbst, seinen Fähigkeiten und den Mitmenschen umgehen, erst dann ist Lebensfreude möglich, wenn Eindruck und Ausdruck miteinander in Einheit verbunden sind.

Sensitivität statt Selektivität

Die Wirklichkeit wird über die Sinne erfahren, die Pforten der Wahrnehmung. Sinnliche Offenheit und Aufgeschlossenheit sind deshalb von großer Bedeutung; ich bezeichne die Offenheit der Sinne als Sensitivität. Wir müssen genau und wach beobachten, was geschieht, und dürfen nicht durch die Abwehrtechniken in eine »selektive Wahrnehmung« verfallen. Selektive Wahrnehmung filtert nur das heraus, was angenehm ist und ins eigene Lebenskonzept paßt, und verschließt sich gegenüber Wahrnehmungen, die nicht in das augenblickliche Konzept hineinpassen.

Ein Beispiel: Herr M. unterhält sich mit einem Kollegen, der für einen außenstehenden Betrachter gereizt, leicht aggressiv und ironisch wirkt, aber Herr M. nimmt die Signale nicht objektiv zur Kenntnis, sondern überhört und übersieht sie, weil er von dem Konzept ausgeht, daß er ein harmonisches Verhältnis mit den Kollegen anstrebt. In diese Harmonieerwartung paßt das Verhalten des Kollegen nicht hinein. Herr M. lügt sich darüber hinweg, indem er die Signale übersieht und ganz bewußt hierauf nicht klar und deutlich reagiert.

In neutraler Wahrnehmungsoffenheit (Sensitivität) sind die Signale deutlich zu erkennen, und es wäre angebracht, nach dem Realitätsbild zu handeln. Durch selektive Wahrnehmung wird die Bedeutung der Signale unterdrückt, und aufgrund des Harmoniekonzepts werden sie verschwommen und nicht in voller Deutlichkeit zur Kenntnis genommen. Es wird selektiv nur das gesehen, was man sehen möchte, und nicht das, was man bei objektiver Betrachtung sehen müßte. Unangenehme Wahrnehmungen werden »übersehen«, und ins Konzept passende angenehme Wahrnehmungen werden besonders beachtet.

Selektive Wahrnehmung findet oft im Ehealltag statt. Das Konzept der Ehe beinhaltet die unausgesprochene Vereinbarung: »Wir leben zusammen, weil wir uns lieben.« Signale von Lieblosigkeit werden dann übersehen und entschuldigt und Signale von Zuneigung und Zärtlichkeit überbewertet. »Sie hat sexuellen Kontakt zu mir gesucht — also liebt sie mich noch.« »Er hat Eifersucht auf einen Berufskollegen gezeigt — also liebt er mich noch.« »Sie hat mich vor Bekannten lächerlich gemacht — das war bloße Situationskomik.« »Er hat mich angebrüllt und mit haßerfüllten Augen angeblickt — das lag daran, weil er im Büro so viel Streß hat und überreizt ist.«

Sensitivität heißt, die Realität ohne Erwartungskonzept so zu betrachten, wie sie sich wirklich darstellt, heißt das sehen, hören und fühlen, was im Moment wirklich geschieht. In Sensitivität erkenne ich meine Aggressivität als Aggressivität, also etwas Negatives als etwas Negatives, ohne es durch Entschuldigungen nach meinen Erwartungen zu verändern.

Oft verhalten sich die Menschen durch die selektive Wahrnehmung wie blind oder taub: sie nehmen die Wirklichkeit wie im Traum wahr und können sich nach einem Ereignis nicht mehr erinnern, was wirklich geschah. Sie fragen dann: »Was hat er gesagt? Hat er das wirklich gesagt? Das glaube ich nicht. Das habe ich überhaupt nicht mitbekommen.«

Wenn Heraklit schreibt: »Kaltes wird warm, Warmes wird kalt«, will er damit sagen, daß sich die Verhältnisse ändern. Selektive Wahrnehmung heißt dagegen, Warmes immer noch als warm wahrzunehmen, auch wenn es schon längst kalt ist. Wir suchen die Liebe, so sie längt erkaltet ist, wenn das Denken wünscht, daß die Liebe sich nicht verändert. Sensitivität heißt, die Veränderung wahrzunehmen, auch wenn sie nicht in mein Denkkonzept paßt. Liebe wird wahrgenommen, wenn sie da ist, und Lieblosigkeit wird genauso beobachtet, wenn sie sich zeigt. »Feuchtes trocknet, und Trockenes wird feucht«, sagt Heraklit. Wir dürfen uns nicht darauf versteifen, daß das Feuchte von gestern heute gleichfalls feucht ist. Er möchte darauf hinweisen, daß wir zur Kenntnis nehmen sollen, wenn das Feuchte heute trocken ist, denn wir steigen zwar immer wieder in dieselben Flüsse, »und tun es doch nicht.«

Die Sensitivität muß realitätsbezogen sein, damit wirkliche Erkenntnis besteht, denn erst durch realitätsbezogene Erkenntnis kann richtiges Handeln erfolgen. Selbstentfaltung ist mit Sensitivität und Erkenntnis eng verknüpft. Selbstentfaltung heißt Handlung und Aktivität aus dem Kern des Selbst heraus. Wenn die Eindrücke falsch sind, muß der Ausdruck, also die Aktivität auch falsch sein. Nur aus Sensitivität heraus kann sich richtige Aktivität entfalten. Sensitivität als Erkenntnis dessen, was wirklich geschieht, bedingt eine Aktivität, die in Einklang steht mit der Erkenntnis; ich bezeichne diese Aktivität als *Aktivnis*. Sensitivität als Erkenntnis macht erst erkenntnisbewußtes Handeln möglich.

Handlungen sind erst dann richtig, also im Einklang mit der Realität, wenn sie aus der Sensitivität und Erkenntnis geboren werden — dann wird bloße Aktivität zur Aktivnis, dann werden Erkenntnis und Aktivität eins. Die Einheit von Wahrnehmung und Handlung führt zur Selbstentfaltung. Wenn Erleben und Ausdruck ineinander überfließen, in sich wahr und aufrichtig sind, erst dann ist das Selbst mit der Wirklichkeit im Einklang.

Das ist nicht schwer zu verstehen: Wenn in meinem Zimmer Feuer ausbricht, sehe ich das Feuer; ich erkenne, daß es kein Traum ist, es ist wirklich Feuer, und ich springe auf, um das Feuer zu löschen, das ist Aktivnis, Sensitivität und Aktivität stehen miteinander in Einklang, es klafft keine Distanz zwischen Wahrnehmung und Handlung. Die Wahrnehmung ist klar und bedingt eine klare Aktivität, kein störendes Konzept steht selektierend dazwischen. Ich erkenne die Gefahr als Gefahr und deute sie nicht als unterhaltenden Hokuspokus. Meine Selbstentfaltung ist in Einklang mit der Realität der Wahrnehmung. An diesem drastischen Beispiel wird klar, was Bewußtheit, Klarheit der Wahrnehmung und Sensitivität in Verbindung mit dem Handeln sind.

Verfälschung entsteht, wenn sich das Denken dazwischenschaltet. Das Denken, das Konzepte, Ideen, Philosophien und Luftschlösser aufbaut, unterbricht den elementaren Kontakt zwischen Eindruck und Ausdruck.

Sensitivität sollte also ohne Denkkonzept, ohne Philosophie in Aktivnis übergeführt werden. Wir müssen sensitiv sein, damit wir in jedem Augenblick das Richtige tun und Selbstentfaltung geschieht. Das Denken mag dazwischengeschaltet sein, wenn es darum geht, eine Rechenaufgabe zu lösen. Im Kontakt mit der Wirklichkeit gibt es aber kein intellektuelles Problem. Die Wirklichkeit erfordert klares Sehen dessen, was ist, und klares Reagieren auf das, was ist. Es geht dann nicht darum, was *sein sollte.* Das Denken beschäftigt sich allzu gerne mit dem, was sein sollte, und übersieht das, was wirklich ist. Es zählt aber das, was ist, und nicht das, was sein sollte. Wer das sehen möchte, was sein sollte, mag sich in die Welt des Traums zurückziehen, aber er sollte sich dessen bewußt sein, daß er träumt. Die Realität schafft Tatsachen, ohne Rücksicht auf unsere Überlegungen für das, was sein sollte. Die Tatsachen sind zu erkennen, das führt zu Erkenntnis und Erleuchtung. Nicht die Träume sind in der Wirklichkeit zu suchen, das ist Phantasterei und das Gegenteil von Erleuchtung, also Verdunkelung der Realität. In Verdunkelung ist keine Selbstentfaltung möglich, das sollte eigentlich ein-»leuchten«.

Die Realität aus»schöpfen«

Selbstentfaltung ist die Entfaltung der eigenen Person, nicht im Sinne eines vorgegebenen Persönlichkeitsprogramms, sondern in Freiheit von Augenblick zu Augenblick. Das schöpferische Potential des Menschen entfaltet sich nur in Freiheit nicht unter Zwang oder Druck. Wer sich selbst aus der Enge von vermittelten Denkkonzepten entläßt, findet zur eigenen schöpferischen Kraft.

Diese schöpferische Kraft befindet sich in jedem Menschen, wenn er bereit ist, ihr zu vertrauen. Die Erziehung vermittelt durch Tadel und Strafe das Mißtrauen gegenüber dem eigenen Selbst, und man versucht deshalb, das durch Erziehung vermittelte Konzept zu verinnerlichen und zu imitieren, aus Angst vor der eigenen Unzulänglichkeit, mit dem Ergebnis, daß man den inneren Schatz der schöpferischen Kräfte übersieht oder gar davor flieht.

Die schöpferischen Kräfte können sich dann entfalten, wenn das Erleben sensitiv ist und der Ausdruck damit in unmittelbarer Verbindung steht, wenn Erleben und Handeln eine Einheit bilden, also Aktivnis besteht. Schöpferische Kräfte sind die Energien, die das Handeln vom bloßen Reagieren zum wirklichen Handeln machen. Ein »gut erzogener« Mensch reagiert in angepaßter Weise, wie man es ihn lehrte. Reagieren ist keine schöpferische Aktivität, sondern Reproduktion oder Imitation. Schöpferisches Handeln ist vitales Handeln aus der bestehenden Situation heraus, dieses Handeln ist eine Gestaltung des Augenblicks, wobei nicht etwas Künstliches auf die Wirklichkeit aufgepfropft wird, sondern die Wirklichkeit selbst lebendig das Handeln bestimmt. Die schöpferischen Kräfte entfalten sich dann, wenn das Handeln von der Sensitivität bestimmt wird. Der sinnliche Eindruck wird in den Ausdruck des Handelns mit einbezogen, in diesem Moment ist Selbstentfaltung möglich.

Wenn der Fischer mit dem Netz im Wasser steht, beobachtet er die Fische, und er läßt das Netz ins Wasser fallen, wenn die Sensitivität die Aktivität nahelegt. Seine Handlung ist nicht von den Sinnen entfremdet, und die Sinne sind nicht unabhängig von der Handlung; es gibt keine Spekulationen, und kein Teil tappt im Dunkeln. Die Sinne machen sich über das Denken nichts vor, und das Handeln geschieht nicht unabhängig von den Sinnen als eine automatische Handlung, die nicht im Einklang mit der Wirklichkeit stehen würde.

Angst und Aggression sind, wie beschrieben, so hinderlich für die Selbstentfaltung, weil sie die Wirklichkeit verzerren. Angst verführt zu selektivem Sehen oder zum Sehen von »Gespenstern«, Aggression führt zu Handlungen, die nicht angebracht wären. Ein aggressiver Mensch reagiert auch gereizt und aggressiv, wenn gar kein Grund dafür besteht. Der Ehemann schnauzt seine Ehefrau an, wenn er Ärger im Büro hatte; dieses Verhalten ist unschöpferisch und keine gelungene Selbstentfaltung.

Wir müssen uns entspannt in Vertrauen auf die Tiefe unserer Person, auf unsere Lebendigkeit einlassen, damit Selbstentfaltung geschehen kann, damit das Verhalten in Einklang mit der Wirklichkeit steht. Wenn die Wirklichkeit erfordert, daß ich meinen Standpunkt, meine persönliche Auffassung erkläre, dann ist das keine Aggression. Wenn mich jemand mit dem Beil angreift und ich diesen Angriff abwehre, dann ist das kein aggressives Verhalten. Wenn ich jedoch aus Angst davor, nicht akzeptiert zu werden, andere Menschen kritisiere oder verbal zu verletzen versuche, dann ist das Aggression.

Die Abwehr eines Angreifers geschieht als schöpferische Handlung, in Einklang mit der Realität. Aggressives Kritisieren und Herabsetzen der Mitmenschen ist keine schöpferische Handlung, die im Einklang mit der Realität steht. Das Schöpferische kann sich entfalten, wenn ich in Vertrauen zu mir selbst, mich auf mein Selbst verlasse, dann geschieht die Handlung aus der Mitte meiner Person heraus, ich bin im Einklang mit mir und der Welt, ich entfalte mich in schöpferischer Weise, ich schöpfe aus mir, aus dem frischen Reservoir der Lebendigkeit.

»Alles kommt zu seiner Zeit« sagt Herklit. Wer sich selbst entfaltet, schöpferisch aus seiner Mitte heraus, steht nicht unter Zeitdruck, denn er spürt, daß nichts zu erzwingen ist; daß sich alles so entwickelt und entfaltet wie es für den Augenblick richtig ist. Wenn das Haus brennt, sollte man nicht nach der Nummer des Versicherungsscheins suchen. Es ist viel wichtiger, alles zu seiner Zeit zu tun, zur richtigen Zeit, nicht früher und nicht später.

Zur richtigen Zeit zu handeln, geschieht mühelos, ohne übertriebenen Energieaufwand. Zur falschen Zeit das intellektuell Richtige zu tun, ist unschöpferisch und mühsam, es wird Energie verbraucht, die an anderer Stelle sinnvoller einzusetzen wäre. Wer beim Fischen über das Jagen der Elche nachdenkt, verschwendet wertvolle Kraft und er verliert an Bewußtsein, die der Augenblick benötigt; er verpaßt die Zeit, die jetzt die ganze Person erfordert.

Wer liebt, sollte jetzt lieben, nicht die Liebe auf einen späteren Zeitpunkt verschieben. Wer die Zeit der Liebe in einer konkreten Situation verpaßt, kann sie später nicht herbeizaubern, weder mit Geld noch mit Intelligenz. Alles kommt und geht zu seiner Zeit. Das Denken versucht die Zeit vorwegzunehmen oder sie hinauszuschieben, aber das ist unschöpferisch. Das Leben geht in seiner Lebendigkeit darüber hinweg. Wer den Augenblick voll aus»schöpft«, ist wirklich schöpferisch, nämlich in Einklang mit sich und den Ereignissen, das Bewußtsein ist ungetrübt und frisch.

Selbstentfaltung heißt nicht, etwas Besonderes zu sein

Die Beschreibung der Zusammenhänge von Angst, Aggression und Destruktion zeigte den Weg in die Selbstentfremdung; die Beschreibung von Sensitivität, Aktivnis und Bewußtheit machte den Weg zur Selbstfindung deutlich. Wer sich ganz in die Sensitivität begibt und das Denken von Lebensphilosophien, Morallehren, Ideologien, Erziehungsregeln und durch die Sozialisation vermittelte Lebensmaximen leermacht, wird frei für die Konzentration auf das eigene Selbst, er läßt alle Abwehrtechniken und Lebenslügen los und erfährt auf diese Weise unmittelbar sich selbst, das ist der Weg in die Individualität; der Schweizer Psychoanalytiker C. G. Jung gebrauchte den Begriff Individuation.

Selbstwerdung ist nur möglich durch Loslassen alles dessen, was Anpassung oder Imitation ist. Individualität ist Eigenständigkeit, Autonomie des Denkens, Fühlens und Handelns von vermittelten Richtlinien. Individualität heißt Losgelöstheit von gesellschaftlichen Rollenklischees und so sein, wie man ist, auch wenn man anders empfindet als die anderen und anders handelt als die anderen erwarten.

Anders sein, kann auch ein Kokettieren sein mit der Rolle des Außenseiters. Wer sich durch »Individualität« interessant machen möchte, strebt nicht nach wirklicher Individualität, sondern er möchte nur »etwas Besonderes« sein. Wer Individualität als gesellschaftliche Außenseiterrolle anstrebt und nach außen hin demonstrativ dokumentiert, ist nicht auf dem richtigen Weg.

Individuation bedeutet nicht, etwas Besonderes zu werden. Wer sich von seinen Mitmenschen distanziert und etwas Besonderes sein will, strebt in Wahrheit nicht nach wirklicher Individualität, sondern danach, durch seine Besonderheit aufzufallen und dadurch Anerkennung zu erhalten.

Wer etwas Besonderes sein will, ist entweder aggressiv, er möchte die anderen durch sein Anderssein schockieren, oder er ist ehrgeizig und möchte durch seine Sonderstellung über andere dominieren, oder er ist geltungssüchtig, möchte auffallen, beachtet werden und für seinen Mut, anders zu sein, Beifall erhalten. Vor allem junge Künstler verfallen dem Reiz, durch Besonderheit aufzufallen, um beachtet zu werden. Der Grundgedanke ist richtig: Erfolg ist nicht möglich durch Anpassung und übliches Verhalten; von einem Künstler wird etwas anderes, etwas Besonderes erwartet. Wenn Besonderheit jedoch als Besonderheit angestrebt und kultiviert wird, ist der Weg in die echte Individualität verfehlt. Die Besonderheit wird angezogen wie ein Kostüm, aber sie ist dann nur eine Maske oder Masche. Die Autonomie muß authentisch sein, sie darf nicht einem Ehrgeiz entspringen.

Selbstentfaltung und Individualität gelingen nicht mit Vorsatz. Ein Kontrast zur Norm ist noch keine Individualität. Wenn der Normalbürger unkommunikativ ist, dann verhält sich der Nonkonformist besonders kommunikativ. Wenn die Gesellschaft besonders religiös ist, wird das Kontrastbild der Gotteslästerung dargestellt. Wenn die Gesellschaft konsum- und besitzorientiert ist, dann wohnt der Nonkonformist in einer Wohnung, die mit Apfelsinenkisten möbliert ist, er trägt eine abgeschabte Jeanshose, die möglichst zehn Jahre alt ist, er wäscht sich einmal im Monat mit Kernseife und brüstet sich damit, daß er nichts besitzt und alles teilt. Er gebärdet sich als Bürgerschreck, als Nonkonformist, in provozierender Weise, aber er ist nicht wirklich frei. Das Gegenbild ist nicht frei, weil es sich an einem vorgefundenen Schema orientiert. Das Gegenbild ist genauso zwanghaft wie das Rollenbild. Wenn der Bürger ein Neurotiker ist, ist der Nonkonformist (der Gegenbürger) auch ein Neurotiker. Wer auf »die Spießbürger« schimpft und den Spießbürgerschreck spielt, ist kein Individualist; er hat zwar das Falsche als falsch erkannt, aber hat nicht das Richtige aus dieser Erkenntnis gemacht. Das Gegenbild des Konformismus ist nicht automatisch gelungene Selbstentfaltung, der Schritt in eine Gegenkultur ist nicht der Sprung in die Individuation.

Wer in abgewetzten Jeans und Parka an der Theke steht und stolz darauf ist, keinen Mercedes zu fahren, sondern eine Ente, wer auf die »Geldsäcke des Systems« schimpft aber insgeheim hofft, durch sein Anderssein eine »Alternativkarriere« als Alternativunternehmer mit einem Alternativladen zu schaffen, ist nicht anders als die anderen, er benutzt nur eine andere Tür zum gleichen Ziel. Es geht in der Selbstentfaltung nicht darum, etwas Besonderes zu sein, sondern das ganz Alltägliche ganz gewöhnlich zu leben. Es darf keine Angst vor dem Normalen und Gewöhnlichen und Einfachen bestehen. Wer das Einfache kompliziert macht, strebt das Besondere an, er stilisiert das Einfache zu etwas Besonderem, um sich dadurch zu profilieren.

Der Individualist, der sich selbst entfaltet, möchte sich nicht profilieren, er will im Gegenteil ganz einfach nur er selbst sein, ganz offen und ehrlich derjenige, der er ist, ohne eine angepaßte oder nonkonformistische Rolle spielen zu müssen.

Ich beobachtete immer wieder, daß individuelle Menschen, die sich selbst gefunden haben, unauffällig auftreten, weder besonders »geschmackvoll« noch »ausgeflippt« gekleidet sind, weil sie auf Äußerlichkeiten dieser Art überhaupt keinen Wert legen, weil ihnen das aus tiefstem Herzen unwichtig ist. Sie wollen nicht auffallen, weder durch Eleganz noch durch ein

Gegenbild der Eleganz. Sie drängen sich nicht danach, zu Wort zu kommen, und ihre Sprache ist einfach; sie versuchen nicht krampfhaft, intelligent zu erscheinen, und sie wollen auch nicht das Gegenbild in Form einer proletarischen Vulgärsprache aufbauen. Sie suchen nicht den Status der Angepaßten, Erfolgreichen und auch nicht den Gegenstatus des Vulgärnonkonformisten. Der Individualist drückt sich einfach und ehrlich so aus, wie er in der momentanen Situation fühlt, er redet so schnell und so langsam, so intellektuell oder so unbeholfen, wie es der Moment ergibt, er ringt um Worte, ohne Rücksicht auf Effekte, ohne auffallen zu wollen.

Er will weder klug noch dumm erscheinen, diese Bewertungen sind ihm nicht wichtig, weil er auf den Inhalt achtet und nicht auf die Verpackung. Individualität ist keine Frage der Verpackung, sondern ein Problem der Nähe zu sich selbst, also der Ehrlichkeit und Wahrhaftigkeit. Das Einfache mag mitunter schwierig und kompliziert erscheinen, aber es ist nie kokettierend einfach. Ehrlichkeit ist Herzlichkeit, Besonderheit dagegen ist Stilisierung und Geltungssucht. Ehrlichkeit ist deshalb nie verletzend, sondern immer warm, weil immer liebevoll gemeint, wogegen »Ehrlichkeitsfanatiker« aggressive Menschen sind, die ihre Aggressivität durch die positive Aufwertung »Ehrlichkeit« tarnen wollen.

Selbstentfaltung und Liebe

Das Kind, das sich sensitiv der Umwelt gegenüber aufschließt, lernt zu lieben, ohne entwickelte Sexualität. Die Liebesfähigkeit und Bereitschaft zur Liebe bildet sich schon sehr früh heraus. Das Kind lernt die Liebe nicht nur durch Zuneigung zu den Eltern. Natürlich erleichtern liebevolle Eltern die Entwicklung der Liebesfähigkeit, weil das Kind sich dann geborgen fühlt und nicht gegen Angst und Aggression ankämpfen muß.

Das Kind beobachtet genau, wie die Eltern miteinander umgehen, und es spürt die gegenseitige Zuneigung, Gleichgültigkeit oder Abneigung. Die Kontaktweise ist ein Modell für die Kommunikation, wen sie kämpferisch ist, wird sich das Kind gleichfalls auf Kampf einstellen, wenn sie aber harmonisch und voll gegenseitiger Zuwendung ist, wird sich das Kind vertrauensvoller aufschließen, Gefühle zeigen und sich Eltern, Geschwistern und Spielkameraden unvoreingenommen und herzlicher zuwenden.

Das Kind entdeckt die Liebesfähigkeit bei sich selbst, wenn es den Wunsch verspürt, sich in Zuwendungsbereitschaft zu öffnen. Allgemein ausgedrückt: Wenn sich das Kind in Ruhe und innerer Ausgeglichenheit einer Sache oder einem Menschen mit allen Sinnen und allem Verstehen in Zuwendung annimmt, dann entdeckt es in sich die Atmosphäre der Liebe. Es kann die eigenen Eltern nur dann lieben, wenn es sich ihnen in dieser Offenheit zuwenden kann und nicht zurückgestoßen wird. Das Kind bringt bei Geburt nicht automatisch »Elternliebe« als Naturgesetz mit, sondern nur eine Bereitschaft als Gabe, die jedoch durch das Verhalten der Eltern gesteuert werden kann. Von viel größerer Bedeutung ist für die Psyche des Kindes, geliebt zu werden, als selbst zu lieben. Die Fähigkeit zu lieben muß sich erst langsam entfalten.

In einer Atmosphäre der Angst vor Strafe und Tadel verschließt sich das Kind, es probiert die Aggression aus, um die Liebe der Eltern zu testen. Angst und Aggression sind die stärksten Widersacher der Seele, denn Angst verengt die Wahrnehmung, und Aggression schränkt die Handlungsfähigkeit ein. Liebesbereitschaft ist zwar bei jedem Kind vorhanden, aber die Entwicklung zur Liebesfähigkeit muß erst erfolgen.

In der Pubertät reift die Sexualfunktion aus. Der Mensch wird geschlechtsreif, also fortpflanzungsfähig, um seine biologische Aufgabe zu erfüllen, aber er wird damit nicht automatisch psychisch liebesfähig. Liebe und Sexualität sind voneinander zu unterscheiden. Sexualität kann ohne Liebe als reine Aktion ausgeübt werden, sie ist ein physisches Ausdrucksmittel, das auch ohne Liebe funktioniert. Ich möchte damit sagen, daß ein sexuell ausgereifter Mensch nicht automatisch auch liebesfähig ist. Die Bezeichnung »Liebe machen« für sexuelle Betätigung ist falsch. Liebe kann man nicht machen, sondern nur als seelisches Geschenk erleben. Wenn die Liebesfähigkeit voll entwickelt ist, steht die Liebe im Vordergrund, und die Sexualität folgt als körperlicher Ausdruck bereichernd nach. Sexualität erzeugt keine Liebe, aber Liebe verschönt und steigert die Sexualität. Sexualität ist ein physisches Geschehen, während Liebe ein psychischer Vorgang ist. Wenn beide Bereiche voneinander getrennt sind, besteht Gespaltenheit im Körper und Seele, wenn beide sich vereinen, wird die Spaltung aufgehoben. Das Erlebnis der Einheit ist beglückend und befriedigend, während Spaltung unbefriedigend ist. Wer nur nach Liebe strebt und Sexualität (z. B. als etwas Schmutziges) abspaltet, wird nicht glücklich werden, wer nur nach sexueller Triebbefriedigung sucht, ohne Beteiligung der Seele (ohne Liebe) wird gleichfalls nicht glücklich sein, weil Körper und Seele nicht in Einklang miteinander stehen.

Die beiden Teile Körper und Seele sind dennoch nicht gleichgewichtig zu sehen. Das Seelische besitzt eine größere Bedeutung als das Physische, besonders für den körperlich ausgereiften, erwachsenen Menschen. Wenn die körperliche Entwicklung abgeschlossen ist, wird der Körper stärker durch die Seele bestimmt als die Seele durch den Körper. Die Seele steuert den Körper und nicht umgekehrt, obwohl beide Teile eine Einheit sind. Die seelische Liebesfähigkeit ist für die Ausgeglichenheit und das Glückserleben von größerer Bedeutung als die körperliche Geschlechtsreife. Das Körperliche ist in ausgereifter Form vorhanden, aber was damit geschieht, hängt von der Psyche ab. Ein ausgereifter Körper ohne Seele ist ein Roboter. Der Körper ist die Basis, der Resonanzboden, aber das Lied, das auf diesem Körper erklingt, wird von Geist und Seele gespielt.

Sexualität entspringt der Biologie des Körpers, Liebe aber entspringt der Seele. Die Seele gestaltet das Leben mit Hilfe des Körpers, der Körper ist das Material, der Ton, aus dem der Schöpfer Seele, das Kunstwerk, die Persönlichkeit gestaltet.

Die Liebesfähigkeit macht die körperliche Sexualität erst schön und beglückend. In der Liebesfähigkeit liegt die Selbstentfaltung verborgen, nicht in der Sexualfunktion. Was ist Liebesfähigkeit, was ist diese seelische Energie, der der Körper als Werkzeug zur Verfügung steht?

Ein Tier muß sich über diese Vorgänge keine Gedanken machen, denn es lebt in körperlich-seelischer Einheit. Der Mensch ist durch seine Gehirnentwicklung aus dieser Einheit herausgefallen, ihm ist die Spaltung bewußt, und er kann dieser Spaltung zum Opfer fallen. Der Mensch muß nach Bewußtwerdung der Spaltung wieder zur Einheit zurückfinden. Was ist Liebesfähigkeit? Sie ist das Öffnen der Sinne, entgegen aller Angst. Sensitivität, als Offenheit der Sinne führt zur Zuwendung. Ich gebe mich der Zuwendung hin ohne Barrieren der Angst und Aggression. Ich gehe durch die Landschaft und betrachte die Blumen, Gräser und Bäume, in dieser offenen Sensitivität offenbart sich die Liebe für die Natur. Ich treffe auf Menschen und betrachte ihre Gesichter, ihre Verhaltensweisen, und in dieser offenen Sensitivität offenbart sich die Liebe für den Menschen. Das Geheimnis der Liebe liegt in dieser Zuwendung, in diesem sensitiven Aufnehmen des anderen, das Fremde wird vertraut und wandelt sich um in Sympathie und Liebe. Liebe ist das Phänomen der positiven Aufnahme. Je mehr ich bereit bin, das Fremde aufzunehmen, um so mehr kann ich es lieben. Liebe ist Aufnahme von Energie, und damit ist das Problem von Nehmen und Geben gelöst. Wer nehmen will, spaltet sich vom Geben ab, und blockiert damit die Liebesfähigkeit. Wenn Liebe Aufnahme von Energie ist, dann ist damit das Bekommen eingeschlossen. Lieben heißt, sich zuwenden und durch Zuwendung etwas bekommen. Wer das Gefühl der Liebe in sich fühlt, hat bereits genug bekommen, Energie ist in ihn eingeströmt und hat die Liebe erzeugt. Wer liebt, ist reich beschenkt, er muß nicht darüber hinaus nach mehr suchen. Die Liebesfähigkeit selbst ist das Geschenk, Liebe wurde erzeugt, das genügt. Wer nun das, was er liebt, auch noch besitzen will, will zuviel. Man kann nicht besitzen, denn alles verändert sich.

Wenn du einen Menschen liebst, dann liebst du ihn in Freiheit, aus dem sensitiven Augenblick heraus. Wenn du ihn besitzen willst, kannst du ihn nicht mehr so sehen, wie zuvor. Die Blaumeise, in Freiheit betrachtet, ist eine andere Meise, als der gefangene Vogel im Käfig. In freier Selbstentfaltung ist der Vogel schön und ein lebendiges Ereignis, im Käfig aber ist er gedemütigt. Die Blaumeise in Freiheit rührt die Seele positiv an, sie macht mich glücklich, im Käfig aber macht sie mich traurig.

Sensitivität erfüllt mich mit Energie der Liebe, aber der Besitz dieser Energie als Konserve ist nicht möglich. Ich kann »die Meise« nicht besitzen.

Der Weg aus dem Dilemma zwischen sensitiver Liebe und Besitz ist das Aufgeben jeglichen Besitzes. Wir dürfen das, was wir lieben und so gerne besitzen wollen, nicht in Besitz nehmen, wie wir auch selbst nicht in Besitz genommen werden wollen von denen, die uns lieben. Wenn wir nach Selbstentfaltung streben und Liebe entfalten wollen, dürfen wir nicht die Selbstentfaltung eines anderen und seine Liebe beeinflussen. Liebe ist ein Geschenk des Moments, sie ist psychisch nicht konservierbar. Das widerspricht dem Ideal: Den *Einen* kennenlernen, ihn lieben und mit ihm bis in den Tod in Liebe alt werden. Das ist eine bezaubernde, romantische Vorstellung des Denkens. In dem einen Moment der Liebe, in dem Ewigkeit und Erfüllung herrscht, ist das eine glückselige Vorstellung, weil alles eins ist, weil Ewigkeit aufblitzt, aber diese kurze mystische Verbindung mit dem Kosmos bleibt nur einen Moment erhalten, der eine Vorstellung von einer anderen Dimension vermittelt.

Ewigkeit besteht auch im Auf und Ab, im Rhythmus von hell und dunkel, jetzt und jetzt nicht, Hunger und Sättigung, Spannung und Entspannung. Wenn Entspannung besteht, scheint die Spannung weit weg und wenn Spannung besteht, erscheint die Entspannung unerreichbar. Wenn die Liebe besteht, scheint Gleichgültigkeit nicht möglich, und doch wechseln sich beide ab. Liebe zu dem Einen ist nicht durchzuhalten, sie darf nicht zum Ideal werden. Wenn ich Liebe zum Ideal stilisiere, schlägt sie um in Haß, und wenn ich ganz tief dem Haß verfallen bin, stelle ich fest, daß ich den Menschen, den ich hasse, wieder liebe. Liebe darf kein Ideal sein, und aus dem Haß sollte ich kein Prinzip machen. Was ich liebe, werde ich hassen, wenn daraus Enge wird, und was ich hasse, hasse ich nur, weil ich es liebe.

Die Liebe darf nicht auf ein Einzelding oder Individuum beschränkt sein. Die Liebe hat nur einen Sinn, wenn sie liebende Einstellung ist, Liebesfähigkeit, in absoluter Freiheit. Je mehr ich liebe, desto mehr sollte ich fähig sein, das, was ich liebe, loszulassen, und je mehr ich geliebt werde, desto mehr muß ich das Gefühl haben, gelassen zu werden. Andere loszulassen und selbst losgelassen zu sein, das ist das höchste Maß an Erfüllung und Glückseligkeit. Selbstentfaltung heißt, mich von den anderen zu entfernen, um ihnen dadurch in Freiheit näher zu kommen. Fremde Menschen können sich deshalb im Augenblick oft näher sein als Vertraute, die sich jahrzehntelang kennen und gegenseitig in Besitz genommen haben.

Der Sinn von Introversion und Extraversion

Die Persönlichkeitsforschung unterscheidet zwei Persönlichkeitstypen, den extravertierten und introvertierten Menschen. Der Extravertierte ist kontaktoffen, er geht mit Initiative auf seine Mitmenschen zu, er zeigt seine Gefühle, packt Probleme mit Aktivität an, er liebt die Geselligkeit und die Möglichkeit, sich auszudrücken, er diskutiert gerne, tanzt und zeigt seine Stimmungen; wenn er fröhlich ist, lacht er ungehemmt und laut, wenn er traurig ist, schämt er sich nicht seiner Tränen und wenn er wütend ist, macht er keinen Hehl aus seinem Ärger. Der extravertierte Mensch ist der Umwelt zugewandt, er schließt sich auf und drückt das auch sichtbar aus. Er betätigt sich gerne selbständig unternehmerisch, er muß immer aktiv sein und strebt danach, sich nach außen sichtbar zu verwirklichen.

Der Introvertierte ist der Gegenpol der Extraversion, er ist nicht sehr kontaktaktiv, er zeigt seine Gefühle nur ungern und wirkt deshalb in sich verschlossen und selbstbeherrscht. Wenn er fröhlich ist, wirkt seine Fröhlichkeit verhalten und kontrolliert, wenn er traurig ist, versucht er diese »Mißstimmung« zu verbergen. Ärger und Wut unterdrückt er, denn er möchte vor allem sachlich und emotionslos erscheinen. Der Introvertierte betätigt sich nicht gerne in Berufen, die Aktivität und Dynamik erfordern, er widmet sich lieber Tätigkeiten, die Geduld, Genauigkeit, Ruhe und innere Stille ermöglichen.

Die introvertierte als auch die extravertierte Verhaltensweise sind für sich selbst betrachtet weder positiv noch negativ zu sehen. Erst dann, wenn ein Mensch zu einer besonders tendiert und sich einseitig auf die extravertierte oder introvertierte Richtung hin entwickelt, also eine Verfestigung nach einer Seite eintritt, bestehen Bedenken.

Beide Verhaltensweisen haben mit Angst und Aggression zu tun. Der Extravertierte bewältigt seine Angst und Aggression durch offensiven Ausdruck und Aktivität. Der Introvertierte versucht für sich dasselbe Problem durch Abkapselung, Grübelei und Rückzug zu bewältigen. Der Extravertierte zeigt seine Aggressivität, wenn er auf die Umwelt trotzig und dynamisch zugeht, während der Introvertierte durch Unterdrückung der Angst und Aggression eher depressiv wird und sich von der Umwelt mit der Absicht des Selbstschutzes zurückzieht auf Positionen, die ihn weniger ängstigen. Der Extravertierte fordert das Leben heraus, während der Introvertierte die offene Herausforderung meidet und ein möglichst windstilles Plätzchen sucht, an dem er grübeln und vor sich hintüfteln kann.

Jeder Mensch besitzt extravertierte als auch introvertierte Reaktionsweisen. Der Introvertierte bewahrt sich z. B. ein Stück Extraversion in seinem Hobby und der Extravertierte schätzt auch mitunter Stunden der Ruhe und Inaktivität.

Die psychisch gesunde Reaktionsweise ist weder zu extravertiert noch zu introvertiert. Beides wechselt sich harmonisch miteinander phasenartig ab, wie die Phasen Eindruck und Ausdruck, wie Wachen und Schlafen. Auf eine Phase der Extraversion sollte also eine Phase der Introversion folgen und umgekehrt, wie sich jeder Eindruck in einen Ausdruck verwandeln sollte, so sollte auch jede Umweltzuwendung in eine Umweltabwendung übergehen, um sich danach wieder in eine Extraversion zu verwandeln. Jede Geselligkeit erfordert wieder ein Alleinsein und jedes Alleinsein ist die Vorbereitung für einen neuen Kommunikationsprozeß.

Wer das Alleinsein, das introvertierte Hineingehen in die eigene Innenwelt vermeidet, ist auf der Flucht, wie auch derjenige, der sich von der Außenwelt zurückzieht und den seelischen Ausdruck oder Kontakt vermeidet. Sowohl die Flucht vor der Innenwelt als auch vor der Außenwelt verhindern beide die optimale Selbstentfaltung.

Wer sich selbst verwirklichen möchte, sollte sich weder in die Abgeschiedenheit eines Klosters zurückziehen noch in den Elfenbeinturm einer Spezialisierung, er sollte aber auch nicht von extravertierter Betriebsamkeit und Aktivität aufgesogen werden. Die Lebensphilosophien lehren mitunter zu einseitige Wege, die östlichen lehren vor allem die extreme Versenkung in sich selbst, und die westlichen Lebensphilosophien sind die Lehren der Aktivität, des Konsums, des materiellen Besitzes und des Genusses. Beide Wege führen den Menschen in Abhängigkeit.

Die Nähe zu sich selbst sollte in der Betriebsamkeit genauso vorhanden sein wie in der Abgeschiedenheit und Stille. Selbstentfaltung braucht beide Bereiche, benötigt den Wechsel, den lebendigen Rhythmus zwischen Extraversion und Introversion. Der Tanz und der Kontakt zu allen Ausdrucksformen des Lebens ist genauso wichtig wie die Ruhe danach. Betriebsamkeit und Aktivität sind der Kontrast zur Entspannung und Passivität, das eine braucht das andere, Figur und Hintergrund müssen sich miteinander abwechseln, der Tanz ist beglückend nach der Versenkung, und das Alleinsein ist beglückend nach Geselligkeit und Kontakt.

Auch die Liebe zu einem Partner benötigt diesen rhythmischen Wechsel, damit sie lebendig bleiben kann. Das Paar findet sich im Wechsel, nicht in der Einseitigkeit. Auch die Liebe benötigt Phasen des Ausdrucks, der Zuwendung, aber auch Phasen des Schweigens. Das Zusammensein muß durch Alleinsein abgelöst werden und umgekehrt. Zu viel gesellige Nähe stumpft ab, erst der Wechsel erhält die Wahrnehmung frisch. Auf Annäherung muß Entfernung folgen, damit wieder eine Annäherung möglich wird. Auf Nähe muß Weite folgen, damit die Nähe wieder an Bedeutung gewinnt. Lebenskunst bedeutet, sich dem Rhythmus der Phasen hinzugeben, sich niemals an eine Phase klammern, keine Phase festhalten wollen, das ist Gelöstheit. Wer den Wechsel akzeptiert und mit dem Rhythmus mitschwingt, fühlt sich in jedem Moment lebendig. Wer sich an eine Phase festzuklammern versucht, muß scheitern und unglücklich werden, weil er sich gegen den lebendigen Rhythmus wendet. Wer im Wasser gegen den Strom schwimmt, wird eher ertrinken als derjenige, der sich vom Strom treiben läßt und sich wachsam auf eine Strömung vorbereitet, die an Land führt.

Der Extravertierte und der Introvertierte, sie versuchen beide auf ihre Art, das Leben durch einen Verhaltensstil zu bezwingen, aber das Leben ist nicht zu bezwingen, es muß sehr behutsam von Augenblick zu Augenblick neu betrachtet werden. Der Rhythmus ist nicht berechenbar, keine Phase hat eine genaue Dauer und kein Wechsel ist vorhersagbar. »Alles kommt zu seiner Zeit« sagt Heraklit. Alles hat seine Zeit. Es ergibt sich von selbst. Es ist nichts zu tun, außer die Zeit zu erkennen, jede Zeit auszuleben, ohne Widerstände dagegen zu entwickeln, also introvertiert und extravertiert.

Liebesfähigkeit ist die entwickelte Gabe, sich sensitiv nach außen hin zu öffnen und mit den sinnlich erfahrbaren Erlebnissen vertraut zu werden. Wer häufig durch die Natur wandert und sich Gräser, Blumen und Bäume betrachtet, wird schließlich sagen: »Ich liebe die Natur«, wogegen ein »Bücherwurm und Stubenhocker« bekennt: »Mit der Natur kann ich nicht viel anfangen, ich liebe meine Bücher.«

Was wir häufig mit den Sinnen aufnehmen, beginnen wir allmählich zu lieben. Wer unvermittelt als Kind mit Symphonien von Beethoven konfrontiert wird, empfindet zunächst in der Regel Fremdheit, erst durch häufigere Beschäftigung mit dieser Musik wird die Liebe geweckt. Liebe entsteht also nicht immer spontan, »auf den ersten Blick«, sondern sie entfaltet sich oft langsam.

Liebe ist nicht nur auf einen Menschen des anderen Geschlechts bezogen, sondern ist ein genereller Vorgang der Zuwendung zu allem, was mich umgibt. Je mehr ich mich der Umwelt in Liebe aufschließe, um so reicher werde ich beschenkt und um so wohler und glücklicher ist meine seelische Verfassung.

Wer eine Wanderung durch die Natur macht, selbst bei Regen und Gewitter, und dabei auf alle Geräusche, Gerüche und das Sichtbare achtet, wer also versteht aufmerksam zu hören, zu riechen und zu sehen, fühlt sich danach zwar eventuell körperlich müde, aber nicht erschöpft, denn er erhält eine Bereicherung seiner Seele durch sinnliche Erfahrung. Er erhält einen Energiezufluß, der zwar nicht vergleichbar ist mit physikalischer Energie, aber dennoch der Seele Kraft und Vitalität vermittelt. Diese seelische Energie ist über die Sinne eingedrungen. Die Außenwelt und die Innenwelt sind miteinander in Kontakt getreten, und es ist Liebe entstanden.

Der Kontakt der Seele mit den Signalen der Außenwelt kann schwach oder sehr intensiv sein. In besonders intensiven Momenten nimmt der Mensch mehr wahr als nur Sinnenreize, er fühlt sich in Verbindung mit allen Lebewesen und Pflanzen, mit dem Himmel, der Erde und dem Kosmos. Er fühlt die Einheit allen Lebens und empfängt ein besonders starkes Glücksgefühl der Liebe, er fühlt sich geborgen in der Welt und empfindet Liebe und Verständnis für die gesamte Schöpfung — dieser Moment ist Erleuchtung.

Erleuchtung ist mehr als nur eine intellektuelle Erkenntnis, es ist eine umfassende Erhellung der eigenen Bedeutung und des Sinns alles Lebendigen. Erleuchtung ist unbeschreibbar, sie ist kein intellektueller Denkvorgang, der in Worte gefaßt werden könnte, sondern ein seelisches Ereignis der Liebe und des Angenommenseins der eigenen Existenz in Liebe. Im Zustand der Erleuchtung ist jede Spannung aufgehoben, es existieren weder Angst noch Aggression. Das Denken kann sich von der Logik lösen, Gegensätze und Paradoxien werden einbezogen, das Denken wird heraklitisch: Alles fließt, nichts ruht, alles vergeht, nichts dauert.

Im Zustand der Erleuchtung werden diese Sätze in tiefer Bedeutung erlebt, und sie sind keine intellektuelle Spielerei. Die Einheit wird zur Bewußtheit: »Lebendig oder tot sein, schlafend oder wach, jung oder alt — alles ist eins. Das eine schlägt jeweils ins andere um, und umgekehrt — mit einer schnellen, unverhofften Wendung. Alles geschieht zu seiner Zeit.« Im Zustand der Erleuchtung wird die Wahrheit und Bedeutung dieser Worte unmittelbar sichtbar.

Mit der Erleuchtung ist eine Tür aufgegangen in die Freiheit. Im Alltag leben die meisten Menschen in Gefangenschaft ihrer Träume, Wünsche, Erwartungen, Ideologien, sie sind gebunden an Besitz, an Meinungen, an den Wunsch, etwas zu erreichen, eine Vorstellung zu verwirklichen, sie sind Gefangene, weil sie sich an etwas festklammern, sie sind gebunden an das, woran sie sich klammern. Die Gefangenschaft, die Gebundenheit, ist dem einzelnen mehr oder weniger bewußt, sie äußert sich als ein allgemeines Unbehagen, als eine Last, die man mit sich herumschleppt, die auf die Brust, den Kopf oder das Herz drückt. Es wird körperlich gefühlt, daß man sich selbst in eine Gefangenschaft eingesponnen hat, und man sucht mehr oder weniger verzweifelt nach einem Ausweg aus dieser Misere. Man hofft, den Ausgang in die Freiheit in der Zukunft zu finden,

- wenn ich erst verheiratet bin,
- wenn ich das Studium abgeschlossen habe,
- wenn ich das Geschäft aufgebaut habe,
- wenn ich reich und angesehen bin,
- wenn ich zehn Jahre älter bin,
- wenn ich den richtigen Lebenspartner gefunden habe,
- wenn ich die wissenschaftliche Formel entdeckt habe,
- wenn sich die politischen Verhältnisse geändert haben,
- wenn ich Freunde gefunden habe.

Alle diese in der Zukunft als Rettung erwarteten Ereignisse mögen eintreffen, aber sie öffnen doch nicht die ersehnte Tür in die Freiheit. Der Schatten der Unfreiheit liegt nach wie vor über der Seele, denn das Erlebnis der glückseligen Freiheit bleibt aus, der empfundene Druck mag zwar durch Ablenkungen verdrängt werden, aber er lastet dennoch auf der Seele. Manche machen sich bewußt auf die Suche nach der ersehnten Freiheit, sie sammeln Erkenntnisse über das Leben und die

Gesetze der Psyche, aber Informationen, die im Gedächtnis gespeichert werden, regen nur das Denken an, sie fördern die Artikulierbarkeit — das Denken dreht sich im Kreis, es wendet die Kenntnisse über die Seele um und um, aber die Tür hinaus in die Freiheit öffnet sich nicht, solange die Erleuchtung ausbleibt.

Mit der Erleuchtung ist die Freiheit schlagartig da, und damit die Glückseligkeit der Verbundenheit und Geborgenheit. Im Zustand der Erleuchtung wird alles bisherige Streben bedeutungslos, das Loslassen tritt ein, es ist nicht schmerzlich, sondern befreiend und erleichternd. Man atmet auf, die Atmung wird frei und leicht. Man wirft einen Blick in die Freiheit — und geht oft doch wieder zur Tagesordnung über. Der gewohnte Lebensrhythmus nimmt einen wieder auf. Man erinnert sich an den herrlichen Zustand der Erleuchtung, möchte ihn wieder herbeiholen und stellt fest, daß er sich nicht mit dem Willen herbeiziehen läßt. Je mehr man danach strebt, desto weniger tritt er ein, weil das Denken seine Macht und Möglichkeit überschätzt, wenn es glaubt, der Zustand könnte mit Hilfe des Intellekts herbeigeführt werden, wie ein Rechenproblem gelöst wird.

Das Denken muß beiseite geschoben werden, weil es nur ein Teilbereich ist, Erleuchtung aber nur durch Ganzheit des Erlebens möglich ist. Das Denken muß aufhören, zur Ruhe kommen, und die Sinne und seelische Aufgeschlossenheit müssen wach und aufmerksam sein, dann kann die Energie einströmen, Liebe entstehen, und damit Erleuchtung. Loslassen, Gelassenheit und Offenheit fließen ineinander, und die Liebe wird sichtbar. Die Freiheit ist unmittelbar da. Auch das Individuelle wird unwichtig, das Selbst löst sich auf, es geht auf in der Liebe, in der Wendung nach außen. Wenn die Loslösung vom Selbst eintritt, erst dann ist die Freiheit da, und es besteht Leichtigkeit. Die Gebundenheit an das Selbst ist eine genauso starke Gebundenheit wie die Bindung an einen Besitz. In der

Erleuchtung tritt das Selbst zurück, die letzte Phase der Selbstentfaltung wird erreicht, das Selbst läßt sich los, es erkennt die eigene Bedeutungslosigkeit und wird zum Teil eines Ganzen. Die Liebe fließt durch das Selbst hindurch und breitet sich aus, diese Liebe ist nicht egoistisch oder besitzgierig, sie ist rein und frei. Dieses Glück ist nicht an einen Erfolg oder ein erreichtes Ziel gebunden. Das Selbst löst sich in diesem Glück auf.

IV. Den Sinn erleben

Aufbruch

Eingesponnen in wilde Rosen
schläfst du »sicher«,
wenn es niemand sieht.
Keiner weiß, was du fühlst,
erkennt deinen Schmerz;
du verbirgst sogar die Freude.

Warte nicht auf den weißen Prinzen,
der dich auf den Mund küßt.
Steh auf,
rieche den Duft der Rosen,
trete in den Morgen,
in die Freiheit des Unbekannten.
Du bist selbst der Prinz,
schlafendes Dornröschen.

Auch die Prinzen schlafen
in der Sicherheit
ihrer Verschlossenheit.

Bei der Geburt ist der Mensch, von seinen Erbanlagen abgesehen, ein geistig-seelisch sehr plastisches Wesen, ist das lernfähigste Lebewesen auf dieser Erde, weniger eingebunden in ein starres Instinktprogramm als die Tiere. Die enorme Plastizität und Lernfähigkeit ist seine große Chance, aber auch seine Tragik. Der Mensch ist überaus lernbegierig, er will Erfahrungen sammeln und Wissen speichern. Er muß Wissen speichern und lernen, damit er in die komplizierte, hochtechnisierte Gesellschaft hineinwachsen kann, um später dort bestehen zu können. Das alles ist selbstverständlich und soll nicht in Frage gestellt werden. Um Auto zu fahren, muß man zunächst einmal die Verkehrsregeln beherrschen, und um eine Brücke zu bauen, muß man technische Voraussetzungen kennen und statisches Wissen besitzen, sich mit Mathematik und physikalischen Gesetzen beschäftigt haben.

Wenn wir jedoch diesen Bereich der Kenntnisse, des Wissens und der Fertigkeiten verlassen und den Menschen als seelisches Wesen betrachten, sehen wir, daß er hier genauso lernend vorgehen will. Im seelischen Bereich wird er allerdings nicht fachgerecht unterrichtet — auf unseren Grund-, Haupt- und Realschulen gibt es kein Pflichtfach Psychologie —, und so ist er in seiner seelischen Entwicklung sich selbst überlassen. Dennoch ist der Mensch auf seelischem Gebiet sehr lernbegierig und bereit, Theorien, Erfahrungen anderer, Lehrmeinungen und Lebensmaximen zu übernehmen. Er möchte wissen, was ist richtig und falsch, was ist gut und böse, was ist Moral, was Schönheit und Liebe, wie wird man glücklich, wie erlangt man Zufriedenheit und schöpferische Kraft, wie lebt man erfüllt, und was behindert mich, ein gutes und richtiges Leben zu leben. Das sind die Fragen nach dem Sinn des eigenen Daseins und nach einer seelischen Selbstverwirklichung. Mit all diesen Fragen wird der Mensch, wie gesagt, letztlich alleingelassen. Er kann sich zwar einer Religion zuwenden und seine Fragen dem Theologen stellen, aber er erhält dann vorgefertigte Antworten, die sich auf ein Glaubensdogma beziehen. Er kann das für sich übernehmen, aber auch unzufrieden sein und weiterfragen.

Wir werden in den Schulen und Universitäten für das Berufsleben ausgebildet. Aber wo werden wir für das Privatleben, für unser ureigenstes Sein ausgebildet? Es existiert zwar an den Hochschulen das Fachgebiet Psychologie, aber das ist ein Studienfach für eine Berufsausbildung mit Diplomabschluß und keine Lebensschule.

Im Krisen- und Konfliktfall können wir zwar die Praxis eines Psychologen oder Psychotherapeuten aufsuchen. Bei allgemeinen Lebensberatungen dieser Art übernehmen die Krankenkassen jedoch nicht die Kosten. Ein Stundenhonorar für eine Einzelberatung zwischen 100 und 300 Mark ist nicht für jedermann erschwinglich. Guter Rat wird dann sehr teuer. Wenn wir am Leben erkranken und somatische Symptome entwickeln, sind die Krankenkassen bereit, die Kosten eines ärztlichen Psychotherapeuten oder Nervenarztes zu übernehmen, der unsere seelischen Probleme dann nicht selten mit Psychopharmaka, also mit abhängig machender Chemie (die meist organische Nebenwirkungen hervorrufen), behandelt. Neben unseren quälenden Lebensproblemen, die nur vorübergehend betäubt werden (eben so lange, wie die Wirkung der Droge anhält), rutschen wir dann in neue Probleme hinein, die durch unangenehme Nebenwirkungen noch verstärkt werden:

Schlafstörungen, Mattigkeit, Magenempfindlichkeit, das Gefühl der Passivität, das der Energielosigkeit. Wir helfen uns durch eine weitere Droge, die uns aktiviert, und brauchen dann wieder eine Droge, die uns zur Ruhe kommen läßt, dann wieder ein Medikament, das uns wach und klar macht, eine weitere Droge, die uns nachts einschlafen läßt. Wer einmal in diesem Teufelskreis war, wer es selbst erlebt hat, fühlt sich danach beschämt und selbstunsicher, und er vermag meist nicht offen darüber zu reden.

Aus vielen Leserbriefen, die ich natürlich vertraulich behandle, weiß ich um dieses Elend, in das Menschen rutschen können, die verzweifelt danach suchen, ihr seelisches Leben (das private Leben) zu meistern. Ich möchte mich an dieser Stelle nicht weiter in diesem Thema der »Psychopharmaka-Therapie« verlieren, denn darauf bin ich in meinen früheren Büchern ausführlich genug eingegangen.

Wir stehen alleine da mit unseren Fragen, Problemen und Konflikten. Um unser Privatleben, unser Glück, die Selbstentfaltung und den Sinn unseres Lebens müssen wir uns selbst kümmern. Die Gesellschaft bietet perfekte Ausbildungsmöglichkeiten für unsere Funktion im Berufsleben an, aber sie läßt es zu, daß wir von unqualifizierten Erziehern seelisch konditioniert werden. Man kann darüber heftig diskutieren, ob die Psyche ein Erziehungs-Freiraum sein soll oder ob die Gemeinschaft sich hier vor einer Verantwortung drückt. Wenn der Staat die Ausbildung der Persönlichkeit übernimmt, zum Beispiel in Diktaturen, auf entsprechenden Erziehungsanstalten, die einen Persönlichkeitstyp heranziehen, der den Zielen des Systems bedingungslos folgt, dann ist informelle Entwicklungsfreiheit natürlich auf jeden Fall das kleinere Übel.

Unabhängig davon, daß »Persönlichkeitsbildung« natürlich schrecklich mißbraucht werden kann, bin ich dennoch der Auffassung, daß die Entfaltung des Seelischen nicht nur den

Eltern überlassen sein soll — daß also aus Angst davor, etwas falsch zu machen, nun gar nichts mehr gemacht wird.

So fühlen sich alle zuständig, den Menschen zu manipulieren, für die eigenen Zwecke einzuspannen, doch niemand fühlt sich mehr zuständig, dem einzelnen dabei zu helfen, sich selbst zu finden, sein Wesen zu erkennen, sein Seelenleben zu erfassen. Jeder einzelne muß sich früher oder später damit auseinandersetzen. Er steht allein mit seinen Fragen, letztlich auch allein mit seiner Entscheidung, und das ist gut so. Aber wir sollten ihm wenigstens dabei helfen, seine Gefühle verbalisieren zu können, und wir sollten uns nicht scheuen, ihm Möglichkeiten zu zeigen, wie er aus Blockierungen des Denkens, aus krankmachenden Denkprogrammierungen, wieder in das Licht der Freiheit gelangen kann.

Welchen Sinn haben Krisen und Konflikte?

Seelische Probleme und Konflikte bleiben uns nicht erspart. Wir werden täglich damit konfrontiert — so fühlen wir mitunter Angst in uns, mit neuen Schwierigkeiten fertig werden zu müssen, so lieben wir einen Menschen und haben Angst davor, von ihm verlassen zu werden. Wir reagieren deshalb eifersüchtig, die Eifersucht quält uns, wir spüren, daß sie uns in unserer Liebe behindert — und dennoch kommen wir nicht davon los. Wir fühlen Aggressionen in uns, wollen aber andererseits friedfertig sein, ein harmonisches Leben führen — aber wir kommen von den aggressiven Impulsen nicht los. Wir wollen nicht aggressiv reagieren — und verletzen dennoch die anderen durch Ironie, Zynismus, Rechthaberei oder Wutausbrüche. Wir wollen unsere Konflikte gewaltfrei lösen — und dennoch sind wir täglich gewalttätig, meist nicht offen, sondern sehr verdeckt, getarnt und listig. Wir wollen wahrhaftig leben — und dennoch entdecken wir, wenn wir uns einmal schonungslos selbst beobachten, wie wir andere belügen und sogar uns selbst belügen. Wir versuchen, realistisch zu sein — und dennoch verstricken wir uns immer wieder in Illusionen.

Das alles erleben wir täglich. Es bedarf keiner großen Lebenskrise, um darauf aufmerksam zu werden, wir könnten das täglich beobachten, wenn wir es wollten. Wir befinden uns ständig in dem Spannungsfeld solcher Konflikte. Die Spannung ist allgegenwärtig und führt zur inneren Angespanntheit, zu fehlendem Wohlbefinden, zu Einschlafstörungen, zu Kopf-

und Nackenschmerzen, zu dem Gefühl der Unsicherheit, zu Unausgeglichenheit, zu Störungen der Kontaktoffenheit, zu Magenbeschwerden und zu allerlei Unpäßlichkeiten, die zu der vielfältigen Palette psychosomatischer Symptome gehören.

Der Alltag streßt uns, weil wir ihm nicht offen und frei begegnen können, weil ständig unbearbeitetes Inneres (Geistiges und Seelisches) auf Äußeres trifft — und solche Probleme sind allgegenwärtig in uns selbst und auch in den Menschen um uns herum. Diese ständigen Konflikte und Spannungen weisen uns in jedem Augenblick darauf hin, daß etwas nicht in Ordnung ist. Aber was ist nicht in Ordnung? Ist es der Konflikt, der nicht sein sollte, oder sind wir es selbst, die den Konflikt schüren? Bin ich selbst nicht in Ordnung, oder sind es die anderen? Bin ich das Opfer der anderen, oder bin ich das Opfer meiner eigenen inneren Unordnung? Ist es das Schicksal, das mir zu Leibe rückt und in die Seele führt, bin ich ihm hilflos ausgeliefert? Hilft mir das Klagen und Weinen über meine Probleme, die mir zugemutet werden? Kann ich mich davon selbst lösen, durch eine andere Einstellung, oder soll ich mich durch ausgedrücktes Klagen davon befreien? Wo stehe ich als einzelner in diesem Spannungsfeld? Kann ich mein Leben wirklich aus mir selbst heraus gestalten, oder ist das eine Illusion, weil ich Glück oder Unglück einfach hinzunehmen habe? Soll ich klaglos annehmen, oder soll ich mich ausweinen bei anderen? Wer kann mir helfen? Muß ich mir selbst helfen, oder soll ich andere um Rat fragen?

Solche und ähnliche Fragen kennt jeder von uns. Es gibt keinen Menschen — es sei denn, er wäre nur auf der Flucht vor sich selbst —, der sich diese Fragen irgendwann in seinem Leben nicht ganz bewußt (oder auch nur verschwommen) schon gestellt hätte. Mit diesen Fragen sind wir stets konfrontiert, auch wenn wir sie verbal nicht so deutlich formulieren. Deutlich werden sie meist leider nur in den großen seelischen Krisen, wenn uns beispielsweise ein Mensch verläßt, den wir lieben oder glauben zu lieben, wenn er sich von uns trennt, um sich einem anderen zuzuwenden, den er liebt oder glaubt zu lieben. Eine solche Krise weckt uns auf. Plötzlich sind wir hellwach und stellen all diese (oder ähnliche) Fragen.

Brauchen wir erst eine solche uns erschütternde Krise, um uns zu finden? Muß das Problem erst so groß, schmerzlich und gewaltig anwachsen, bevor wir uns diese Fragen stellen? Leider scheint es bei den meisten Menschen so zu sein, daß sie erst sehr erschüttert werden müssen, bevor sie aus ihrer Lethargie erwachen.

Ich halte es für falsch, die Krise und die Krankheit zu loben. Muß erst die Krise und die Erkrankung da sein, um mit der Tiefe unseres Selbst konfrontiert zu werden? Warum haben wir bis zu diesem Moment ein verschlafenes Leben gelebt? Warum soll uns erst die Krise aus unserer Stumpfheit und Lethargie herausreißen? Müssen wir erst in eine tiefe, schmerzliche Depression stürzen, bevor wir den Wert eines Menschen, einer Liebe und den unserer Zuneigungen erkennen?

Ich behaupte, wir können unser Leben leben, ohne daß es erst einer Krise bedarf, die uns mit großen Schmerzen auf unser Selbst, das Seelenleben und den Sinn unseres Lebens verweist. Ich behaupte, ein konfliktfreies Leben von Augenblick zu Augenblick ist möglich. Das ist ein Leben in voller Lebendigkeit und Wachheit, denn ein solches Leben ist frei und voller Liebe, und es entsteht dann niemals das Gefühl, Opfer zu sein. Es verflüchtigen sich dann Eifersucht, Aggressionen, Gewalt, Angst oder Unsicherheit. In einem solchen Leben besteht innere Ordnung — keine Ordnung eines Denksystems, sondern die Ordnung des Lebendigen und der Freiheit. Diese Freiheit hat nichts, überhaupt nichts mit Chaos zu tun. In dieser Freiheit entsteht die geistig-seelische Gesundheit im Sinne von Heilheit. Im Heilsein verschwinden alle Konflikte und Störungen. Diese innere Ordnung kann das Denken nicht verordnen.

Ein Zusammengehen mit intellektuell-verbaler Reife muß

nicht damit verbunden sein. Das Gefühlte ist genauso wertvoll und wichtig wie das Ausgesprochene. Das unausgesprochene Dasein im Augenblick der jeweiligen Realität, das junge Erfassen des ewig Jungen des Lebens selbst, dieses Hineingehen in die Freiheit ist seelische Reife. Es gibt im Seelischen keine biologische Entwicklung, es gibt nur authentisches Dasein, das sich selbst genügt. Die Verbalisierung ist nur intellektueller Überbau, der nicht notwendig ist.

Seelische Reife ist deshalb nicht gebunden an ein Lebensalter, sie ist alterslos; sie ist die Frische, die niemals welkt oder stirbt. Seelische Reife ist ständiges Blühen. So ist es möglich, daß ein gewelkter Körper in voller seelischer Blüte sterben kann.

»Ist wie ein Tanz von Kraft um eine Mitte«.
Interpretation eines Gedichts
von Rainer Maria Rilke

Der Panther

Sein Blick ist vom Vorübergehn der Stäbe
so müd geworden, daß er nichts mehr hält.
Ihm ist, als ob es tausend Stäbe gäbe
und hinter tausend Stäben keine Welt.

Der weiche Gang geschmeidig starker Schritte,
der sich im allerkleinsten Kreise dreht,
ist wie ein Tanz von Kraft um eine Mitte,
in der betäubt ein großer Wille steht.

Nur manchmal schiebt der Vorhang der Pupille
sich lautlos auf —. Dann geht ein Bild hinein,
geht durch die Glieder angespannte Stille —
und hört im Herzen auf zu sein.

Dieses sprachlich so wunderschöne Gedicht mit schmerzlich traurig stimmenden Inhalt von Rainer Maria Rilke (1875-1926) begegnete mir erstmals 1959 auf dem Gymnasium im Deutschunterricht. Als ich es vor wenigen Wochen wieder las, wurde mir seine auf die menschliche Seele übertragbare Symbolik deutlich. Ich möchte das Gedicht deshalb psychologisch interpretieren.

Ich löse mich dabei von dem schwarzen Panther, der in einem Käfig zur Schau gestellt wird. Ich sehe in ihm den Menschen, verkörpert in seiner seelisch-geistigen Verfassung, die von Normvorstellungen, Einstellungen und Vorurteilen geprägt ist. Die geistige Struktur (Prägung) vieler Menschen ist vergleichbar mit einem Käfig, in dem sich das Denken kreisend bewegt. Denkhaltungen und Meinungsmuster mischen sich wie begrenzende Gitterstäbe immer wieder ein, sie sind die Käfigstangen um eine freie Seele, die sich nicht entfalten kann.

Des Menschen Blick ist vom Vorübergehen an diesen Stäben des Denkens so müde geworden, daß er nichts mehr festhalten kann. Jedes Ereignis, das außerhalb geschieht, wird zwar registriert, aber die Denkstäbe schieben sich sofort vor diese lebendige Wirklichkeit. Ein Mann begegnet einer Frau, sie gefällt ihm, er richtet seinen Blick auf sie, aber sofort kommen die Denkstäbe mit ihren Bedenken: »Sie ist oberflächlich, sie paßt nicht in mein Lebensumfeld, sie weiß dieses nicht und kann das nicht.« Das ist nur ein einfaches Beispiel, und ich denke dabei an einen Bekannten, der seit Jahren eine Lebenspartnerin sucht, aber aufgrund solcher Bedenken nicht in der Lage ist, sich frei und vorurteilslos zu verlieben. Ihm ist, als ob es tausend Hindernisse und Risiken gäbe und hinter diesen tausend Stäben keine Möglichkeit ist, sich zu verlieben.

Seelische Lebendigkeit ist trotz allem, unabhängig von den Stäben der Denkvorurteile, immer gegenwärtig. Die Seele lebt weiter und sucht nach der Freiheit. Die Seele fließt immer wieder in die Schritte ein, macht sie geschmeidig und stark. Denkstäbe blockieren zwar die freie Entfaltung, aber in unserem Wesenskern bleiben wir unzerstörbares Selbst, auch wenn sich unser Alltag im allerkleinsten Kreise dreht. Jeder fühlt in sich dieses Zentrum seiner Seele, er fühlt es nicht minütlich und stündlich, aber mitunter spürt er: Es »ist wie ein Tanz von Kraft um eine Mitte, in der betäubt ein großer Wille steht«.

Dieser große Wille ist eine Vitalität, die zum Leben und zur Liebe drängt. Nicht bloß eine triebhaft-sexuell gefühlte Liebe zum anderen Geschlecht, sondern eine Liebe zu allem, was uns umgibt. Dieser Wille zum Leben, der unauslöschlich in uns lebt, diese Kraft aus der Mitte, aus dem Selbst aber ist bei den meisten Menschen betäubt. Wir fühlen uns vom täglichen Einerlei, von den Normen der Anpassung, von den Regeln und Vorurteilen abgestumpft. Wir drehen uns im Kreis und führen die Rolle vor, die wir gelernt haben oder nach der wir uns drängen, die wir ausfüllen wollen, wir drehen uns in diesem Kreis, um beispielsweise perfektionistisch etwas zu sein oder zu werden, ein übernommenes Fremdbild zu übernehmen und (oder) ein erdachtes Selbstbild zu erfüllen.

Der Drang nach Selbstbestimmung ist oft betäubt. Aber in Stunden, in denen wir spüren, daß »Kraft um eine Mitte« in uns lebt, daß wir diesen unzerstörbaren Wesenskern besitzen, kann dieses Gefühl uns plötzlich und unvermittelt überfallen, bei einem Spaziergang, beim Schwimmen, bei einer Begegnung mit einem Menschen, in einer kurzen Zeit der Meditation, bei einem Gespräch, beim Fotografieren einer Blüte, in einem Restaurant im Urlaub auf einer Terrasse am Meer. Dann »schiebt der Vorhang der Pupille sich lautlos auf. Dann geht ein Bild hinein, geht durch der Glieder angespannte Stille.«

Es geht ein Bild hinein — das muß nicht nur etwas Visuelles sein, es kann akustisch sein, kann ein Geruch oder eine Berührung sein. Trotz der Denkstäbe, trotz des Drehens im allerkleinsten Kreis der Vorurteile, trotz des perfektionistischen Strebens, trotz der Eingespanntheit in Ziele und Pläne, trotz unserer Muskelverkrampfungen (der Glieder angespannte Stille) geht über die Sinne ein Bild in unsere Seele hinein, zu diesem Zentrum von Kraft und Mitte, und wir spüren, daß wir hinter der Betäubung, hinter dem Vorhang der Vorurteile und Einstellungen, nach wie vor eine Empfänglichkeit haben, die unsere Seele berühren kann. Ein Fenster öffnet sich, ein Lichtstrahl trifft die Seele, wir sind sensitiv berührt. Und dann?

»Und hört im Herzen auf zu sein« schließt Rilke abrupt sein Gedicht vom Panther.

Autorennfahrer sprechen von »Herz haben«, wenn sie den Mut haben, die Kurve riskanter zu nehmen, um einige Zehntelsekunden an Geschwindigkeit herauszufahren. Es verläßt uns allzuoft leider das Herz — der Mut. Die Kraft der Mitte fühlen, das ist eines, den Mut haben, aus dieser Mitte heraus zu handeln, ist das andere. Der Sinn des Lebens wird erst erfüllt, wenn Sensitivität und Aktivität sich zu einem Kreis des Lebens schließen. Das geschieht, wenn wir die Denkstäbe der Bedenken herausreißen und wegwerfen.

Kann man von Prägungen frei werden?

Der Verhaltensforscher Konrad Lorenz hat bei Tieren den angeborenen auslösenden Prägemechanismus erforscht. Er stellte zum Beispiel fest, daß neugeborene Graugänse kein festgelegtes Mutterbild in sich tragen, sondern in einer Prägephase das erstbeste Lebewesen als Mutter annehmen, also auch einen Menschen (in diesem Fall war es der Forscher selbst). Ähnliche angeborene auslösende Mechanismen sind mir beim Menschen nicht bekannt. Der Mensch ist viel plastischer, er kann sich freier an den jeweiligen Gegebenheiten seiner Umwelt orientieren. Er ist jedoch nur bis zu einem gewissen Grad plastisch, und er unterliegt vor allem (wie auch die Tiere) erworbenen auslösenden Prägemechanismen. Die Verhaltensforscher sprechen dann von Konditionierung nach dem Reiz-Reaktions-Modell.

Tritt ein äußerer Reiz (Stimulus) mehrmals auf und erfolgt darauf eine Belohnung oder Strafe, bildet sich eine Reaktion auf den Reiz heraus: Durch Belohnung wird ein bestimmtes Verhalten gefördert, durch Bestrafung wird eine Verhaltensweise gemieden. Die Lerntheorie des Behaviorismus geht davon aus, daß Positives, Angenehmes und Belohntes gesucht wird, wogegen Negatives, Unangenehmes und Bestraftes gemieden wird. Auch Vermeidung eines Verhaltens ist Lernen.

Wir sind ständig Angenehmem und Unangenehmem ausgesetzt. Wir suchten die angenehmen Reize und meiden die unangenehmen. So werden wir konditioniert durch erlebte auslösende Reize (Erfahrungen). Ein als unangenehm erfahrener Reiz kann zu inneren Spannungen führen, zu psychosomatischen Symptomen, wie Herzklopfen, Schweißausbruch, Magenschmerzen, Erbleichen, wogegen ein angenehmer Reiz zur Entspannung führt und zu Symptomen wie Wärmegefühl in den Händen und Füßen, gerötete Wangen aufgrund besserer Durchblutung, Gefühl der Vitalität und Energiesteigerung. Diese Körpervorgänge geschehen nicht durch den Willen, sondern unbewußt, sie lassen sich nur schwer oder gar nicht vom Willen manipulieren. Eine positive Körperreaktion wird dankbar registriert, eine negative Reaktion wird dagegen abgewehrt — es entsteht Angst davor. Zum unangenehmen Reiz kommt dann die innere unangenehme Empfindung dazu, Angst und Abwehrhaltung (Widerstand gegen die erfahrene Reaktion des Körpers), und der Reiz wird so von Mal zu Mal immer unangenehmer — eine Vermeidungshaltung gegenüber diesem auftretenden Reiz wird weiter ausgebaut.

Die Angst vor dem bedrohenden Reiz und der innere Widerstand gegen die Angst führt zu einer unerträglichen inneren Spannung. Die gefühlte Angst ist eine Art Bestrafung, die anschließenden Körpersymptome sind eine weitere Bestrafung. Der so konditionierte Mensch vermeidet in Zukunft bewußt und unbewußt Situationen, in denen dieser Stimulus mit seinen unangenehmen Folgeerscheinungen auftreten könnte. Er ist *geprägt*, er ist nicht mehr plastisch, er kann der Realität nicht mehr offen und frei gegenübertreten. Dieser beschriebene Gesamtvorgang kann auch als »neurotischer Prozeß« bezeichnet werden.

Neurosen sind seelisch-geistige Erkrankungen, die der Therapie bedürfen. Ich möchte mich hier nicht auf die Therapiemodelle der vielfältigen neurotischen Symptome einlassen. Die bekannteste, aber nach wie vor umstrittene Methode ist die Psychoanalyse, die von Sigmund Freud begründet wurde. Der Weg in die psychische Störung, in die Neurose, ist recht einfach zu beschreiben, aber an den Therapien scheiden sich die Geister. Die verschiedenen Therapierichtungen grenzen sich ziemlich streng voneinander ab, es herrscht keine Einigkeit, sie bekämpfen sich sogar gegenseitig. Sie könnten sich, wenn sie wollten, vereinigen und gegenseitig unterstützen. Aber die einzelnen Therapeuten sind geprägt von einem Dogma, einer Lehrmeinung; sie sind intellektuell geprägt von bestimmten Denkmodellen, die als richtig oder falsch gelten. Auch auf diesen Therapiestreit will ich mich hier nicht einlassen. Er kann zwar ein interessantes intellektuelles Spiel sein, das aber dem Leser nichts nützt.

Ich möchte in diesem Buch völlig unabhängig von Lehrmeinungen, Therapiedogmen und wissenschaftlichem Streit die Frage stellen: Kann ich selbst, ohne einen Therapeuten, ohne einen sogenannten Fachmann, von meinen Prägungen, meiner Konditionierung auf Reize völlig frei werden? Kann ich mein Leben leben, ohne in einen neurotischen Prozeß hineinzurutschen?

Wir wollen uns nicht mit der Frage beschäftigen, wie ein Neurotiker therapiert werden kann, denn dieses Buch ist nicht für Neurotiker geschrieben, die einen Therapieweg suchen, es ist für Menschen geschrieben, die sich gesund fühlen, aber Störungen oder ein Abrutschen in die Neurose vermeiden wollen. Damit grenze ich Neurotiker nicht aus oder werte sie gar ab. Auch der Neurotiker kann mit den weiteren Gedanken etwas anfangen. Aber die Erwartung an dieses Buch wäre überzogen, wenn der Neurotiker eine spezielle Anleitung zur Therapie seiner persönlichen Neurose erhoffen würde.

Ich stelle nochmals die Frage, über die jeder selbst nachdenken sollte: Kann ich von meinen Prägungen frei werden? Bitte stellen Sie sich *jetzt* diese Frage. Können Sie davon frei werden? Können Sie alle Ihre Prägungen aufgeben und verlassen? Können Sie ganz neu beginnen? Können sie alle negativen und positiven Erfahrungen aufgeben? Können Sie sich ganz neu und frisch auf den Augenblick einstellen? Können Sie sich verlieben in den Menschen, der gerade in diesem Augenblick in Ihrem Lebenskreis anwesend ist? Können Sie das, weil Sie sich von allen Konditionierungen frei machen? Können Sie alle bisherigen Erfahrungen und Erlebnisse der Vergangenheit aufgeben, sie nicht mehr als bedeutend oder wichtig abspeichern? Können Sie alles Vergangene hinter sich lassen und den Tag oder die Nacht neu beginnen? Können Sie so frisch, unverdorben, ungeprägt und lebensoffen der Nacht oder dem Tag entgegentreten?

Ich sage, es ist möglich. Aber verlassen Sie sich nicht auf mich als eine Art Fachmann. Stützen Sie sich nicht auf Lauster, weil er sagt, es ist möglich. Sie selbst müssen spüren, daß es möglich ist. Ich behaupte, es ist möglich, aber erforschen Sie selbst, ob es möglich ist.

Ist Ihre Antwort: Ich kann frei sein von allen Konditionierungen und Prägungen, ich bin frei, ich bin völlig aufgeschlossen und plastisch für das, was geschieht, ich begegne der Realität völlig ungeprägt und beobachte das, was geschieht — dann setze ich keinen Widerstand aus meinem Denken entgegen, dann sehe ich die Realität, wie sie ist. Ich fliehe nicht vor dem Negativen und Unangenehmen, und ich kuschele mich nicht ein in das Positive und Angenehme. Mit der Haltung der aufgeschlossenen Begegnung kann ich nicht mehr geprägt werden. Es gibt in dieser Gegenwart keine Konditionierung mehr, und jeder neurotische Prozeß hat ein Ende.

Ist Liebe soziale Bindung?

Von Untersuchungen des Tierverhaltens wissen wir, daß manche Tierarten instinktgebunden in sozialen Gruppen, Rudeln oder staatenartigen Lebensgemeinschaften leben. Allerdings gibt es auch einzeln lebende Tierarten. Ist der Mensch ein Gruppenwesen? Aufgrund seiner langen Entwicklungszeit vom Baby über das Kleinkindalter bis zur Geschlechtsreife und aufgrund seiner Instinktfreiheit benötigt er die Gemeinschaft, um lernend heranzuwachsen. Er ist ein überaus lernwilliges Wesen, und wie bereits erwähnt, er ist sehr plastisch, sein Gefäß kann mit den unterschiedlichsten Inhalten gefüllt werden. In der sozialen Gemeinschaft sucht er diese Inhalte, aber auch Anerkennung seiner Person. Die soziale Gemeinschaft — und wenn es auch nur eine zweite Person ist — braucht er, um sich geschützt zu fühlen und sich selbst am Verhalten eines anderen Menschen, einer Bezugsperson, zu reflektieren. Das wird immer als Argument angeführt, daß sich die Eltern in einer Partnerschaft gegenseitig binden müßten, also möglichst zusammenbleiben müßten, um dem Kind in einer Kleinfamilie diese Stabilität zu geben. Es ist ein falscher Eindruck, wenn angenommen wird, ich wäre gegen die Ehe eingestellt, weil ich ein Buch über die Liebe geschrieben habe anstatt über die Ehe. Ich habe die Liebe als etwas Psychisches untersucht und betrachtet, unabhängig von den Problemen der Partnerschaftsbindung. Es gibt für Menschen viele verschiedene Gründe dafür, sich, unabhängig von der Liebe, ehelich zu binden und einen

Familienvertrag vor dem Standesamt zu schließen. Hier werden Vermögensverhältnisse geklärt, der finanzielle Zugewinn während der Ehedauer geregelt, das Recht auf Unterhaltszahlung nach der Scheidung und Rechtsansprüche auf Altersversorgung usw. Wer auf das alles Wert legt, wer eine solche finanzielle und vertragliche Absicherung mit Rechten und Pflichten eingehen will, hat die vom Staat geförderte Möglichkeit dazu.

Mit einem Ehevertrag kann man allerdings nicht die Liebe vertraglich binden. Ein Recht auf sexuelle Verfügbarkeit des Partners ist absurd und führt zu den schändlichen Vorwürfen: »Du verweigerst mir deinen Körper, und damit kommst du deiner ehelichen Pflicht nicht nach.« Das höre ich in der Eheberatung oft genug. So werden Schuldgefühle im Partner erzeugt, der aus den verschiedensten Gründen nicht immer »Lust hat«, wenn der Partner ihn gerade »braucht«.

Heute werden Ehen meist unter der Voraussetzung geschlossen, daß man aus Liebe heiratet und sich deshalb immer lieben will. Das war nicht immer so und ist in anderen Kulturkreisen nicht überall so. Da halte ich es für ehrlicher und klarer, wenn Ehen als Wirtschaftsgemeinschaften geschlossen, wenn klare Besitzregelungen getroffen werden und der Kinderwunsch, die Fortführung einer Familientradition, offen ausgesprochen wird. Dann verbinden sich zwei Menschen aufgrund des Denkens. Das Denken hat seine rationalen Gründe. Dann muß man sich keine Liebe vorlügen, die Gefühlswelt bleibt frei, es entstehen keine Schuldgefühle und kein seelischer Konflikt, der psychosomatische Symptome erzeugt. Diese Betrachtungsweise erscheint vielen vielleicht zynisch. Ich meine das jedoch keineswegs ironisch, sondern halte einen solchen rationalen Weg für einen gehbaren Weg.

Der Weg der Liebesehe, der Liebe als Bedingung setzt, ist ein viel schwieriger Weg, der zu großem Leid und Elend führt, zu Eifersuchtsdramen, psychosomatischen Erkrankungen, zu Scheidungen und zum Zerreißen der Familien. Der Streit, der

Haß, die Aggressionen, der Alkoholmißbrauch, den Kinder in enttäuschten Liebesbeziehungen erleben, ist schädlich für die kindliche Seele. Hier gerade erfährt das Kind nicht die Geborgenheit und seelische Stabilität, die es braucht.

Die Ehe als ein dauerhaftes Liebesverhältnis — von diesem Grundgedanken und Glauben ist unsere Gesellschaft geprägt. Die Liebe soll die Basis sein. Aber was verstehen wir unter Liebe?

Ich behaupte, der Begriff Liebe wird oft falsch verstanden, ja mißbraucht, und die Schönheit der Liebe wird zerstört und verzerrt.

Die meisten Menschen machen sich eine gedankliche Vorstellung von der Liebe: sie wird zu einem Ideal hochstilisiert und wird mit Inhalten überfrachtet. Aus vielen Gesprächen weiß ich, was unter Liebe alles verstanden wird: Der Partner soll den anderen bedingungslos akzeptieren, viel Verständnis haben, zuhören können, zärtlich sein, sexuell attraktiv sein, er soll bewundern, verzeihen, Geborgenheit geben, er soll eifersüchtig sein (damit ist »nicht gleichgültig« gemeint), er soll dem anderen geradezu verfallen sein und süchtig nach seiner Person. Er soll nur noch Augen und Ohren für den Geliebten haben. Er soll gut sein, friedfertig, verzeihend, verständnisvoll, aufmerksam und ständig bereit, sich zu kümmern und zu sorgen. Das alles fordert das Diktat dieser idealen Liebesvorstellung. Er soll »liebesfähig« sein, das heißt, sich ständig aktiv liebend verhalten. Aufgrund ihrer sonstigen subjektiven Probleme und Konflikte fühlen sich die meisten Menschen über kurz oder lang überfordert, das alles zu leisten.

Liebe ist keine Leistung, Liebesfähigkeit ist auch kein Leistungsvermögen. Liebe ist ein seelisches Phänomen von ganz anderer Qualität und Dimension. Sie kann nicht in einen Rahmen des Denkens gespannt werden. Von ihr kann nichts gefordert werden, und sie kann nicht als Verpflichtung zur Grundlage einer Bindung gemacht werden. Das Denken hat die Liebe zum Ideal gemacht, hat ihr moralische Dogmen aufgeladen, unter denen sie zusammenbricht. Das Wort Liebe ist zu einem geradezu unangenehmen Wort geworden. Viele scheuen sich deshalb dem Partner gegenüber, überhaupt noch von Liebe zu reden. Es herrscht eine große Konfusion und Aversion, obwohl sich alle nach Liebe sehnen.

Liebe ist ganz anders, als sie in den üblichen Gesprächen erscheint. Sie hat nichts mit Eifersucht und Bindung zu tun. Sie ist frei, sie läßt sich nicht in ein soziales Netz einspannen. Sie kennt keine Forderungen, sie stellt sie nicht und erwartet keine Pflichterfüllung. Sie ist etwas Seelisches und deshalb unabhängig vom Denken.

Sie ist das Eigentliche, das Zentrale, sie gehört zu unserem Wesen, zu unserem Alleinsein, sie braucht die innere Stille und verflüchtigt sich im sozialen Getöse. Sie ist mit dem Denken nicht zu erzeugen. Liebe kann nicht »gemacht« werden, der Wille kann sie nicht herbeizwingen, und sie kann deshalb nicht Bestandteil eines Vertrages werden. Deshalb ist es ehrlicher, eine Wirtschaftsgemeinschaft zu gründen als eine Liebesgemeinschaft.

Liebe kann nicht auf Treue verpflichtet werden. Wer Treue will, soll von Treue auch deutlich und offen reden, aber nicht von Liebe. Wer Liebe sagt, aber Treue meint, macht sich selbst und dem anderen etwas vor. Zu den vielen Problemen, die das Leben uns sowieso zumutet, kommt ein gewichtiges neues noch hinzu.

Das Unglück, das diese falsch verstandene Liebe über die Menschen gebracht hat, die vielen Tränen und Krankheiten, die deswegen erlitten werden, veranlassen mich zu der Schlußfolgerung, daß diese erdachte Liebesvorstellung ein gewaltiges Unglück ist, weil wir, anstatt zu lieben, ins Leiden abrutschen. Die Aufgabe der Psychologie, der Wissenschaft von der menschlichen Seele, ist, Leiden zu verhindern und nicht erst dann zu lindern, wenn die Störungen und Erkrankungen sichtbar werden. Wir brauchen mehr Psychologen, die prophylaktisch aufklären und die sich nicht scheuen, die erkannten Wahrheiten des Seelischen auch unmißverständlich populär zu machen.

Das Jetzt ist lebendig

Ich möchte mich nun mit dem Phänomen der Zeit befassen. Wir sollten unterscheiden zwischen physikalischer Zeit, die von der Uhr gemessen wird, und der seelisch erlebten Zeit, die unabhängig von der Uhr ist. Wir können unseren Lebensablauf nach der Uhrzeit ausrichten und danach planen, so zum Beispiel im Berufsalltag. Wir wollen uns auf den Fahrplan der Bahn verlassen können und auf die Abflug- und Ankunftszeiten des Flugplans. Diese Art von Zeitplanung soll also im folgenden nicht abgewertet oder verurteilt werden.

Die physikalische Zeitmessung hat das Denken eingeführt, sie ist ein Produkt des Denkens, das seinen Sinn hat, sobald man es braucht. Sowohl bei der physikalischen als auch der erlebten Zeitmessung gibt es die Vergangenheit (die abgelaufene Zeit), die gegenwärtige Uhrzeit und die zukünftige Zeiteinteilung, die folgenden Stunden, Tage, Wochen, Monate und Jahre.

Die psychologische Zeit kann nicht mit der Uhr gemessen werden. Es gibt bis heute keine empirische Meßmöglichkeit des Zeiterlebens. Das ist auch nicht notwendig, wie die folgende Betrachtung zeigen wird. Für die Psyche existiert zunächst einmal vor allem die Gegenwart. Es gibt nur *eine Zeit des Erlebens* — und das ist die Gegenwart. Die bereits gelebte Gegenwart ist vergangen, die noch zu erwartende Gegenwart ist noch nicht vorhanden, sie liegt in der Zukunft. Die Vergangenheit hat existiert, die Zukunft wird existieren. Deshalb weisen alle

Lebensphilosophen auf die große Bedeutung des »Hier und Jetzt« hin, weil nur im Hier und Jetzt lebendiges Erleben möglich ist.

Die Psychoanalyse hat die Bedeutung der Vergangenheit für unsere Gegenwart besonders betont. Die angesammelten Erfahrungen gelebten Lebens reichen in die Gegenwart hinein, sie bestimmen Hinwendung oder Abwendung, sie beeinflussen unseren Lebensplan für die Zukunft. Es ist ein großes Verdienst der Psychoanalyse Sigmund Freuds, darauf hingewiesen zu haben. Es ist durchaus sinnvoll, die Vergangenheit aus der Versenkung hervorzuholen und sie im Licht der Gegenwart wieder neu zu betrachten, um zu erkennen, wo Ängste und Verletzungen waren, die zu Abwehrhaltungen geführt haben. Es ist sinnvoll, diese vergangenen Ängste wieder zu erleben, um die Abwehrhaltungen, die man ihnen gegenüber eingenommen hat, kennenzulernen, um sie beispielsweise mit einem Therapeuten zu besprechen.

Die Vergangenheit (gespeicherte Erfahrung) kann erinnert werden, sie kann nachträglich mit Worten etikettiert werden. Es ist gut, »sein Herz auszuschütten«, zu erzählen und einen Zuhörer dafür zu finden. Der Fachmann als Zuhörer ist vielleicht beruhigender als ein Normalbürger, der sehr schnell »gute Ratschläge« aus seiner Sicht erteilt, die geprägt sind von seinen eigenen Erfahrungen, Vorurteilen und Abwehrmechanismen. Das »Herzausschütten« verschafft Erleichterung. Es ist allemal besser, über die Vergangenheit zu reden, sich ihrer zu erinnern, als sie wegzudrängen, sie zu verstecken oder sich vor ihr zu fürchten und sie deshalb zu fliehen. Das »Herzausschütten« ist ein Schritt in die Gegenwart. Man befreit sich von einer Belastung und wertet sie neu. Bei dieser Neubewertung kann ein erfahrener Fachmann behilflich sein, sofern er wirklich bereit ist, sich darauf einzulassen. Dazu sind die meisten Therapeuten allerdings nicht bereit, und das aus verschiedenen Gründen. Ich möchte an dieser Stelle allerdings keine

Psychotherapiekritik anstellen. Das soll einem anderen Buch vorbehalten bleiben, denn das würde uns vom Thema und Anliegen dieses Buches weit wegführen.

Die Vergangenheit ist etwas Totes, denn sie ist nicht mehr, ist gestern oder vor zehn Jahren geschehen. Sie mag uns vielleicht heute noch beschäftigen, aber sie ist dennoch ein toter Gegenstand, sie ist nicht das wirkliche Leben. Es gibt nur ein wirkliches Leben, und das geschieht jetzt. Das Jetzt ist lebendig, schon die Stunde davor ist nicht mehr lebendig. Ich kann mich an sie durch das Denken erinnern, ich kann diese Erinnerungen verbalisieren, aber es ist ein Sprechen über etwas Totes.

Ich kann die Vergangenheit nur wiederholen, indem ich fühle, was ich gefühlt habe. Die alten Gefühle fließen dann in meinen neuen gegenwärtigen Zustand ein, sie sind aber dann nicht mehr ganz die tatsächlichen ehemaligen Gefühle. Vergangene Gefühle und gegenwärtige Emotionen vermischen sich. Die Vergangenheit fließt in die Gegenwart ein, und ich unterscheide genau zwischen Gegenwart und vergangenen Gefühlen. Das Gefühl vor zehn Jahren ist heute und jetzt nicht mehr ganz das Gefühl von früher. Wie ich es jetzt fühle, das ist die Gegenwart, dort ist der lebendige Punkt, um den alleine es geht. Deshalb sagt Heraklit so bildhaft und zutreffend: »Du steigst niemals mehr in den gleichen Fluß.«

Alles ist anders in diesem einen Moment der Gegenwart. Auch alles Tote erscheint im gegenwärtigen Licht anders. Es gibt nichts, woran wir uns festhalten könnten. Es ist alles im Fluß, und es gibt keine Erfahrungen, auf die wir uns verlassen könnten. Es gibt gewisse Ähnlichkeiten, so die Uferböschung, der Fluß, seine Strömung, aber die Sonne steht anders, die Wolken sind anders — es ist heute zwar der gleiche Fluß, aber dennoch steigst du in einen anderen Fluß. Die tatsächliche Gegenwart, so ähnlich sie auch sein mag zu einer vergangenen Gegenwart, so ist sie doch auch wieder davon verschieden. Die wirkliche Lebendigkeit geschieht eben nur in diesem einen

Augenblick, der unverwechselbar ist. Erleben ist unverwechselbar einmalig. Auf dieses gegenwärtige Erleben kommt es an. Sei in diesem Erleben offen, gehe darin total auf, dann ist alles Ähnliche bedeutungslos, es fällt von dir ab, und du steigst als lebendiges Wesen in den lebendigen Fluß, alles wird lebendig um dich herum — das ist das psychologische Zeitphänomen, das ich meine. Dann fällt die Vergangenheit von dir ab, sie tritt zurück, mehr und mehr, und es wird erkannt, daß alles Erleben nur eine Zeit hat, nämlich die Gegenwart.

Es gibt nur eine seelische Zeit, das ist die jetzt erlebte Zeit. Der Sinn des Lebens ist, dieses Erleben in diesem Moment, von Moment zu Moment zu entfalten. Das ist ein wichtiger Hinweis für alle Psychotherapie, aber darauf wollen wir, wie bereits erwähnt, nicht weiter eingehen.

Die Gegenwart als psychologisches Zeiterleben ist von großer Bedeutung. Es wurde bisher nicht gebührend beachtet, weil das Denken sich so gerne mit der Vergangenheit beschäftigt oder wie gebannt auf die Zukunft starrt. Deshalb müssen wir uns vom Denken lösen, wenn wir in die Gegenwart hineingehen. Erleben ist das eine, Denken aber über die Vergangenheit und Zukunft ist das andere. Erleben ist Leben, das Denken über Vergangenheit und Zukunft ist kein konkretes Leben. Das Werkzeug, das sich darüber hermacht, ist nicht die lebendige Wirklichkeit. Gestaltet wird vom Denken immer im nachhinein. Du kannst denken und denken, bewerten und etikettieren, benennen, so geschickt und poetisch wie du Lust hast — es ist nicht mehr die Wirklichkeit. Das Lebendige aber hat Vorrang, alles Verbalisieren ist ein Netz, in dem sich nicht mehr das Leben selbst bewegt. Interpretation ist nicht das Leben. Wir wollen uns also aufmachen zum Leben und alles andere hinter uns lassen.

Die Zeit im Erleben

Die physikalische Zeitmessung geschieht unter anderem mit dem hin- und herschwingenden Pendel in der Uhr. Schwingung ist ein elementarer und universeller Lebensvorgang. Ein Gewicht hängt an einer Schnur, es wird angestoßen und schwingt als Pendel hin und her. Hier handelt es sich um einen physikalischen Grundvorgang: Das Gewicht schwingt in eine Steigung, die sich verlangsamt, und umgekehrt in ein Fallen. Der Künstler und Philosoph Hugo Kükelhaus nennt es die Steige- und die Fallstrebung: »Im Hochsteigen entwickelt sich die Fall-, im Abschwingen die Steigestrebung.« Jedes Steigen enthält Energie, die sich mehr und mehr abschwächt, bis zu einem Ruhepunkt, in dem sich diese Energie in ein Fallen verwandelt. Im Fallen sammelt sich die Energie für erneutes Ansteigen. Dieser Vorgang des Steigens und Fallens ist die Einheit der Schwingung. Jenes Naturphänomen sollten Sie einmal selbst erlebend betrachten, mit einer Schnur und einem Gewicht. Betrachten Sie den Pendelschwung der Schwingungen, das Auf und Ab, die Umwandlung der Energie in das Steigen und Fallen. »Schwingung ist etwas Universales«, sagt Hugo Kükelhaus. Schwingung zeigt uns etwas Generelles über Energie, auch über seelische und körperliche Energie. Wir selbst sind ein Teil von Schwingung, wir setzen Energie ein, die sich aufbaut, zu einem Höhepunkt ausschlägt und sich in einen Abschwung verwandelt. Man interessiert sich für etwas, konzentriert sich, wird aktiv, bis zu einem Zeitpunkt, an dem sich die

Energie schwächt — und das Pendel schwingt zurück, entspannt sich, tankt neue Energie, schwingt hoch und wieder zurück. Energie erreicht einen Gipfel, entspannt und sammelt sich für einen neuen Gipfel.

Lebendigkeit ist Schwingung, Aktivität und Passivität, in beiden ist Energie. Reden und Schweigen, in beiden ist Energie, Aktivität und Passivität, Extraversion und Introversion, Tat und Nichthandeln, jeweils beides sind Teile der Einheit von Schwingung. Die Schwingung darf nicht gestört werden, um ihre Harmonie und Schönheit zu entfalten. Dieses Grundgesetz (übertragen auf das Leben) bedeutet: Beides muß geschehen können, ohne eine Unterbrechung, ohne Einsatz des Willens.

Ständige Aktivität ist eine Vergewaltigung des Lebens, ständige Ruhe und Passivität genauso. Wir leben in einer sehr aktiven, leistungsorientierten Zeit, die Stille und Ruhe unterbewertet — so kann das Leben nicht schwingen. Wir wollen den Aufschwung steigern und zögern den Abschwung hinaus — und schon ist die Gesamtschwingung gestört. Wir suchen die Extraversion, steigern sie durch innere Anstrengung — und schon ist die Introversion gestört. Andere wiederum suchen die Stille, wollen sie festhalten, dann aber ist der Aufschwung des Energieausdrucks gestört. Wir nehmen Energie auf, aber wir geben sie nicht wieder ab in einen zwanglosen Abschwung, der sich auf der anderen Seite wieder aufbaut.

Wir atmen ein und aus. Wer nur einatmen will, stirbt genauso wie derjenige, der nur ausatmen will, denn Ein- *und* Ausatmen sind der Gesamtvorgang einer Schwingung. Wir brauchen die Anregung zur Aktivität und die Entspannung. Wer sich nur entspannt, nur Ruhe sucht, tötet die Schwingung, er geht nicht mit dem Leben mit. Wir gelangen zu zwei grundsätzlichen Problemen: Entweder klammern wir uns an das Aufsteigen oder an das Fallen der Energie. Der Sinn des Lebens aber liegt in der ganzen Schwingung.

Alle psychischen Vorgänge müssen als Schwingung verstanden werden, auch die Liebe. Es gibt keine Konstanz, keine gleichmäßige Linie. Die ruhige Linie ist der Tod. Auch die Liebe ist nichts Konstantes, auch sie baut sich auf, erreicht einen Gipfel, entspannt sich zurückschwingend, um sich wieder neu aufbauen zu können.

Wir müssen unser Leben (Geist, Seele und Körper) als Schwingung begreifen, um die Harmonie der Lebendigkeit zu erreichen. Wer in der Schwingung lebt, wer sie mitfühlend in jedem Augenblick erfaßt und sich niemals eingreifend dagegen stemmt, weder im Energieaufbau noch im Abschwung, nur derjenige lebt ohne jegliche Reibung, er ist im Einklang mit seiner Lebendigkeit, er bleibt jung, elastisch und vital, sowohl geistig, seelisch als auch körperlich. Im Verständnis der Schwingung liegt ein großes natürliches Geheimnis, das in seiner Bedeutung leider nicht voll erkannt wird.

Wir müssen lernen, tief in uns hineinzulauschen, auf die Schwingung unseres Lebens, unserer gesamten Existenz. Den Rhythmus erfühlen und mitgehen in jeder Stunde, den ganzen Tag, in der Woche, über die Monate und Jahre. Mitgehen, mitfühlen, eingehen, aufgehen, das heißt glücklich werden. Der Rhythmus unserer persönlichen Schwingung ist unser privates Zeiterleben, das völlig unabhängig von der physikalischen Zeit ist, denn die physikalische Zeit ist etwas Mechanisches. Jeder Mensch hat seine individuellen Schwingungen, er erlebt seine Energie, die sich entfalten will, die sich verbraucht und von der Steigestrebung in die Fallstrebung übergeht. Die Steigestrebung (Energieentfaltung) ist genauso wichtig wie die Fallstrebung (Energierückgewinnung = Ruhephase) für den universalen Vorgang des Lebens. Wer mit sich selbst in Verbindung ist und seine Befindlichkeit erfühlt, wird sich der Steigestrebung hingeben und sich danach vertrauensvoll in die Fallstrebung hineinfallen lassen, um mit neu gebildeter Energie wieder in die nächste Steigestrebung hineinzuschwingen. Kein anderer darf diesen Rhythmus stören, niemand darf sich hier einmischen, damit sich die Lebensenergie eines Menschen in seiner subjektiven Schwingung voll entfalten kann.

Das persönliche Zeitgefühl wird leider nicht ernst genommen. Wir lassen die Uhr allzuoft in unsere Lebensschwingung hineindiktieren. Im Berufsalltag läßt sich das oft nicht ändern, aber in der Freizeit sollten wir auf unsere subjektiven Steige- und Fallstrebungen lauschen und mit Körper, Seele und Geist mitgehen. Dann entschwindet die physikalische Zeit, und wir spüren ein Aufgehen in einem anderen Zeitempfinden. Die Zeit scheint dann stillzustehen, wir gehen völlig auf in dem, was geschieht, und es herrscht Zeitlosigkeit im Erleben (während die Uhr natürlich mechanisch weitertickt).

Im tiefen Erleben unserer Gegenwart gelangen wir in den Zustand der Liebe und Meditation. Nicht nur Ruhe und Stille sind Meditation, auch aktives Erleben ist Meditation. Meditation ist der Gesamtvorgang der Schwingung, also Fallen und Steigen. Wer in dieser Schwingung aufgeht, gelangt in eine ganz andere Zeitdimension, in der Vergangenheit und Zukunft zurücktreten und Gegenwart entsteht. Einsatz von Energie ist genauso lebendige Gegenwart wie das Hineinfallen in Passivität, in der sich neue Energie bildet. Aller Zwang hat dann ein Ende. Es bedarf dann keiner »Selbstdisziplin« mehr durch Einsatz des Willens, denn die Lebendigkeit ist Schwingung, sie trägt ihre Disziplin in sich selbst, wenn wir uns ihr vertrauensvoll überlassen.

Wie uns die Gegenwart genommen wird

Auch der Nachtschlaf ist Gegenwart, der als Pendelschwung in die Regenerationsphase ein Teil der Lebensschwingungen ist. In den vierundzwanzig Stunden Tag und Nacht verbrauchen wir etwa acht Stunden für den Schlaf, acht Stunden für das Tätigsein, um unseren Lebensunterhalt zu sichern, und acht Stunden »freie Zeit« für unser privates Leben. Für die meisten Menschen sind die acht Stunden Berufstätigkeit eine unangenehme Pflichterfüllung, zu der sie sich mehr oder weniger zwingen müssen.

Selbsterfüllung und Lebensentfaltung ist im Beruf vielen nicht möglich. Es gibt leider nur wenige Mitmenschen, die ihren Beruf als Berufung sehen und die mit Liebe und Freude auch den Beruf als ihr »wirkliches Leben« beschreiben können. Für die Mehrzahl der Berufstätigen wird ihre Tätigkeit zur langweiligen, öden und stumpfsinnigen Pflichterfüllung. Sie verkaufen ihre Arbeitskraft, um ihren Lebensunterhalt bestreiten zu können. Die Erkenntnisse der Arbeitspsychologie, Motivationsforschung und Persönlichkeitspsychologie konnten daran bis heute nichts ändern. Auch die Arbeitserleichterung durch Maschinen und Computer haben daran nichts geändert. Das Berufsleben wird nach wie vor diktiert von den Terminen der physikalischen Zeitmessung. Körper und Geist sind verplant in Zeitabläufe und Verpflichtungen.

Nach Abzug von sechzehn Stunden (Schlaf plus Beruf) bleiben uns also in der Regel noch acht Stunden Freizeit. Rechnen wir eine Stunde für Morgentoilette, Frühstück und Fahrzeit ab und zwei Stunden für Einkäufe, Kochen und sonstige häusliche Verpflichtungen, bleiben nur noch fünf Stunden übrig.

Um diese fünf Stunden geht es, denn sie könnten genutzt werden für ein wirklich authentisches Leben, ein Leben ohne jede Fremdbestimmung. In dieser Zeit könnte das gelebt werden, was wir wirklich gerne tun, was wir aus uns selbst heraus mit innerer Anteilnahme unternehmen wollen. Diese Gegenwart des lebendigen Erlebens ist allerdings in allerhöchster Gefahr, uns gestohlen zu werden.

Der gefährlichste »Gegenwartsfresser« ist das Fernsehen mit seinem Unterhaltungsangebot. Das Fernsehen ist so verführerisch, weil wir glauben, nach der Berufstätigkeit ein Recht auf Unterhaltung und Zerstreuung zu haben. Es ist eine Art Psychodroge, die uns vom Nachdenken und Fühlen abhält. Wir werden mit einem vorgeführten Leben auf der Mattscheibe konfrontiert. Wir beobachten etwas, sehen, wie andere Menschen etwas erleben, eine Liebe, einen Konflikt, Aggressionen, Gewalt, Krieg, Verbrechen, Ehebruch, Intrige usw. Für uns selbst ist das aber völlig wertlos, denn es ist die Betrachtung eines anderen Lebens — wir selbst bleiben passiv. Lediglich das Gehirn wird beschäftigt und wachgehalten. Der Wind, der durch die Landschaft weht, wir spüren ihn nicht, die Intrige berührt uns nicht wirklich selbst, der gespielte Konflikt ist nicht der unsere, wir denken uns in ihn nur hinein. Wer geliebt wird, sind nicht wir selbst, wer betrogen wird, sind nicht wir, sondern es ist ein anderer Mensch. Der Rosenstrauß auf dem Tisch duftet nicht, und die »miterlebte« Liebesszene läßt uns selbst alleine und leer zurück.

Wir werden in schneller Bild- und Szenenfolge von vielen Assoziationen an unsere Vergangenheit (bereits Erlebtes) und an unsere Zukunft (Wunsch, Hoffnung) berührt, aber bei keiner Assoziation können wir verweilen, denn es geht weiter und weiter, bis das Gehirn von diesen vielen Fragmenten ermüdet.

Als Psychologe halte ich das Fernsehen für sehr schädlich: Es ist ein Lebensräuber — und die meisten sind sich dessen überhaupt nicht bewußt, weil es so bequem und angenehm erscheint, sich von sich selbst ablenken zu lassen.

Aber nicht alleine das Fernsehen ist ein Gegenwartsfresser, auch die Geselligkeit, die wir suchen, um von anderen Menschen umgeben zu sein, weil wir dadurch unserer Einsamkeit entfliehen wollen. Auch der Freizeitsport, das Fitneßtraining, das Hobby können diese gefährliche und letztlich schädliche Funktion einnehmen. Sogar Psychotherapie mit ihren verschiedenen Spielarten kann uns der Gegenwart berauben. Auch die Gespräche mit unserem Partner, wenn wir ihn nicht mehr lieben, kann uns die Gegenwart rauben. Letztlich kann in der Freizeit (in unserer ureigensten Zeit) alles zu einem Gegenwartsfresser werden, wenn wir nicht mit ganzem Herzen aus tiefer innerer Anteilnahme erleben.

Dieser Gedankengang ist vielen Lesern vielleicht etwas befremdlich. Ich versuche ihn deshalb etwas allgemeiner zu erläutern ... Wir sind eine Einheit von Körper, Seele und Geist. Der Körper mag zwar funktionieren und präsent sein, auch das Gehirn mag wach sein und ich sitze, meiner selbst bewußt, am Tisch; ich lebe zwar, und dennoch bin ich nicht in der Gegenwart, nicht wirklich ganz lebendig. Ein Körper vor dem Fernseher, der Bier trinkt und Chips ißt, der sich gedanklich mit einer Filmhandlung beschäftigt, der seelisch sogar mitfühlt, ist dennoch kein ganzer lebendiger Mensch, denn er lebt in diesem Moment nicht ursprünglich sein eigenes Leben.

Das Denken kann uns vom Leben abhalten. Unser Denken, die Instanz, aus der unsere geistige Intelligenz entspringt, kann zum Gegenwartsfresser werden. Unser Denken kann die Gegenwart behindern, zu uns zu kommen. Ein Beispiel soll behilflich sein, das besser zu begreifen: Ein Mensch macht alleine einen Spaziergang in der Natur, er geht einen Feldweg entlang zu einem Waldrand. Er denkt über seine Probleme im Beruf nach, über das, was ein Mitarbeiter gesagt hat, und die Kritik seines Chefs an seiner Leistung. Er macht sich Gedanken über sexuelle Wünsche, die er in seiner Partnerschaft nicht erfüllt findet. Sein Gehirn ist voller Erinnerungen an die Vergangenheit und Vorstellungen, wie es in Zukunft sein könnte. Dieses Denken nimmt ihn gefangen, es wirft ein unsichtbares Netz über ihn, er ist eingesponnen in Erinnerungen, Vorstellungen, Phantasien und zukünftige Pläne.

Währenddessen ist die Gegenwart lebendig von Augenblick zu Augenblick vorhanden, und jeder ist ein Teil davon. Die Schwalben ziehen über ihm ihre Kreise, die Blüten stehen am Wegrand, der Wind umweht die Haare, eine Libelle schwebt vorüber, der Bach gluckert, und ein Vogel setzt sich auf einen Zaunpfosten. Dieser Mensch geht auf diesem Weg, er registriert das alles aber nur als eine Art Kulisse, denn er sieht nicht, spürt und hört es nicht wirklich. Sein Gehirn ist zwar wach, es arbeitet, aber sein seelisches Erleben wird dadurch daran gehindert, sensitiv zu erleben. Dieser Mensch ist körperlich und geistig zweifellos präsent, er ist nicht tot, sondern lebt — und dennoch lebt er nur fragmentarisch, er lebt nicht ganz, solange seine Seele nicht gegenwärtig ist. Das Denken drängt die Seele zurück, und ein sensitives Erleben der Gegenwart wird nicht möglich.

Ich habe schon mit vielen Menschen Spaziergänge gemacht und immer wieder beobachtet, wie dabei ihre Gedanken um ihre Probleme und Konflikte kreisen. Das Denken ist zwar höchst aktiv, aber sie sehen nichts, hören und riechen nichts. Sie sagen vielleicht kurz: »Ach, schau mal, das ist schön.« Nach diesem Aufblitzen von Gegenwart fallen sie aber sofort wieder zurück in ihr kreisendes Denken. Das Denken ist ein Gegenwartsfresser, es beraubt sie des gegenwärtigen Erlebens. Ihre seelische Sensitivität kommt gegen die Macht des Denkens nicht an. Die meisten Menschen sind sich dessen gar nicht bewußt. Sie wissen nicht, daß sie sich dadurch ihre Gegenwart rauben, denn niemand hat sie darauf aufmerksam gemacht. Deshalb schreibe ich dieses Buch. Der Sinn des Lebens liegt in erlebter Gegenwart, nirgendwo sonst.

Anstöße zur Gegenwart

In den Tagebüchern eines der ganz großen deutschen Maler dieses Jahrhunderts, Julius Bissier (1893 in Freiburg geboren und 1965 in Ascona gestorben), steht 1962 folgende Notiz: »Solange ich jung war, habe ich aus den Affekten gearbeitet — alles erschien als Äußerung des verletzten Geltungswillens. Jetzt, da ich alt bin, kann ich in oder aus dem Affekt überhaupt nichts machen, schon weil der Geltungswille mir eine der fragwürdigsten menschlichen Eigenschaften geworden ist. Was etwas ist, hat Geltung. Und um so mehr, wenn es ohne Anstrengung geworden ist — weil es aus der inneren Notwendigkeit kommt. Hier allein ist die Quelle des Gültigen.«

Julius Bissier war bei dieser Eintragung fast siebzig Jahre alt. Er blickt auf seine Impulse zur künstlerischen Arbeit zurück und erkennt, daß ein verletzter Geltungswille zwar Antrieb zur Aktivität und künstlerischen Arbeit sein kann, er bezeichnet diesen verletzten Geltungswillen aber als »Affekt«. Auf die Unterscheidung zwischen Affekt und Emotion möchte ich hier nicht näher eingehen, aber der Geltungs*wille* selbst ist keine Emotion, sondern ein Wille, den das Denken geschaffen hat. Er ist tatsächlich eine sehr fragwürdige menschliche Eigenschaft, er ist eine Motivation, die den Menschen zwar zur Leistung antreibt, aber die Schwingung des Lebens aus dem Gleichgewicht bringen kann, weil die Aufstrebung zu sehr beachtet und das Fallen vernachlässigt wird. Bissier schreibt den herrlich einfachen Satz: »Was etwas ist, hat Geltung.« Nicht das Streben nach Geltung ist wichtig, sondern das Erkennen dessen, was ist, denn alleine das hat Geltung. Wenn etwas »ohne Anstrengung geworden ist«, kommt es aus der inneren Notwendigkeit. »Hier allein ist die Quelle des Gültigen«, sagt Bissier abschließend. Vom persönlichen Geltungsstreben über den Geltungswillen kommt er zur Geltung, zu dem, was ist, zur inneren Notwendigkeit und zur Quelle des Gültigen. Geltungswille ist die eine Sache, Gültigkeit aber ist das ganz andere. Geltung wollen, aber gültig sein, zwischen diesen beiden sprachlich so nahe beieinander liegenden Dingen liegt der Konflikt des Menschen.

Wenn jemand Geltung will, dann geschieht das aus dem Denken heraus. Die innere Notwendigkeit aber — darüber kann das Denken nicht entscheiden. Diese innere Notwendigkeit ist die Quelle des Gültigen, das alleine hat auch Geltung unabhängig vom Geltungswillen. Der Wille kann zwar etwas wollen, aber das hat keine Gültigkeit, so lange es nicht aus der inneren Notwendigkeit kommt. Nur was das Innere tatsächlich ist, das hat Geltung. Oder: Nur das, was ist, zählt. Und damit sind wir wieder bei der Gegenwart. Sie allein ist. Die Vergangenheit ist nicht mehr, und die Zukunft ist noch nicht. Es gibt nur eine Gültigkeit, die Geltung hat, es gibt nur ein wirkliches Leben, und das ist gegenwärtiges Erleben. Alles, was der Geltungswille will, greift störend ein in das, was ist. Geltungswille ist etwas Oberflächliches.

Die innere Notwendigkeit liegt tiefer; sie ist die Quelle unseres Lebens, und dort finden wir den Sinn. Dieser Sinn ist die Quelle des Gültigen. Wir finden ihn nicht im Denken, das nur etwas erdenken kann, das phantasieren, das sich etwas vorstellen oder wollen kann. Der Sinn aber liegt in dem, was ist. Bissier: »Was etwas ist, hat Geltung.« *Nur* das, was ist, hat Geltung, nichts anderes. Das, was ich mir vorstelle, hat keine Geltung, denn es ist nicht das, was ist, es ist nicht real, es hat weder äußere noch innere Notwendigkeit, es ist nicht die Quelle der Gegenwart und des Seins.

Es ist schwer, mit Worten diese so einfache Tatsache darzustellen. Das Problem liegt darin, dem eigenen Denken mit Hilfe des Denkens etwas klarzumachen, wovon gerade das Denken sich so weit entfernt hat. Der Zugang über das Denken ist schwierig, deshalb diese vielen Worte um eine ganz einfache Tatsache.

Der bereits erwähnte Hugo Kükelhaus hat deshalb das Denken einfach umgangen und Objekte geschaffen, die sich direkt an das Erleben der Sinne wenden. Im Juli 1988 wurde in Köln eine Ausstellung seiner Erfahrungsimpulse auf dem Wiesengelände der ehemaligen Pädagogischen Hochschule veranstaltet. In geschlossenen Krügen konnten die Hände nach Federn, Reis, Erde, Filz oder Fell tasten. Seine Kunstwerke führen uns hin zu dem, was ist. Wir brauchen heute diesen Fingerzeig, den ein Indianer oder der Bergbauer des vorigen Jahrhunderts sicherlich als Banalität belächelt hätte. Beide waren ja an der Quelle des Seins. Im Jahre 1988, in unserem so hochtechnisierten Zeitalter der Medien und Computer aber sind wir es nicht mehr. Das Denken hat uns von den Quellen unseres Inneren und den Quellen der äußeren Phänomene weggeführt. Die Liebe zu dem, was ist, ist uns abhanden gekommen.

Im *Kölner Stadt-Anzeiger* wurde am 23. Juni 1988 auf die Ausstellung von Hugo Kükelhaus hingewiesen. Die Überschrift lautete: »Hugo Kükelhaus baute 35 Spielanlagen auf Wiesengelände auf«. Alleine in dieser kurzen Überschrift sind zwei gravierende Fehler enthalten. Hugo Kükelhaus baute die Ausstellung nicht auf, denn er war zu diesem Zeitpunkt bereits gestorben, und es handelte sich natürlich nicht um »Spielanlagen«, sondern um Erfahrungen der Realität. Es ist interessant, daß der Rezensent das als Spiel begreift und damit in eine Ecke schiebt, die nicht so ernst zu nehmen ist.

Für mich hat das nichts mit »Spiel« zu tun, es handelt sich

um das Ernsteste überhaupt, nämlich um die sinnliche Erfahrung der Wirklichkeit, um das, was ist, um das, was Geltung und Gültigkeit hat. Und das ist völlig unabhängig und frei von einem subjektiven Geltungswillen des Denkens. Hugo Kükelhaus war frei davon, und was er uns zur Selbsterfahrung vorhält, ist frei davon. Die ganz große Kunst ist frei davon, frei von Kommerz, frei von einer weltanschaulichen Absicht, frei von politischen oder religiösen Meinungen. Sie mag pädagogisch insofern sein, als sie uns zu dem hinführt, wie der Künstler subjektiv Wirklichkeit erfährt und erfahrbar macht. Das ist die für mich einzig legitime Pädagogik — sie ist nämlich frei von einem Erziehungswillen, frei von Dogmen und Meinungen des Denkens. Diese Pädagogik führt uns auf etwas hin und sagt: Erforsche es selbst. Ich gebe eine Tatsache in die Gegenwart, und du allein bist es, der diese Tatsache erfährt und erlebt. Dein Erleben ist das, was zählt, ich selbst aber trete zurück. Anstöße zur Gegenwärtigkeit, darin sehe ich die Aufgabe künstlerischer Arbeit.

Der Eros der Gegenwart

Auf die zentrale Bedeutung der Gegenwart (im Vergleich zur Vergangenheit und Zukunft) habe ich ausführlich hingewiesen. Es wurde deutlich, daß lebendiges Leben einzig und allein in der Gegenwart stattfindet. Ich betone die Gegenwart und die Erlebnisse im psychischen Zeiterleben, weil diese Tatsache von so großer Wichtigkeit für jeden einzelnen ist. Es mag manchem vielleicht banal erscheinen, daß ich so intensiv auf die Gegenwart hinweise, denn die Gegenwart ist eben »einfach nur« das, was ist, das erscheint so selbstverständlich und ist deshalb eigentlich gar nicht der Rede wert. Und dennoch ist dieses einfachste Wissen um die Lebendigkeit dem zivilisierten Menschen, vor allem dem in viele Zwänge eingespannten Berufstätigen im Alltag, leider abhanden gekommen.

In den vorangegangenen Kapiteln versuchte ich bewußt zu machen, wie uns die lebendige Gegenwart abhanden kommt, wie wir ihrer beraubt werden durch die Initiative der anderen und durch unsere eigene Reaktion darauf. In jedem Moment sind die Lebensräuber um uns, um uns erlebbare Gegenwart wegzunehmen. Und wir selbst beteiligen uns an der Aushöhlung des eigenen Erlebens durch unser Denken, durch die Beschäftigung mit der Vergangenheit und der Zukunft, durch die Beschäftigung mit unlebendiger Zeit. Unser Denken dreht das Tote (Vergangenheit) um und um, etwa durch Grübeln, und behindert so die Gegenwart — und so wird die Beschäftigung mit der Vergangenheit oder der Zukunft in der Regel zur Flucht werden vor der Gegenwart.

Das Denken arbeitet mit diesem toten Material, es hält diese Beschäftigung sogar für besonders intelligent. Als Psychologe muß ich darauf aufmerksam machen, daß diese »intelligente Denkarbeit« mit toten Erfahrungen und Kenntnissen (oder Wissen), mit toten Normen, Utopien, Hoffnungen, Erwartungen und Plänen nur intelligent erscheint, aber nicht wirklich intelligent ist. Die Intelligenz des Denkens muß untergeordnet werden einer ganz anderen Intelligenz, der Intelligenz des Erlebens in der Gegenwart, die nicht im Denken des Kopfes zu Hause ist, sondern im Fühlen der Seele.

Dieser Hinweis auf die Gegenwart des lebendigen Erlebens wird mir oft als »Materialismus« angekreidet. Weil ich sage, es zählt nur das, was ist, das im Augenblick Konkrete, das Präsente, nicht das Utopische, nicht das Ideale, nicht die utopische Idee, nennt man mich einen Materialisten, der die höheren Werte der Ideen nicht anerkennen würde. Ich sage unbeirrt: Es gibt nur eine wirkliche Realität — und das ist die Gegenwart!

Ich bin kein Idealist, also kein Verfechter von Ideen und Idealen. Ich behaupte, sogar Ideale sind der Weg ins Unglück. Deshalb lehne ich alles Ideale völlig ab. Das aber bedeutet wiederum nicht, daß ich Aggressionsfreiheit, Frieden, liebevolles Mitgefühl, Gleichheit und Brüderlichkeit verurteilen würde. Es wäre ein Trugschluß des Denkens, wenn Idealismus abgelehnt wird, daraus dann voreilig zu schließen, daß damit das Gegenteil des Ideals oder der Utopie verfolgt würde. Natürlich bin ich für Gewaltfreiheit, für Frieden, Liebe und die positiven Wertvorstellungen, welche Philosophen, Religionsstifter, Propheten und Visionäre benannt und beschrieben haben. Es gibt keinen vernünftigen Grund, dagegen zu sein. Weil ich auf die Tatsachen der Gegenwart verweise, auf das, was wirklich ist, bin ich keineswegs *gegen* das, was meist nicht ist, nämlich die

Ideale und Utopien, die nicht sind, weil sie vom Denken erfunden sind.

Selbstverständlich bin ich für die Gewaltfreiheit und die liebende Einfühlung in den Mitmenschen. Ich bin für Gleichheit, Toleranz und Freiheit. Aber was nützt und bedeutet das in der Wirklichkeit des gegenwärtigen Augenblicks? Spüren Sie, was ich damit meine? Spüren Sie, daß es mir nicht um einen platten Materialismus geht? Unter »Materialismus« versteht man ein Verhaftetsein am Materiellen, ein egoistisches Streben nach materiellem Vorteil auf Kosten der anderen. Das aber meine ich gerade nicht, wenn ich auf die Bedeutung der Gegenwart hinweise. Es geht dabei nicht darum, den anderen etwas Materielles wegzunehmen. Unsere Begriffe sind so sehr von positiven und negativen Bedeutungen geprägt, dieser ganze Schutt muß erst weggeräumt werden, damit die Klarheit und Wahrheit wieder unverfälscht hervortreten kann. Ich will versuchen, das verständlich zu machen. Bitte verlieren Sie nicht die Geduld, wenn ich mich wiederhole, denn das dient nur dem Zweck, unter einem veränderten Blickwinkel die Aufmerksamkeit wieder neu zu wecken.

Die Gegenwart, die einzige konkrete Realität dessen, was ist, hat nichts mit Materialismus zu tun. Materie ist das Tote, das uns umgibt. Da alles dennoch der Veränderung unterliegt, bewegen wir uns lebendig als *beseelte* Materie im Materiellen. Die Veränderung ist das Lebendige. Wir selbst bestehen körperlich aus Materie, und wir bewegen uns seelisch im lebendigen Augenblick dazwischen. Das Lebendige ist unser Seelenleben. Wir sind nicht *nur* Materie, die sich nach physikalischen Gesetzen bewegt, sondern wir sind vor allem auch Fühlende. Das Fühlen macht die Lebendigkeit aus. Denken ist kein Fühlen. Weil wir denken, sind wir nicht lebendig. Das Materielle ist, was es ist, es fühlt nicht. Im gegenwärtigen Fühlen liegt das beseelte Leben.

Das Fernsehen beispielsweise vermittelt nichts *wirklich* Präsentes. Unsere Gedanken auch nicht. Es gibt nur die eine Gegenwart, die jetzt in diesem Moment präsent ist. Die sensitive Seele kann sie erfassen und erfahren, dieser Vorgang ist Leben, alles andere ist kein wirkliches Leben. Ich bezeichne dieses sensitiv erfahrene wirkliche Leben als »Eros der Gegenwart«.

Die Wirklichkeit der Gefühle

Neben der äußeren Wirklichkeit existiert gleichwertig die innere Wirklichkeit des Seelischen. Die Gefühle sind etwas völlig Reales und Konkretes, obwohl sie nicht materiell sichtbar sind und sich der naturwissenschaftlichen Methode des Zählens und Messens weitgehend entziehen. Es ist ein großer Trugschluß, dem leider sowohl die Wissenschaftler als auch der »normale Bürger« unterliegen, die Gefühle der Innenwelt hätten etwas mit »Gefühlsduselei« oder »Sentimentalität« zu tun. Darauf bin ich in meinen bisherigen Büchern immer wieder eingegangen.

Ich werde nicht müde zu betonen: Es geht darum, wirklich intensiv zu fühlen, was man fühlt. Die meisten Menschen, vor allem die rational orientierten Männer, neigen dazu, die Welt der Gefühle abzuwerten (»das sind ja *nur* Gefühle«), so, als hätten Gefühle eine geringere Bedeutung, als wären sie »irgendwie nicht ganz wirklich«. Wir vertrauen mehr einem Gedanken, der logisch erscheint, und glauben, daß logisches Denken wirklicher sei als Gefühle. Ich behaupte, ein Gedanke, so logisch er auch sein mag, ist *nur* ein Gedanke, er besitzt *nur* eine gedankliche Wirklichkeit. Dagegen ist ein Gefühl aber nichts Gedachtes, ein Gefühl hat seine Wurzeln in der Wirklichkeit.

Auch eine Erinnerung, die im Gedächtnis gespeichert war, kann hervortreten und Gefühle auslösen. Die Erinnerung ist nicht die Wirklichkeit. Das Gefühl entsteht, weil die Erinnerung ihre Wurzeln einmal in der Wirklichkeit hatte. Aus dieser Wurzel gelangt das Gefühl in das gegenwärtige seelische Erleben. Das Nachdenken über die Vergangenheit, dieser so weitverbreitete und geschätzte Vorgang des Denkens, ist nicht deshalb sinnvoll, weil das Denken aktiv ist, sondern weil über die Wurzeln die Gefühle wieder aufsteigen. Diese Gefühle zu beachten, das wäre wertvoll. Statt dessen wehren die meisten Menschen diese Gefühle (eben als »Gefühlsduselei«) nun wiederum ab und ziehen sich auf das Denken zurück. Man macht sich Gedanken. Es gilt als erstrebenswert und intelligent, es ist angesehen, sich Gedanken zu machen. So schneidet man sich erneut ab von den Wurzeln zur Wirklichkeit.

Das Denken beginnt zu kreisen, Grübeln beginnt. Das Denken muß sich im Kreise seiner Logik drehen, wenn die Gefühle abgespaltet werden. Das Denken besitzt seine eigene Logik, es bewegt sich in seiner kognitiven Eigenwelt — die Gefühle aber bewegen sich in einer ganz anderen Welt, in der nicht die Logik des Denkens angebracht ist, sondern — wenn überhaupt eine Logik — Psycho-Logik. Wer psycho-logisch vorgeht, gelangt näher an die Wirklichkeit als derjenige, der nur rational-logisch sich selbst und seine Umwelt verstehen will.

Das Denken dient der Einordnung, der Zeitplanung, der Strategie, aber die Psycho-Logik der Gefühle, also des Seelischen, ist die Basis. Zuerst sollte die Basis sein, zuerst also die Welt der erlebten Gefühle, danach kann sich das Denken darüber hermachen — oder natürlich besser nicht. Die Gefühlswelt braucht nicht das Denken, denn sie ist das Primäre, das Rationale aber ist das Sekundäre, das erst tätig werden kann, wenn das Primäre bereits geschehen ist.

Emotionen sind Wirklichkeit, sie sind unsere Basis. Es besteht kein Grund, darüber »als Intellektueller« abwertend die Nase zu rümpfen. Die Wirklichkeit hat Vorrang. Wir sind Lebewesen in der Wirklichkeit. Je näher wir an der Wirklichkeit sind, ich meine jetzt als private, ganz persönliche Lebewesen, nicht als Naturforscher, als Soziologen, Psychologen, Politologen, Meinungsforscher, Konfliktforscher, Anthropologen oder Philosophen, ich meine den Menschen als Individuum, je näher wir bei dieser Wirklichkeit sind, nämlich am eigenen aktuellen Erleben, desto mehr erkennen wir, was es dann heißt, authentisch zu sein.

Es geht nicht darum, Gedanken zu äußern, sondern es geht darum, ganz zu sein. Wer nur seine Gedanken ernst nimmt, aber seine Gefühle ausklammert, ist nicht ganz in der Wirklichkeit. Er löst sich vom Seelischen seiner Innenwelt los. Die Gefühle unserer Innenwelt sind die ganz konkrete Wirklichkeit. Authentisch sein, daß heißt, diese Wirklichkeit anzuerkennen und aus ihr heraus zu handeln. Authentisch sein, das heißt, sich selbst anzunehmen. Sich selbst anzunehmen, das eigene Zentrum zu erleben, das ist keine »egoistische Nabelschau«. Wirklich fühlen, es auszufühlen, was man fühlt, das ist sehr konkret und keineswegs weltfremd, sondern absolut weltnah. In diese Wirklichkeit hineinzugehen, das bedeutet, daß man sich selbst ernst nimmt. Und man muß sich selbst ernst nehmen! Was soll ich von einem Revolutionär halten, der seine sozialen Theorien ernst nimmt, der die politischen Verhältnisse ändern will, aber sich selbst und seine eigenen Gefühle nicht ernst nimmt? Was nützt mir eine Philosophie oder Psychologie, die gedanklich eine Theorie erfindet, die schön, gut und richtig erscheint, wenn sie keinen Bezug zur Realität meiner eigenen Gefühle hat?

Diese gesamte Betrachtung erscheint vielen vielleicht etwas abstrakt. Deshalb zurück zu den persönlichen Gefühlen. In unseren Gefühlen sind wir authentisch. Wir fühlen sie — und es ist völlig in Ordnung, sie ernst zu nehmen. Wenn ich Wut fühle, dann darf ich nicht davor ausweichen, weil das Denken Wut für falsch hält, sondern muß die Wut als Wirklichkeit aufmerksam betrachten. Das Gefühl der Wut ist eine seelisch-emotionale Wirklichkeit. Wut ist konkret und real. Wut ist etwas, das in mir real vorhanden ist. Nicht wütend sein zu sollen, das ist ein Ideal. Die Wut aber ist real.

Ich fühle beispielsweise Neidgefühle. Sie sind real. Ich bin neidisch. Das gehört konkret zu mir. Das Ideal aber sagt: Sei nicht neidisch! Ich bin aber neidisch, ich fühle Neid. Neid ist Wirklichkeit, nicht neidisch sein zu wollen, das ist Theorie.

Ich fühle, wie ich fühle, aber die Instanz des Denkens sagt mir: Wie du fühlst, das ist nicht richtig. So spalten wir uns von der Wirklichkeit ab, wenn wir etwas fühlen und dann schnell wegsehen, indem wir sagen: »Aber das sollte nicht so sein.«

Die Rose blüht rot, aber das Denken sagt, sie sollte nicht rot sein, sondern gelb. So gesehen, erscheint dieser Vorgang absurd. Das eine ist, aber ich will nicht, daß es so ist. Das Denken gestaltet es um. Warum will ich es umgestalten? Kann ich es nicht so lasen, wie es ist? Warum muß sich das Denken immer einmischen? Ich behaupte, es geht darum, die Wirklichkeit des Fühlens anzunehmen. So wie es ist, so ist es nun einmal. Das sage ich in bezug auf die abgewehrten Gefühle wie Neid, Wut, Angst, Melancholie und Trennungsschmerz. Ja, die angenehmen Gefühle, wie Liebe, Freude, Hoffnung und Verbindung, die nehmen wir gerne an. Ich kann aber doch nicht in meiner Innenwelt der Gefühlsdimension das eine begrüßen, aber das andere, das auch dazugehört, abtrennen. Beides ist die Wirklichkeit des Seelischen. Solange wir nicht beides aufnehmen, kann sich Wirklichkeit nicht voll entfalten.

Authentisch sein heißt, die Ganzheit anzunehmen. Ganz sein heißt Fühlen, Denken und Handeln im Bezug zur Wirklichkeit. Und Wirklichkeit geschieht fernab von Idealen meines Denkens.

Die Wirklichkeit der Außenwelt und des Denkens

Der Schriftsteller und Maler Lothar-Günther Buchheim beschreibt seinen Garten in dem Buch »Die Tropen von Feldafing« mit der Begeisterung eines Menschen, der seine Außenwelt mit den Sinnen aufnimmt: »So wie der Garten jetzt ist — in dieser Herbststimmung mit dem Gestrüpp verblühter Stauden, das ich noch nicht wegnehme, weil ich es im Winter reifbedeckt vor dem Fenster haben will —, so sehe ich ihn am liebsten. Wenn diese Umbrafarben, diese Sepiatöne, diese ganz verschiedenen Brauns bis hin zum Paynesgrau in den Garten Einzug gehalten haben, wenn die morgendlichen kalten Grüns hinzukommen, wenn gar noch Tau an den Gräsern hängt und die Wiese aussieht, als hätte es schon geschneit, ist der Garten ein Album aus tausend Bildern. Auch neue Formen beschert der Garten jetzt: Man muß bloß mal so einen vom Föhnwind zusammengewehten Laubhaufen genauer ins Auge fassen. Was gibt es da nicht alles an Gekräuseltem, bizarr Verdrehtem, Zerfranstem, Gezacktem!«

Man spürt in diesem Text etwas von der faszinierenden Ausstrahlung der Außenwelt, die, wahrgenommen über unsere Sinne, in die Innenwelt gelangt. Im April 1918 schrieb Hermann Hesse ein Gedicht, das diese Freude an der Außenwelt wiedergibt:

»Voll Blüten steht der Pfirsichbaum,
nicht jede wird zur Frucht,

sie schimmern hell wie Rosenschaum
durch Blau und Wolkenflucht.

Wie Blüten gehn Gedanken auf,
hundert an jedem Tag —
laß blühen! Laß dem Ding den Lauf!
Frag nicht nach dem Ertrag!

Es muß auch Spiel und Unschuld sein
und Blütenüberfluß,
sonst wär die Welt uns viel zu klein
und Leben kein Genuß.«

Die Betrachtung eines Pfirsichbaums im Frühling ist ihm ein Gedicht wert, eine Huldigung an die sinnlich erlebte Außenwelt, an die uns umgebende Natur: »Voll Blüten steht der Pfirsichbaum, sie schimmern hell wie Rosenschaum.« Das zu sehen, es aufmerksam anzuschauen, macht glücklich. Das aufmerksame Betrachten der Wirklichkeit ist ein erotischer Vorgang. Daran anschließend regt sich beim Autor das Denken: »Nicht jede wird zur Frucht.« So viele Blüten, so viel Rosenschaum, aber ein kritischer Gedanke schiebt sich dazwischen: »Nicht jede Blüte wird zur Frucht.« So denkt beispielsweise ein Eigentümer des Baumes, der auf Ertrag aus ist und sich von den Früchten einen Gewinn ausrechnet. Hermann Hesse ist allerdings Dichter und kein Mensch des Kommerzes. Deshalb: »Wie Blüten gehn Gedanken auf ... laß blühen! Laß dem Ding den Lauf! Frag nicht nach dem Ertrag!« Gedanken sind wie Blüten, sie blühen auf, aber nicht aus jedem Gedanken wird eine Frucht, denn »es muß auch Spiel und Unschuld sein und Blütenüberfluß«. Gedanken sind wie Blüten, wie ein Spiel, auch sie sind Blütenüberfluß. Gedanken besitzen eine ihnen eigene Wirklichkeit, sie sind Gedankenspiel, mehr nicht. Dieses Spiel muß auch sein. Mit dem Gedankenspiel sollten wir gelöst umgehen — und nicht deshalb, weil es Gedanken sind, sie *überbewerten*. So relativiert können Gedanken zum »Blütenüberfluß« werden.

Ich variiere deshalb jetzt: Laß denken! Also laß das Denken denken und Gedanken Ideen produzieren, und laß dem Ding Gedanken seinen Lauf. Das Denken muß nicht zurückgedrängt werden; es geht nicht um eine Verteufelung des Denkens. Laß das Denken seine Blüten produzieren, auch diese Blüten sind als Ding zu betrachten. Das Gehirn ist ständig aktiv, es steht ständig in voller Blüte. Aber vergiß nicht, daß es sich bei jedem Gedanken um eine Blüte handelt; es muß auch Spiel sein und Gedankenüberfluß. An Gedanken besteht wahrhaftig kein Mangel, das Denken produziert sie ohne Unterlaß. Solange wir das als Spiel sehen, können diese Gedanken keinen Schaden anrichten: »Sie schimmern hell wie Rosenschaum durch Blau und Wolkenflucht.«

Die Wirklichkeit der Außenwelt hat eine große Kraft der Faszination. Die Außenwelt, die über die Sinne in unsere Seele gelangt, ist die elementare Wirklichkeit dessen, was ist, sie vermittelt uns etwas vom Sein, in das wir hineingeboren sind als Gast in dieser Welt. »Voll Blüten steht der Pfirsichbaum, sie schimmern hell wie Rosenschaum.« Das ist so, gleichgültig, ob ein sehender und denkender Mensch sie sieht oder auch nicht sieht.

Dann tritt der Mensch mit seinen Gedanken dazu. Solange er nur schaut, bleibt alles in Ordnung. Nun kommen aber seine Gedanken hinzu, Gedanken daran, daß nicht jede Blüte zur Frucht wird: Er überlegt, wie aus mehr Blüten Früchte werden könnten. Hier hört das Spiel auf. Die Gedanken aber sind im Grunde (im Wesen) nur Spiel, sie sind ja auch nur Blütenüberschuß. Können wir das so losgelöst vom Ertrag sehen? Können wir wirklich den Gedanken ihren Lauf lassen und Hunderte an jedem Tag als ein Spiel der Natur sehen, der Natur, die uns ein solches Gehirn gab, das solche Gedanken produzieren kann?

Können wir die Gedanken so sehen: »Es muß auch Spiel und Unschuld sein und Blütenüberfluß«? Jeden Gedanken betrachten als eine Blüte, welche die Natur in uns hervorbringt? Jede Idee als eine solche Blüte genau anschauen, als ein Ding, als ein Stück Wirklichkeit, aber wohlgemerkt nur gedanklicher Wirklichkeit?

Wir müssen unterscheiden zwischen der äußeren Wirklichkeit der Dinge der Natur und Lebewesen, unserer inneren Wirklichkeit der Gefühle und der Wirklichkeit der Gedanken. Alles Äußere besitzt eine (mehr oder weniger) erotisierende Qualität. Alles Innere ist unsere Reaktion auf dieses Äußere. Die Gefühle und Gedanken (also das Innere) eines anderen werden für uns als Betrachter zu etwas Äußerem. Es kann uns erotisch anziehen oder abstoßen. Wir selbst sind in unserer subjektiven Innenwelt Gefühl und Gedanke. Das Gefühl ist tatsachenorientiert, der Gedanke nicht. Mit den Gefühlen reagieren wir auf Tatsachen, mit den Gedanken produzieren wir etwas von den Tatsachen Unabhängiges, denn Gedanken sind *neue* Dinge. Gefühle entstehen aufgrund eines Bezugs zu dem, was ist, Gedanken schaffen etwas Neues, das mit dem, was ist, entweder mitgeht oder sich dem in den Weg stellt. Deshalb sind Gefühle näher an der Realität als Gedanken. Wer fühlt und sich seinen Gefühlen überläßt, ist in der Realität, so nahe wie ein Lebewesen das nun mal sein kann — es kann sich nur *annähern*. Mit den Gedanken entfernen wir uns von der Realität. Wenn wir sie spielerisch als Dinge (Geistesprodukte) sehen, können wir mit diesem Abstand ihre eigene Realität sehen und damit gefühlsbezogen, also realitätsbewußt darauf reagieren. Wenn wir das aber nicht sehen, dann entfernen wir uns mehr und mehr von der wirklichen Realität.

Die Dinge der Außenwelt sind das wirkliche Wirklichste, die Gefühle sind der erotische Bezug unserer Seele dazu, und die Gedanken sind eine eigene Wirklichkeit, die Dinge des Denkens. Wenn die Gedanken nicht als Gedankenspiel gesehen werden, werden sie zu etwas Störendem. Wirklichkeit sind die gesehenen Blüten, die Gedanken über die Blüten, diese sekundäre Wirklichkeit, sind nur ein Spiel, eine Laune der Natur. Wenn diese Gedanken aber die Macht übernehmen und sich über die Gefühle wie eine Krake legen, werden sie zu einem erlebnistötenden Störfaktor. Die Unschuld geht verloren, und das Leben ist kein Genuß mehr. Wie sagt Hermann Hesse? »Laß blühen.«

Laß dem Ding seinen Lauf! Frag nicht nach dem Ertrag. Das Denken aber fragt nach dem Ertrag. Dann kann die Natur für uns nicht mehr so sein, wie sie ist, und sie kann uns auch nicht ganz beglücken, wie sie ist. Dieses Denken, das als sekundäre Wirklichkeit hinzukommt, dringt in alles Primäre ein. Das Drama des Menschen ist sein Ringen zwischen erotischer Anziehung an das Primäre, aber andererseits sein Lauschen auf die Gedanken, die, wenn sie ernster genommen werden, nicht mehr Spiel und Unschuld sind. Die Gedanken greifen in unser sensitives Erleben ein, sie lassen den Dingen nicht ihren Lauf, und die Unschuld der Liebe wird verloren ... »und Leben kein Genuß«.

Gibt es eine Wirklichkeit hinter den Tatsachen?

Vor einigen Tagen besuchte mich ein Physiker, der vor drei Jahren, mit fünfundvierzig, seinen Job in der wissenschaftlichen Forschung aufgab, um der »Metaphysik zu leben«, wie er sagte. Er besuchte in Indien einige Gurus, um herauszufinden, welche Wirklichkeit hinter der subjektiv erfahrbaren und mit wissenschaftlichen Methoden meßbaren objektiven Wirklichkeit verborgen ist.

Er sagte, daß er heute den »Wert des Subjektiven« wieder zu schätzen wüßte und jetzt wieder einen lebendigen Bezug zu sich selbst herstellen könnte. Zuvor habe er alles Subjektive als »nur subjektiv« arrogant abgewertet, aber er habe erkannt, daß die naturwissenschaftliche Forschung zwar eine objektivere Wirklichkeit erfassen könnte, diese Realität in der Sprache der Zahlen und Formeln auch festmachen könnte — das sei alles schön und gut —, aber es würde ihn heute nicht mehr befriedigen, so weit weg von der sinnlichen Erfahrbarkeit des Subjektiven entfernt zu sein. Er sagte wörtlich: »Ich hatte immer das Gefühl, hinter der Wirklichkeit, die wir erleben, ist noch eine andere Wirklichkeit, dahinter steht etwas Kosmisches, etwas Zusammenfassendes, eine Energie und Kraft, ein schöpferisches Prinzip. Es war mir zu ungenau, das als Gott zu bezeichnen und es dabei dann bewenden zu lassen. Ich habe mehrere Religionen geprüft, aber konnte auch in diesen in Dogmen erstarrten Institutionen nicht das Eigentliche finden, das ich suchte.«

Wir unterhielten uns mehrere Stunden über dieses Thema, und ich spürte, daß er danach drängte, nun herauszufinden, ob ich ihm als »Psychologe« mit meinem »psychologischen Ansatz«, das menschliche Leben zu erforschen und zu erklären, eine Antwort bei seiner Suche geben könnte.

Ich sagte ihm, daß ich weiß, was er sucht. Von der subjektiv erfahrbaren Wirklichkeit auszugehen, sie subjektiv zu erleben, das halte ich für richtig, und es käme mir deshalb nie in den Sinn, etwas Erlebtes als »nur subjektiv« zu bezeichnen. Wir müssen als Person zu dieser Subjektivität und zu unserem Selbst stehen. Unsere Aufgabe als Individuum ist die Selbstfindung; sie steht an erster Stelle. Das hat überhaupt nichts mit Egoismus oder Egozentrik zu tun; die Selbstfindung führt zur Selbstfühlung. Wir beginnen, mit uns selbst in Fühlung zu treten und unsere innere Wirklichkeit wahrzunehmen. Ob diese Wirklichkeit *etwas Objektives* ist oder nicht, das spielt zunächst einmal gar keine Rolle. Wenn wir in Selbstfühlung unsere Umwelt über die Sinne wahrnehmen, also mit unserer Ganzheit als Person erfassen, kann das sinnlich Erfahrbare tief in uns eindringen und durch uns hindurchfließen. Es muß nichts festgehalten werden; Seelenleben ist unabhängig vom Gehirn, es braucht kein Gedächtnis. Das Denken dagegen ist auf das Gedächtnis angewiesen, es arbeitet mit dem gespeicherten Wissen, den Erfahrungen und Kenntnissen. Seelenleben aber braucht kein Gedächtnis; Gefühle sind stets aktuell und neu. Das Denken vergleicht, das Seelenleben ist frei vom Vergleich.

Wer in Selbstfindung ist und lebendiges Seelenleben zuläßt, gelangt zur Seinsfühlung. Die Dinge um ihn herum beginnen sich in einem anderen Licht zu offenbaren. Diese sinnlich erfahrbare Wirklichkeit ist konkret. Aber dieses Konkrete erhält im Seelenleben (nicht im Denken) eine Transparenz, es scheint etwas hindurch, das über unsere alltäglichen Sorgen, Konflikte und Probleme hinausweist. Wir sind befähigt, mit unserer Seele etwas zu empfangen, was das Denken mit seiner sachlich-wissenschaftlichen Einstellung nicht empfangen könnte. Diese Seinsfühlung kann man nicht lehren.

Es gibt Menschen, die das Erlebnis der Seinsfühlung nicht kennen und, wenn darüber gesprochen wird, das als spirituellen Unsinn abtun. Viele haben allerdings schon Momente der Selbst- und Seinsfühlung erlebt. Sie schildern dieses Ereignis als etwas sehr Kostbares. Sie fühlen sich in diesem Augenblick frei, gelöst und getragen von einer Energie, die das Leben plötzlich unkompliziert und leicht erscheinen läßt. Es entsteht ein Gefühl von Geborgenheit inmitten des Trubels der Ereignisse, in aller Unsicherheit. Angstgefühle sind völlig verschwunden, und in dieser Geborgenheit fühlt man sich »selbstsicher, frisch und wie neugeboren«. Man wäre sogar bereit, in diesem Augenblick zu sterben. Es entsteht ein Gefühl der Erfüllung inmitten aller Unerfülltheit der Wünsche, Hoffnungen und ungelösten Probleme. Man ist von einer Energie erfaßt und getragen, die man nicht selbst geschaffen hat. In dieser Selbstfühlung, die Seinsfühlung ermöglicht, wird man im Seelenleben zu einer Durchgangsstation für die Energie des Lebens, die in dieser Welt ist, die aber nicht jedermann sichtbar und ergreifbar ist. Dieses Gefühl, wenn wir selbst in unserem Wesen sind und das Wesen der Dinge sich zu offenbaren beginnt, ist das Wesentliche. Es kann zum Wesentlichsten eines ganzen Lebens werden.

Vor kurzem unterhielt ich mich mit einer krebskranken sechzigjährigen Frau, die wußte, daß sie voraussichtlich nicht mehr länger als ein halbes Jahr leben würde. Sie sagte mir: »Ich lasse jetzt oft mein ganzes Leben an mir vorüberziehen. Ich habe viel erlebt, es ist viel geschehen in den zurückliegenden sechzig Jahren — aber woran ich immer denken muß, ist ein Erlebnis in meiner Jugend. Ich lief alleine mit Schlittschuhen auf einem zugefrorenen See. Es war ein nebliger, kalter Winterabend. Ich ließ mich auf dem Eis dahingleiten, der Himmel war am Horizont gerötet von der untergehenden Sonne. Von ferne hörte ich einige Kinder rufen und lachen. Aus den Häusern am Ufer stieg der Rauch in den Himmel. Ein Vogel flog vorbei. Ich war ganz eins mit mir, meinem Körper, meinen Bewegungen, der Luft und dem Atem. Ich fühlte mich so leicht und glücklich. Ich dachte, die Welt ist schön, und es wird alles gut. Ich sagte vor mich hin: Lieber Gott, ich danke dir, daß ich so glücklich bin, daß mein Herz fast zerspringen will vor Glück. Ist das nicht seltsam, daß ausgerechnet dieses banale Erlebnis mir heute im Rückblick als das Allerwichtigste erscheint? Wichtiger als mein Schulabschluß, wichtiger als meine erste Liebe, wichtiger als meine Heirat und die Geburt meiner Tochter. Wichtiger als das Haus, das wir gebaut haben?«

Ich finde das nicht seltsam oder verwunderlich. Solche Erlebnisse, in denen sich das eigene Wesen dem Wesen des Seins öffnet, ist ein geöffnetes Fenster zur Welt der großen Energie. Es ist ein Erlebnis des Wesentlichen, in dem etwas vom Wesen des Eigenen und des Äußeren zu uns strömt. Der Sinn des Lebens ist: *wesentlich* leben, sich darauf zubewegen. Dafür lohnt es sich zu leben. Wenn es mir als Autor gelingt, das bewußt zu machen und einige verschlossene Seelen wieder aufzuschließen, dann lohnt sich die Mühe und Arbeit, etwas in Worte zu fassen, was mit Worten niemals vollständig ausgedrückt werden kann.

Die Lebendigkeit von Körper, Seele und Geist entfaltet sich also im Augenblick der Gegenwart. Die Vergangenheit ist nicht mehr, und die Zukunft ist noch nicht.

Leben und seine lebendige Entfaltung ist nicht aufschiebbar. Ich kann zwar Termine verlegen, Pläne, die das Denken geschmiedet hat, auf morgen verschieben, die Lebendigkeit aber kann ich nicht aufschieben, denn sie findet jetzt statt, jetzt in diesem Moment. Ich atme ein und aus, die Sonne bestrahlt mein Gesicht, ich begegne einem Menschen, der mich anlächelt, das geschieht jetzt.

Meinen Atem werde ich wohl nicht auf morgen verschieben, denn es muß jetzt geatmet werde. Deshalb ist auch meine Zukunft jetzt. Wenn ich heute nicht mehr atmen würde, wäre ich morgen tot. Ich will damit sagen: Das Leben muß jetzt gelebt werden. Damit rede ich keinem verantwortungslosen Genußstreben das Wort. Ich meine nicht, daß deshalb Verabredungen und Zusagen einfach gebrochen werden sollen. Was das Denken verabredet hat, soll natürlich eingehalten werden. Wir müssen unterscheiden zwischen Körper, Seele und Geist, trotz der Einheit dieser drei Instanzen. Der Geist hat eine Verabredung getroffen, ich werde sie also geistig einhalten. Während ich hingehe, mein Köper zum Gehilfen des Geistes wird, spüre ich die Lebendigkeit um mich und fühle mich selbst emotional lebendig und aufgeschlossen. Ich lasse die Wirklichkeit in mich einströmen und durch mich hindurchfließen, ich fühle mich frei und offen, das alles zu erleben. Ich bin lebendig. Ein Bekannter sagte zu mir: »Ich treffe keine Verabredung mehr, denn dann kann ich nicht mehr lebendig und spontan aus dem Augenblick heraus entscheiden, was ich tun möchte. Wie das Leben so spielt, kommt es nämlich erstens anders und zweitens, als man denkt. Ich will verantwortungslos und verabredungslos aus dem Augenblick heraus leben. Was gibt es dagegen einzuwenden?«

Dagegen gibt es folgendes einzuwenden: Selbstentfaltung heißt nicht verantwortungs- und rücksichtslose Entfaltung gegenüber anderen. Die Würde und der Wert einer mit dem Denken getroffenen Vereinbarung soll eingehalten werden. Freiheit des *Erlebens* ist niemals zwangsläufig auch ein Freibrief für egozentrische Rücksichtslosigkeit. Die Spielregeln zwischen Menschen, die das Denken schafft, müssen nicht außer Kraft gesetzt werden. Aber es sind nur Spielregeln. Während ich die Spielregeln einhalte und nach den Ordnungsvorgaben des Geistes handele, ist das Leben ja nicht abwesend, denn ich muß mir ja keine Scheuklappen anlegen, sonst erlebe ich ja nicht mehr das, was rechts und links geschieht. Selbstentfaltung ist zwar der höchste Wert, aber die Verfolgung dieses höchsten Wertes setzt nicht die darunter stehenden Werte außer Kraft.

Das Leben kommt zu mir. Es wäre eine Verkrampfung, wenn ich mich dem Leben aufdrängen würde. Es ist nicht notwendig, sich ständig der Lebendigkeit an den Hals zu werfen. Das wäre ein Verhalten aus innerer Unruhe, aus einer Panik des Lebenshungers heraus geboren. Ich kann ganz still sein, die Hände über dem Bauch falten, der Körper ist ruhig und entspannt, der innere seelische See ist ruhig und glatt, ich sitze bei meiner Verabredung, die das Denken getroffen hat, ich erfülle meine Pflicht und bin mir meiner Verantwortung bewußt — das Leben aber wendet sich dadurch nicht von mir. Ich brauche keine großen Anstrengungen machen, es bedarf keiner Initiative, denn das Leben kommt zu mir. Ich muß nicht der Gegenwart entgegenstürmen, sie ist ja anwesend, in jedem Augenblick, in dem ich wach und sensitiv bin. Es sind keine Anstrengungen erforderlich.

Ich unterhielt mich einmal mit einem Bergsteiger über seine Motive, warum er gefährliche Felswände hochklettert und dabei sein Leben riskiert. Er sagte mir, daß er sich dabei »ganz gegenwärtig« fühlen würde, denn um nicht abzustürzen, käme es auf jeden Handgriff an. Wenn er aus der Felswand zurückkäme, habe er »das Gefühl, gelebt zu haben«. Das wäre ein »Kitzel«, der ihm wichtig wäre, das würde ihn aus dem langweiligen und gewohnten Alltag herausreißen, danach habe er das Gefühl von einem »unbeschreiblichen Prickeln«. Das vergangene Erlebnis sei sehr intensiv gewesen- ein Hochgefühl.

Ich stellte die banale Frage, ob er dieses Hochgefühl nicht auch haben könnte, wenn er nicht an der Grenze zur Lebensgefahr agiert, sondern einfach nur durch eine Landschaft wandert, an einem Bachlauf entlang, die Pflanzen betrachtend, die Käfer, die Vögel, die Fische im Wasser und die Bäume. Er meinte, das wäre ihm langweilig und sei nichts Besonderes.

Ja, muß es denn etwas Besonderes sein, um sich lebendig zu fühlen? Benötigt man so starke Reize, um sich in den Augenblick zu begeben? Muß ich an einer Felswand hängen, um mich lebendig zu fühlen, muß ich mit einem Drachen fliegen oder mit einem Auto durch die Kurve rasen, um den Wert des Augenblicks zu fühlen? Ich behaupte, das muß ich nicht. *Jeder* Augenblick ist wertvoll genug, um ihn ganz zu erfassen. Ich muß keine Lebensgefahr empfinden, um den Sinn des Lebens zu spüren. Ich muß mich nicht in einer prickelnden Situation der Gefahr erst dem Leben öffnen. Ich kann auch bei einer Verabredung (Verpflichtung) körperlich still sitzen — und das Leben mit seinen Impulsen ist gegenwärtig. Ich kann äußerlich und innerlich still sein, denn es muß nichts Aufregendes passieren. Ich lasse die lebendige Gegenwart um mich herum einfach geschehen, das ist aufregend genug. Ich hake dann in meinem Terminkalender nicht nur einen Termin, eine Pflicht ab, sondern ich habe sehr viel beobachtet und sehr viel erlebt.

Der Kosmos jeder Gegenwart ist gewaltig, er ist unausschöpfbar groß. Das Leben kommt in jedem Augenblick zu mir, wenn ich mich öffne. Dann ist nichts zu gering. Hermann Hesse sagt: »Wer das Größte ein klein wenig zu lieben vermag, der ist ärmer und geringer, als wer am Kleinsten aufblühen kann.«

Sogar Erfahrung kann unnützer Ballast sein

Die Überschrift scheint provozierend zu klingen, denn es gilt uns seit jeher als etwas ganz und gar Selbstverständliches, daß Erfahrungen sinnvoll sind. Wenn wir selbst auch »wenig Erfahrung gesammelt« haben, dann glauben wir, sie bei anderen finden zu können, bei den Älteren oder bei Personen, die mehr erlebt haben als wir selbst. Bei der Schweizer Autorin Alice Miller habe ich in ihrem neuen Buch »Der gemiedene Schlüssel« vor einigen Tagen meine Gedanken zur Erfahrung bestätigt gefunden.

Sie schreibt: »Die Überzeugung, daß ältere Menschen mehr vom Leben verstehen, weil sie angeblich mehr Erfahrungen haben, wurde uns so früh anerzogen, daß wir gegen besseres Wissen ständig an ihr festhalten. Natürlich haben ältere Handwerker mehr Erfahrung in ihrem Handwerk und ältere Wissenschaftler gegebenenfalls mehr ›Wissen‹ in ihren Köpfen, doch beides hat mit Lebensweisheit recht wenig zu tun. Trotzdem kommen die meisten Menschen nicht von der Hoffnung los, sie könnten von älteren Menschen etwas über das Leben lernen, weil deren Vorsprung an Jahren auch eine reichere Erfahrung bedeuten müßte.«

Ein älterer Mensch hat zwar länger gelebt, aber dieser Vorsprung an Jahren muß keinesfalls zu mehr Lebensweisheit und seelischer Reife führen. Diese anerzogene Meinung, die aus der Kindheit und dem Jugendalter stammt — denn die Erwachsenen führen gegenüber dem Kind ihre größere Erfahrung immer wieder an, damit es gehorcht —, ist in der Kindheit mitunter berechtigt, wenn dem Kind Wissen vermittelt wird, indem man ihm etwa sagt, daß es diese und jene Pilze nicht essen darf, weil sie giftig sind, und das Eis des zugefrorenen Sees nur bei bestimmten Voraussetzungen betreten werden darf, um nicht einzubrechen. Das sind Kenntnisse, und hierbei handelt es sich um Wissen. Alice Miller weist deshalb zu Recht auf den Handwerker oder den Wissenschaftler hin, die beide ein Mehr an Wissen im Gedächtnis gespeichert haben. Wissen aber hat mit Lebensweisheit und Lebenskunst nichts zu tun.

Hier müssen wir wieder sehr genau unterscheiden zwischen dem Denken und der Aufgabe der Seele. Berufliche Erfahrung ist mit Gedächtnis von Fakten und Funktionen verbunden, dieses Wissen kann gelernt werden. Lebenserfahrung, die mit Weisheit und Reife verbunden ist, hängt vom Seelenleben ab.

Kann Lebenserfahrung als eine Art Wissen gelernt oder gelehrt werden? Es können nur einige Voraussetzungen dazu geschaffen werden. Lebenserfahrung, die zur Lebensweisheit und zum Erfahren von Sinn hinführt, ist kein feststehendes Wissen, das gelehrt werden könnte, denn dann wäre es ein Lernstoff, also etwas ganz konkret Faßbares. Man kann versuchen, es mit Worten zu beschreiben. Nur: Dann theoretisiert man mit Hilfe des Denkens über etwas, das sich nicht im Denken abspielt. Solche »Lebensweisheiten« werden dann häufig in Sprichwörter gefaßt, wie etwa: »Wo Licht ist, muß es auch Schatten geben« oder: »Was Hänschen nicht lernt, lernt Hans nimmermehr.« Diese Art Sprichwörter bleiben lebendig, weil sie etwas Wahres enthalten, aber wenn man sie genauer untersucht (wer macht sich schon diese Mühe?), sind sie mitunter einfach falsch. Mit Sprichwörtern, die sich als letzte Weisheiten ausgeben, kann man viel Unfug treiben und fruchtbares Erkennen ersticken. Mit solchen und ähnlichen »Lebensweisheiten«, die angeblich auf großer Lebenserfahrung beruhen, wird meist jede aufflammende Diskussion erstickt.

Wir sollten allen Lebenserfahrungen gegenüber, die uns andere als »große Erfahrung« nahebringen wollen, sehr skeptisch sein. Die Erfahrung eines Menschen ist immer etwas Subjektives. In seiner persönlichen Subjektivität hat sie auch ihren Wert und ihre Berechtigung. Aber diese eine subjektive Erfahrung ist eben oft nicht übertragbar auf eine andere subjektive Situation. Ich möchte damit sagen: Vertraue alleine auf deine eigenen Erlebnisse. So wie du selbst das im Augenblick empfindest, kann kein anderer genau das gleiche empfinden. Es hat deshalb auch keinen Wert, den anderen nach seiner Erfahrung zu fragen. Wenn du einen Menschen liebst, dann ist es dein subjektives Erleben von Liebe. Was soll ein anderer dazu sagen? Er kann eigentlich nur sagen: Wunderbar, daß du so empfindest. Das Erlebnis selbst ist die Basis. Alles andere ist Denken, das hinterher kommt.

Dem Erlebnis kann eine Theorie übergestülpt werden — und schon sind wir in einer ganz anderen Dimension, die nichts mehr mit dem Erlebnis zu tun hat. Das ist sehr wichtig, sich bewußt zu machen. Das Erlebnis ist die Basis; es setzt sich zusammen aus Sinnenreizen der Wahrnehmung und aus Gefühlen in der Seele. Das Denken bildet sich seine Meinung darüber, es findet Worte dafür, denn das Denken ist zum großen Teil verbal. Nicht das ganze Denken ist verbal, es gibt auch ein Denken ohne Worte, in Bildern und größeren Sinnzusammenhängen. Das Denken der meisten Menschen aber ist vorwiegend sprachlich orientiert. Man spricht zu anderen und sich selbst in Wörtern und Sätzen, Erlebnisse werden als Erfahrungen verbalisiert. Damit sage ich nur, wie es gewöhnlich abläuft, ich sage aber nicht, daß ich das für richtig oder gar für optimal halte. Wir sollten Erlebnisse als Erlebnisse sehen und keine Worte machen und diese Worte im Gedächtnis speichern. Seelisches Erleben braucht keine Erfahrungen, die festgehalten werden. Ich behaupte: Mit dem Festhalten im Gedächtnis schaffen wir uns Probleme.

Lebendigkeit ist ein Fließen der Energie. Dieses Fließen ist das ewig Schöpferische. Es bedarf keiner Erfahrung, an der das Neue gemessen wird. Es bedarf keines Vergleiches mit dem Gestrigen. Der Vergleich kann uns hindern, das Gegenwärtige ganz zu erfahren. Das klingt vielleicht etwas abstrakt, deshalb möchte ich das Gesagte an dem Erlebnis der Liebe erläutern. Ich sehe beispielsweise einen Menschen, rede mit ihm und verliebe mich in ihn. Das ist die Gegenwart. Was nützt mir meine ganze Erfahrung der Vergangenheit in diesem Moment? Diese Erfahrung ist nur Ballast. Die Erfahrung verleitet mich, das Denken einzuschalten. Wenn ich erst anfange zu denken, ist die Liebe meist schnell wieder verflogen. Das Denken ist der Widersacher des Schöpferischen.

Gefühlte Liebe ist schöpferisch, sie ist die ganz andere Dimension, in der das Denken sich nicht auskennt. Das Denken ist geradezu ein Elefant im Porzellanladen, denn sobald es hereingetrampelt kommt, entsteht so viel Lärm und Ablenkung, daß sich die Liebe, die etwas Seelisches und damit Sensibel-Flüchtiges ist, zurückzieht. Deshalb sage ich: Erfahrung ist Ballast, der neue Erlebnisse nur behindert. Je weniger Erfahrung wir im Denken speichern, desto leichter können wir der Gegenwart — und nur in ihr geschieht Lebendigkeit — begegnen. Dann kann sich das Leben selbst entfalten — wir machen eine Erfahrung, die nicht festgehalten werden muß. Nur dann bleiben wir offen für die nächste Erfahrung, die wieder nicht festgehalten wird. Selbst wenn wir davon nichts verbalisieren, so sind wir doch auf dem Weg zur Reife, Weisheit und Lebenserfahrung. Wenn es etwas zu lehren geben wird, für unseren Freund, für die beste Freundin, für unser Kind, dann sollte es nur das sein.

Sinnentfaltung ist an keinen besonderen Ort gebunden

Es ist ein großer Irrtum zu glauben, die Entfaltung von Sinn wäre an einen besonderen Ort gebunden. Als einen solchen Ort stellt man sich dann oft ein Kloster vor oder eine Einsiedelei, also einen Rückzug aus der Welt in die Stille eines abgeschiedenen, einfachen Lebens. Sinnentfaltung kann dort möglich sein, das wird nun wiederum auch nicht bestritten, aber ein solches klösterliches Leben ist keine wirklich hilfreiche Bedingung.

Sinnentfaltung ist an jedem Ort der Welt möglich, genau an dem Ort, an dem der einzelne im Moment lebt. Sie ist auch nicht an bestimmte soziale oder berufliche Voraussetzungen geknüpft. Das Monatseinkommen spielt keine Rolle. Ich wiederhole, was ich immer gesagt habe: Sinngefühle können entstehen, wenn gerade das Existenzminimum gedeckt werden kann, und sie können ausbleiben in einer Zehnzimmervilla, wenn das Denken nur um weiteren Geld- und Besitzerwerb kreist. Nicht der Besitz schafft Sinn, sondern die Losgelöstheit von jeglichem Besitz. Wer wenig besitzt und sich nicht an das Wenige bindet, das er hat, steht auf der gleichen Stufe mit demjenigen, der viel besitzt und sich daran nicht bindet. Sinnentfaltung hat mit materiellem Besitzerwerb überhaupt nichts zu tun. Sie kann natürlich auch nicht käuflich erworben werden, auch nicht durch eine privat finanzierte Psychotherapie, weil seelische Sinnsuche nun mal keine Kassenleistung darstellt.

Sinnentfaltung ist an keinen Ort gebunden und an keine Lebenssituation. Sie ist — und das versuchte ich auf den vorangegangenen Seiten zu vermitteln — alleine ein Vorgang des Erlebens in der Gegenwart. Und Gegenwart hat jeder, denn hier ist keiner im Vorteil oder im Nachteil.

Sinnentfaltung ist auch nicht an irgendeinen erträumten Ort in der Ferne gebunden. Sehr oft höre ich: »Wenn ich erst im Urlaub bin, in Italien, Spanien, Griechenland oder in der Südsee auf einer Insel, dann beginne ich aufzuatmen. Ich habe nun mal Fernweh, ich muß andere Menschen, andere Sitten und Gebräuche kennenlernen. Ich will etwas von der Welt sehen, dann kann ich mich voll entfalten. Dafür arbeite und spare ich das ganze Jahr, denn das ist für mich das wichtigste, denn dann habe ich das Gefühl zu leben.« Dann denke ich nur: Was bist du doch seelisch für ein armer Mensch.

Fernweh ist für mich ein Krankheitssymptom. Natürlich kann ich dieses Symptom sehr gut verstehen. Man glaubt, während des Verreisens könne man durch neue Eindrücke die Probleme und Konflikte des Alltags hinter sich lassen. Aber man nimmt sich selbst ja mit, am neuen Ort ist man dadurch nicht automatisch ein neuer Mensch. Es handelt sich um eine »psychologische Täuschung«, anzunehmen, am neuen Ort mit neuen Eindrücken würde man zu einem neuen Menschen.

Natürlich ist dennoch etwas dran an dieser Sehnsucht nach neuen Orten und einer neuen Umgebung. Man wird mitunter aufgeweckt von diesem Neuen, die Sinne werden aktiviert. Man erlebt die Gegenwart frisch, öffnet die Sinne, die Tore zur Welt. Dennoch sage ich, es bedarf keines neuen Ortes. Jeder neue Ort wird einmal ein bekannter Ort. Und dann? Dann lande ich wieder bei mir selbst, bei meinen bisherigen Problemen und Konflikten. Ich kann zwar vorbringen, ich hätte etwas Neues gesehen, ich habe es bewußter als sonst gesehen, aber in mir hat sich dennoch nichts Wesentliches geändert. Fernweh nach neuen Orten ist verständlich, aber darin kann auch eine

Flucht vor mir selbst liegen. Sie wird zu einer Droge: Ein Tapetenwechsel, ein Ortswechsel muß her — und das immer wieder. Es gibt ein unentdecktes Land, einen einzigen Ort, auf den es für die Sinnentfaltung einzig und allein ankommt: Das bin ich selbst. Das Wort »Nahweh« ist uns leider unbekannt.

Nahweh heißt, zu mir selbst zu kommen, an den Ort, an dem ich gerade bin, jetzt, in dieser augenblicklichen Gegenwart. Nahweh, darüber spricht man nicht, das ist unbekannt und doch das allerwichtigste für die Sinnentfaltung, die nirgendwo in der Ferne oder in einem Kloster zu finden ist. Selbstentfaltung geschieht immer dort, wo ich mich gerade befinde, so banal mir der Ort auch erscheinen mag. Ich mag träumen von den Wellen des Meeres am Strand der Insel Djerba. Der einheimische Fischerjunge findet es vielleicht (hoffentlich nicht) banal, weil er es täglich sieht. Der Fischerjunge träumt (hoffentlich nicht) vielleicht davon, den Kölner Dom zu sehen oder die Skyline von New York. Wer in einer Großstadt lebt, träumt von den Sonnenuntergängen in den Alpen, der Hirtenjunge aber träumt davon, in der Großstadt zu leben und dort einer schönen Frau (so wie jene in der Modezeitschrift) zu begegnen. Das alles sind Vorstellungen des Gehirns von einem anderen Ort, die unnötig und sinnlos sind. Fernweh ist unnötig. Auf das Nahweh kommt es an.

Es gibt nur einen einzigen Ort auf der Welt — das eigene Selbst in diesem Moment. Aus dieser Nähe zum Selbst, aus dieser Selbstfühlung geht die Seinsfühlung hervor. Wenn das doch nur jedermann verständlich und begreifbar wäre. Dafür lebe und dafür schreibe ich, das ist alles so einfach und doch so schwer zu vermitteln. Sinnentfaltung ist jetzt, dort bei dir selbst, wo du jetzt stehst, dort geht die Sonne im Westen unter, und frühmorgens im Osten geht sie mit neuer Frische auf. Sinnentfaltung ist jetzt, das ist tröstlich und herrlich, es muß auf nichts gewartet werden. Es ist wirklich alles schon da. Und es kostet nichts. Du mußt nur aus dem Fenster schauen. Es ist jetzt da, du bist bei dir, und damit ist es da.

Die krebskranke Frau, die mir ihre Jugenderinnerung erzählte, von dem Eis an einem Wintertag, dem Wind, dem Vogel, der vorbeiflog ... darf ich daran erinnern? Alles das ist jetzt da. Es ist vielleicht nicht Winter, sondern Frühling oder Herbst ... Es ist jetzt da! Der Regentropfen auf der Blüte, das vom Wind verwehte Blatt, die langen Schatten im Herbst, die am Boden faulende Frucht, das Lächeln eines Menschen, der Blick in die Augen, bei Regen unter dem Schirm, bei Sonne an der Wegkreuzung, das alles ist jetzt, jeder Tag ist Sinnentfaltung. Es gibt kein besonderes Wetter, es gibt keinen besonderen Anlaß, es existiert nirgendwo auf der Welt ein besonderer Ort dafür. Das alles ist jetzt an diesem Ort, an dem ich intensiv bei mir selbst bin und aus mir selbst heraus allem anderen mich öffne.

Der pfadlose Weg der Freiheit

Wenn Sinnentfaltung an keinen speziellen Ort gebunden ist, wenn im Gehirn gespeicherte Erfahrung zum Ballast werden kann und wir von keiner Instanz oder Autorität das Wesentliche für unsere Selbstentfaltung vermittelt bekommen können, gelangen wir auf einen pfadlosen Weg. Wir verlassen vorgegebene Wege, sobald wir ganz in die Gegenwart hineingehen. Auf diesem pfadlosen Weg begegnet uns das völlig Neue und die Überraschung. Es öffnet sich die Freiheit der unerwarteten Begegnungen in dieser Geöffnetheit.

Ein verzweifelter Mann erzählte mir in der Praxis: »Ich habe mich nach der Scheidung von meiner Frau jetzt wieder neu verliebt. Unsere gemeinsame Liebe beruhte auf Gegenseitigkeit, und wir verlebten zusammen herrlich emotional erfüllte Wochen. Vor einer Woche rief mich meine Freundin an und sagte mir, daß ihre Liebe nicht mehr so stark wäre wie am Anfang und sie mich deshalb nur noch einmal in der Woche sehen möchte. Ich bin davon zutiefst betroffen und verletzt. Ich kann es einfach nicht fassen, daß unsere schöne Liebesbeziehung enden soll. Wir führten lange Gespräche darüber, aber sie kann oder will mir die Gründe nicht erklären. Es ist plötzlich eine ungeheure Fremdheit zwischen uns, eine Wand, die ich nicht mehr überwinden kann. Der Mensch, den ich so sehr liebte und glaubte zu kennen, ist mir plötzlich fremd und undurchschaubar. Ich zermartere mir das Gehirn, aber ich finde keine Lösung dieses Problems.«

»Die Beglückung der Annäherung in Liebe vermittelt Lebensenergie, Mut und seelische Kraft. Jeder Mensch, mit dem man in Kommunikation tritt, ist ein lebendiges Wesen, das darf in keinem Moment vergessen oder übergangen werden. Wir (unser Denken) machen uns leider oft viel zu schnell ein Bild vom anderen. Wir ordnen ihn ein mit den Wörtern unserer Menschenkenntnis und legen ihn auf diese Weise fest. Ein Lebewesen aber läßt sich niemals so festlegen wie ein materieller Gegenstand. Es ist die Funktion des Denkens, zu etikettieren und zu fixieren, das ist sein Wesen, es kann eben nicht anders.

Wenn man über das Denken miteinander kommuniziert, könnte wenig schiefgehen, meint man. Liebe aber ist vom Denken losgelöst, sie ist ein seelischer Vorgang, und der ist abhängig vom jeweiligen Augenblick. Mit den Gefühlen der Liebe betrittst du den pfadlosen Weg ins Unbekannte. In dieser Dimension der Freiheit kommen die Überraschungen des Unerwarteten auf dich zu. Man kann das innerlich ablehnen, also davor die Flucht ergreifen und schnell wieder auf den scheinbar gesicherten Pfad des Denkens zurückkehren. Aber damit ist nichts gewonnen.«

Er hörte aufmerksam zu und sagte dann: »Die plötzliche Distanz war für mich ein Schock. Führt denn der pfadlose Weg der Freiheit in solche Schocks? Dann ist es doch kein Wunder, daß man diesen Weg nicht betreten will.«

»Die Anstöße des Lebens sind beglückend, aber auch schockend. Liebe ist Freiheit. Diese Freiheit begrüßen wir mit offenen Armen. Unsere Liebe richtet sich auf ein *Lebewesen*. Alles Lebendige aber reagiert stets lebendig, sowohl nach der einen wie nach der anderen Richtung. Beides, die Anziehung und die Abstoßung, die Sympathie wie die Antipathie, die Verliebung und die Entliebung gehören dazu. Während der Verliebung sollten wir kein Bild fixieren und im Vorgang der Entliebung auch nicht. Verliebung produziert im Gehirn leicht ein Bild der Glorifizierung, Entliebung schafft mitunter das Bild der Abwertung bis zum Haß. Wir müssen Verliebung, Entliebung, neue Verliebung und Entliebung als einen normalen (im Sinne von natürlichen) Vorgang begreifen.

Die Anstöße des Lebens rütteln uns immer wieder für das Leben wach. Du wirst vom Schock aufgeweckt und siehst plötzlich ganz neue Aspekte in dir und um dich. Das Leben hat dich in die Möglichkeit der Freiheit geschubst. Jetzt stehst du ratlos auf dem pfadlosen Weg und fragst mich, in welche Richtung du gehen sollst. Deine Frage geht aber an dich zurück, ohne eine Antwort, denn eine Antwort würde in deinen Augen von der Position der Autorität erteilt. In der Lebendigkeit der Freiheit gibt es aber keine autoritär verordnete Ordnung. Die Lebendigkeit ist frei und unabhängig von den Ordnungsprinzipien, wie sie das Denken kennt.«

»Wie soll ich aber nun mit meinem Liebeskummer fertig werden? Wie soll ich mit dieser Trennung — die so unerwartet kam — leben? Wie kann ich dieses Neue, dieses Schmerzliche einordnen und verarbeiten? Wie kann ich daraus lernen, oder welche Folgerungen soll ich daraus ziehen?«

»Du fragst mich wieder als eine Art Autorität. Ich soll dir ›richtige Antworten‹ geben. Aber du selbst solltest fühlen, in dieses Gefühl hineingehen und dein Gefühl zu dir sprechen lassen. Wir haben Angst davor, unsere Gefühle sprechen zu lassen, fast als wäre das etwas Gefährliches oder Unanständiges. Die Gefühle aber sind das Anständigste, das wir haben. Es ist sehr anständig, aus dem Gefühl heraus zu leben. Es ist anständiger, tief zu fühlen, als einen logischen Gedanken zu entwickeln, der losgelöst von Gefühlen ist.

Du liebst deine Freundin. Sage es ihr mit Worten und mit Gefühlen, mit Komplimenten, wenn dir danach ist, auch mit Tränen, wenn die Gefühle sich befreien. Löse dich dabei völlig von den Absichten und Strategien des Denkens. Nichts muß überwacht werden vom Denken, das Gefühl ist frei und unbestechlich und nimmt seinen freien Lauf. Gefühle sind Leben und Freiheit, ein Gedanke ist nur frei, wenn er im Lebendigen des Augenblicks bleibt. Verweile bei diesen Anstößen des Lebens, die dich aufwecken, die Schock und Glück bedeuten. Du setzt dich der Überraschung des Neuen aus, und das Neue ist das Unbekannte, das nicht vom Gehirn Projizierbare. Das ist Freiheit. Sie ist der Sinn des Lebens zwischen Geburt und Tod, den einzigen wirklichen Fixpunkten. Nichts anderes ist fixierbar. Der pfadlose Weg der Freiheit ist der Weg, der dir das Wesentliche gibt, nämlich deine Lebendigkeit zwischen den beiden Fixpunkten.«

Die Revolution aus dem Inneren

Das leider Übliche im mitmenschlichen Kontakt ist die Begegnung von zwei oder mehreren Selbstbildern. Meist versucht man im Kontakt zu anderen als der zu erscheinen, für den man gehalten werden möchte, und man offenbart sich dann nicht so, wie man wirklich fühlt und denkt. Wenn zwei solche Selbstbilder als Fassaden aufeinandertreffen, kann es zwangsläufig nur einen oberflächlichen Kontakt geben, der gekennzeichnet ist von der Angst, die Maske könnte verrutschen oder gar vom anderen heruntergerissen werden. Wie man sich gibt, aber nicht ist, das will man verteidigen. So wie man wirklich ist (fühlt), soll ja verborgen bleiben. Wir verschwenden leider viel Zeit damit, unsere Fassade zu polieren, sie ins rechte Licht zu setzen, und es bleibt zu wenig Zeit übrig, sich damit zu beschäftigen, wie man hinter diesem gewünschten Selbstbild wirklich ist. Man will es dann oft auch gar nicht so genau wissen, zumal wenn das wirkliche Selbst (das Wesen) dem zurechtgelegten Selbstbild widerspricht. Dieser Widerspruch, ein Konflikt im Menschen, ist Gewalt gegen sich selbst.

Deshalb sage ich immer wieder: Dieser Widerspruch muß beseitigt werden und das wahre Selbst muß nach außen dringen. Wesen und Selbstbild müssen so deckungsgleich werden, bis das Selbstbild verschwindet. Das bezeichne ich als Revolution aus dem Inneren. Dort müssen wir beginnen, bevor wir in der Außenwelt irgend etwas verändern wollen. Denn nur, was aus innerer Heilheit (Ganzheit) erwächst, kann auch außerhalb des Selbst zu einer effektiven Heilung beitragen.

Wer sich selbst Gewalt antut, trägt diese Gewalt auch nach außen. Wer sich selbst nicht annimmt und liebt, kann auch keinen anderen annehmen und lieben. Er kann nur abwerten (Destruktion) oder aber bewundern. Bewunderung ist nicht konstruktiv. Wer sich selbst Gewalt antut, sich zu beherrschen, sich zu zwingen, sich zu verstellen versucht (alles das ist subtile Gewalt gegen sich selbst), der ist bereit, von anderen zu fordern, sie zu kritisieren und zu gängeln, sie auf- oder abzuwerten, sie zu reglementieren und sie auch zu verletzen. Eine solche Gewalt tarnt sich zwar als »konstruktive Kritik«, sie ist aber immer destruktiv, weil sie neue Gewalt produziert, nämlich Widerstand und Gegengewalt. So ist der Kontakt zwischen Menschen meist gewalttätig, destruktiv und lieblos.

Liebe und Gewalt gehen nicht zusammen, sie sind immer deutlich voneinander getrennt. Nur Liebe ist konstruktiv, Gewalt niemals. Der Mensch besitzt keinen »Destruktionstrieb«, wie Sigmund Freud um die Jahrhundertwende noch annahm; destruktive Reaktionen sind nicht »triebhaft«. Auch die Liebe ist kein Trieb. Es gibt nur einen Trieb, das ist der Sexualtrieb. Dieser Trieb ist biologisch gesehen konstruktiv, aber er kann so gestört werden, daß er destruktiv eingesetzt wird. Die Konflikte in der eigenen Person können ihn mit einbeziehen und — was der Liebe biologisch so sinnvoll beigeordnet ist — zu etwas umdrehen, das der Gewalt beigeordnet wird.

Wir brauchen eine einzige Revolution, doch sie darf nicht aus dem Denken geboren werden, denn sonst produzieren wir das Unglück aller traditionellen Revolutionen. Diese Revolution muß aus dem Inneren des Selbst hervorgehen. Sie führt uns zu unseren wahren, wirklichen Gefühlen, zu unserem Kern. In diesem Kern, den wir leider durch die Erziehung und die Manipulationen der Erzieher zu verleugnen gewohnt sind, ist unsere Liebesfähigkeit verborgen angelegt. Im Wesen wollen wir keine Gewalt, dort sitzt unsere konstruktive Basis, von dort aus können wir gewaltfrei und einfühlend auf andere zugehen. Diese Liebesfähigkeit, die dort verborgen ist, ist zunächst einmal völlig geschlechtsneutral und deshalb sexualitätsfrei.

Liebe ist im normalen Sprachgebrauch ein sehr geschundener und mißbrauchter Begriff. Liebe ist nicht mit Sexualität identisch, sie ist auch nicht nur auf andere Menschen bezogen. Liebe ist auch nichts Kosmisches oder etwas, das in der Religion festgelegt ist. Liebe ist etwas zutiefst Seelisches. Von dieser Liebe, von der ich hier schreibe, wird im Alltag nicht gesprochen, auch von den Wissenschaftlern nicht, von den Politikern nicht ... und auch nicht von den Priestern der religiösen Glaubensgemeinschaften, weder von den Theologen noch den Biologen oder Verhaltensforschern, allenfalls von einigen Philosophen.

Von dieser Liebe, die von keiner Institution erkannt oder propagiert wird, ist hier die Rede. Zu ihr vorzudringen, jeder einzelne für sich selbst, sie zu erfüllen und zu erleben, das ist die Revolution im Inneren. Das Selbstbild mit seiner Maske verwelkt, und es tritt etwas anderes aus der Tiefe plötzlich in den Vordergrund. Das ist das wirklich Konstruktive, denn es ist wesensmäßig gewaltfrei, aber kein Ideal der Gewaltfreiheit.

Diese Liebe ist verbindend, ohne »diplomatisch« zu sein. Sie ist ehrlich, ohne verletzend zu sein. Diese Liebe ist wärmend, ohne die Falschheit des Einlullens an sich zu haben. Diese Liebe ist eine Herausforderung an die Mitmenschen, sie ist revolutionär, ohne die Gewalt traditioneller Revolutionen in sich zu tragen. Wer sich selbst im Kern annimmt und von dieser Kraft der Liebe getragen wird, ist innerlich reich und gibt diesen Reichtum in die Welt. Auch wenn die Menschen diese Diamanten nicht erkennen können und sie »vor die Säue werfen«, ist das kein Gegenargument gegen diese Liebe. Laß die Menschen das Seelische mit Worten zertreten und darauf zynisch herumtrampeln, das alles führt den Liebenden dennoch daran vorbei und darüber hinweg, denn sein inneres Glück überstrahlt das alles. Sinngefühle sind stärker als aller Unsinn der bekannten Worte und des Üblichen.

Gefühle sind wie Blüten

Sinnentfaltung heißt, der Welt mit ihren Reizen als Fühlender zu begegnen. Nur die Außenwelt zu sehen, ohne sich dabei der Innenwelt ganz und gar aufzuschließen, führt zu nichts. Die Außenwelt zu sehen und sich nur etwas dabei zu denken, sie in Worte zu fassen, um davon zu erzählen, das ist nur die Hälfte wert.

Die Worte müssen schweigen, das Benennen der Dinge muß enden. Erst in diesem Schweigen kann man den Gefühlen lauschen, die keiner Worte bedürfen. Die Gefühle sind unsere innere Wahrheit, sie sind die Sprache der Seele. Ihr sollten wir uns zuneigen. Es sind Gefühle, die das Leben wirklich lebendig machen. Da es, wie bereits erwähnt, nicht nur angenehme Gefühle sein werden, wenn wir uns auf unser Inneres einlassen, benötigen wir eine sehr bewußte Einstellung zu lauschen, um diese Aufmerksamkeit zu erlangen. Wir sollten bereit sein, uns den Gefühlen zu stellen und nicht vor ihnen zu fliehen. Ich weiß, daß ich bereits Geschriebenes wiederhole, aber es ist so wichtig, daß es mit neuen Worten immer wieder gesagt werden muß.

Die Gefühlswelt, diese subjektive und privateste Welt, ist das unentdeckte und unerforschte Gebiet, das wirklich große und bedeutungsvolle Abenteuer des Lebens. Das Abenteuer, das ich irgendwo draußen in der Welt suche, das auch seine Berechtigung hat, ist bedeutungslos, wenn ich mich dabei nicht auf die Innenwelt meiner Gefühle einlasse. Leider ist es eine

Tatsache, daß die meisten Menschen vor ihrer Innenwelt fliehen. Mit den Abwehrtechniken des Denkens wird die Innenwelt der Gefühle abgewehrt. Ich habe diese »Abwehrmechanismen« in meinen früheren Büchern ausführlich beschrieben und möchte sie deshalb hier nur kurz aufzählen: Identifizierung, Verdrängung, Projektion, Symptombildung, Verschiebung, Sublimierung, Reaktionsbildung, Vermeidung, Rationalisierung, Betäubung, Abschirmung, Ohnmachtserklärung, Rollenspiel und Gefühlspanzerung. Das alles sind Tricks und Methoden, sich vor den Gefühlen davonzumachen. Gefühle sind die Wahrheit, sie sind etwas ganz und gar Wirkliches, sie sind keineswegs trügerisch, verträumt, sentimental oder gar kitschig. Das sind alles Abwertungen des Verstandes, die Ratio ist dann der Widersacher und Bekämpfer der Psyche. Alle Abwehrmechanismen sind Fluchtwege vor der Wahrheit.

Den Gefühlen ins Auge zu schauen, das heißt ins Zentrum der Subjektivität des Selbst zu gehen. Diese Innenwelt ist gleichberechtigt zur Außenwelt. Die Innenwelt ist nicht materiell, sie ist nicht konkret sichtbar zu machen, sie entzieht sich der Apparatur der empirischen Naturwissenschaften. Dennoch ist sie konkret existent, sie ist wahre Wirklichkeit und deshalb genauso ernst zu nehmen wie ein neuer Stern, den das Teleskop am Nachthimmel ausmacht. Gefühle sind keine Trugbilder. Sie sind so existent, wahr und lebendig, wie eine Blume, die ich in der Außenwelt betrachte, sie kommt aus der Knospe, öffnet sich, schließt sich in der Nacht, und beim ersten Sonnenstrahl, der auf sie fällt, öffnet sie sich wieder.

Gefühle sind mit Blüten vergleichbar. Ich versuche in Worte zu fassen, was sich in Worte niemals vollständig fassen läßt. Wäre sonst Dichtung nötig? Die Aufgabe der Poesie ist, Realitäten fühlbar, erfaßbar zu machen, die mit anderen Möglichkeiten nicht beschreibbar sind. Deshalb hat Dichtung ihre Berechtigung, gleichwertig zu den empirischen Wissenschaften. Was nicht in Zahlen und Formeln erfaßt werden kann, wird mit Poesie, Dichtung und künstlerischer Darstellung eingefangen. Der Einzelmensch ist weder Wissenschaftler noch Künstler, er steht in seinem persönlichen Leben und entfaltet seinen Sinn völlig unabhängig von Wissenschaft und Kunst.

Eine Bekannte sagte sehr treffend: »Was soll das alles, Wissenschaft und Kunst? Das ist doch nur Spiel im Vergleich zu mir selbst. Ich denke und fühle — das bin ich. Ich interessiere mich nicht für irgendwelche Forschungsergebnisse oder Wahrheiten der Kunst. Es gibt nur eine Wahrheit, die mich interessiert, und zwar das Geschehen in mir.« Das klingt vielleicht egozentrisch und auch desinteressiert, und dennoch trifft es etwas sehr Richtiges: Meine subjektive Wahrheit ist das Ausschlaggebende in meinem Leben. Ich will primär keine Gedanken über Gefühle vom anderen vermittelt erhalten, sondern selbst fühlen. Dort, wo ich selbst fühle, bin ich konkret und authentisch bei den Dingen meines Lebens. Es geht um mich, nicht um etwas, was ein anderer mir vermitteln kann oder will. Ich selbst stehe im Zentrum, und dort ist das Abenteuer, nirgendwo sonst.

Diese Gefühle sind Realitäten. Das Subjektive ist real, die Bedeutung des Subjektiven muß anerkannt werden. Die Wahrheit ist nicht irgendwo draußen bei Wissenschaftlern, Fachleuten, Autoritäten und Sinngebern, sie ist in mir. Individualität und Individuation sind der Weg zur Wahrheit.

Sage mir deine Gefühle, und ich sage dir meine Gefühle: Wir müssen uns gegenseitig ernst nehmen mit allen unseren Gefühlen. Wir sollten diese Gefühle fühlen und den Mut haben, sie sprechen zu lassen. Dann sind wir ganz nahe an der Realität. Realitätsnähe ist auch Gefühlsnähe. Warum hast du diese Gefühle? Ich verstehe es vielleicht nicht, das mag ja sein, aber das Subjektive, warum der eine jetzt so fühlt und der andere ganz anders, das hat seinen Sinn und seine Bedeutung.

Wer die Gefühle nicht ernst nimmt, verleugnet ein wesentliches Stück Realität. Wer alleine meßbare Fakten ernst nimmt und gelten läßt, entfremdet sich vom Leben und der Lebendigkeit. Er wird eines Tages sterben und hat das Wesentliche nicht begriffen. Das Wesentliche ist zu fühlen, ganz subjektiv. Im Subjektiven liegt der Sinn des einzelnen Lebens. Jeder einzelne ist subjektiv. Wir sollten das bei anderen und uns selbst zulassen. Freuen wir uns über die subjektiven Blüten der Gefühle wie über die Blüten auf einer Wiese. Keine Blüte gleicht der anderen, und dennoch sind sich alle ähnlich.

Alle verschwiegenen Wahrheiten werden giftig

Es ist die Aufgabe der Psychologie, alles, was die Abwehrmechanismen wegschieben, hervorzuholen und wieder sichtbar zu machen. Das, worüber normalerweise nicht gesprochen wird, muß angesprochen werden. Was zwischen Menschen aufgrund von Verschweigung »kein Thema« ist, muß zum Thema gemacht werden. Einer der Orte, wo das in Ruhe und mit stiller Anteilnahme geschehen kann, ist das Buch. Wenn Menschen immer seltener einen Partner finden, mit dem sie die verschwiegenen Wahrheiten besprechen können, dann kann das mit einem Buch geschehen. Es findet zwar keine wirklich lebendige Kommunikation statt, kein spontaner Dialog, aber es geschieht dennoch eine Zwiesprache zwischen Autor und Leser. In dieser Stille und Ruhe können die verborgenen Wahrheiten im Selbst auftauchen, und man kann beginnen, sich ihnen durch Selbstbetrachtung zu stellen.

Wir reden zwar im Alltag mit anderen oft und viel, wir machen viele Worte um viele Begebenheiten und gehen dennoch verschwiegen mit den tieferen Wahrheiten um. Es geht nicht darum, *viel* zu reden. Wer wenig spricht, verschweigt nicht unbedingt Wahrheiten. Zwischen Schweigen und Verschweigen ist ein Unterschied. Wer still ist und wenig Worte macht, muß deshalb kein Verschweiger der Wahrheit sein. Wahrheiten sind nicht nur äußere Geschehnisse, die objektiv als Tatsachen festgestellt werden. Wahrheiten sind auch Erkenntnisse, die in unserem Inneren entstehen. Dieses Erkennen in unserem Inneren sind die Wahrheiten, die wir allzu gerne verschweigen, die wir mit Geschwätz über Oberflächliches zudecken. Die verschwiegenen Wahrheiten des Inneren aber werden giftig. Diese Wahrheiten, die ich jetzt meine, entstehen nicht durch Denken, sondern durch Sinnen. Die meisten Menschen denken lieber, anstatt zu sinnen. Und sie sehen lieber, anstatt zu schauen. Sehen heißt Einzelheiten wahrnehmen, schauen dagegen bedeutet Zusammenhänge erfassen — ein ganzheitliches Sehen ist Schauen. Die Betrachtung dessen, was geschieht, um uns und mit uns, verbunden mit einem Sinnen (nicht mit Denken), führt zur Kontemplation. In dieser Kontemplation entsteht die Erkenntnis der Wahrheit. Auf diesem Weg erkannte Wahrheit wird zu Gift, wenn sie verschwiegen wird.

Verschweigen heißt auch darüber hinweggehen, nicht annehmen, sondern wegschieben, die Flucht davor zu ergreifen. Verschweigen heißt auch, schnell etwas anderes machen, um sich abzulenken. Das, was man erkannt hat, aber nicht anerkennen will, ist ein Vor-sich-selbst-Verschweigen. Die eigenen Erkenntnisse nicht anerkennen, das bedeutet Wahrheit vor sich selbst verschweigen — und damit auch vor allen anderen. Diese verleugneten und abgewehrten Wahrheiten, die »kein Thema« sind, werden zu innerem Gift.

Wenn dieses Thema dann doch (versehentlich) einmal angesprochen wird, werden wir giftig. Diese Giftigkeit äußert sich in Zickigkeit, Reizbarkeit und Aggressivität. Deshalb können wir diagnostizieren: Wenn ein Mensch im Gespräch reizbar und zickig reagiert, haben wir in ihm eine solche verschwiegene Wahrheit angesprochen.

Sie können, wenn Sie das an einem Gesprächspartner beobachten, weiterbohren und versuchen, durch Fragen die verschwiegene Wahrheit aus ihm herauszulocken. Sie stoßen dann aber meist auf eine Wand der Anspannung und Verkrampfung, mit Antworten wie: »Darüber kann ich nicht sprechen, das ist für mich jetzt kein Thema, dazu kann ich nichts sagen. — Ich bin verwirrt und kann mich deshalb dazu nicht äußern. Das ist zu schwierig, darüber muß ich erst noch mal nachdenken. — Im Moment kann ich dazu überhaupt nichts sagen. Bitte, respektiere, daß ich dazu nichts sagen kann.« Diese Verschweigungen der Wahrheit sind deshalb besonders bedeutungsvoll, um einen Menschen besser kennenzulernen. Immer wenn man auf solche Verschweigungen stößt, ist man kurz vor dem Kern der Wahrheit — man ist beim Eigentlichen angelangt.

Man sollte niemals durch Druck zu erreichen versuchen, daß sich die Schleusen der Gefühle öffnen. Es gibt keine Methode, diese Verschwiegenheitsgrenze zu brechen. Es geht darum, so viel Vertrauen aufzubauen, durch liebende Anteilnahme und Respekt vor der Individualität, bis sich eines Tages die Schleusen von selbst öffnen, allerdings sprudelt es dann oft plötzlich und überraschend los, und die verschwiegenen Wahrheiten können in einem gewaltigen Strom hervorbrechen, sie können in großer Kraft alles überfluten, und man wird erschüttert sein, was aus einem Menschen, den man glaubte zu kennen (von dem man sich ein Bild gemacht hatte), alles hervorbricht.

Man sollte diesen Strom der Wahrheit dankbar annehmen, auf keinen Fall beleidigt sein, wenn man sich selbst angegriffen fühlt und einen völlig »neuen Menschen« vor sich sieht, der gar nicht so angepaßt ist, wie man immer dachte, der einen zum Beispiel auch so, wie man dachte, von ihm geliebt zu werden, gar nicht liebt.

Verschwiegene Wahrheiten sind oft auch tiefsitzende Verletzungen. Man erfährt dann etwa über vergangene Ereignisse, die man selbst vielleicht damals nicht wichtig nahm und bereits vergessen hatte. Man erfährt dann, »du hast damals in dieser Situation das zu mir gesagt oder du hast so und so gehandelt«. Man dachte, das sei längst erledigt, aber es hat ein Gefühl über Jahre und Jahrzehnte in Verschwiegenheit geschlummert, das nun hervorbricht, mit jener Gewalt, die man nach dieser langen Zeit nicht mehr für möglich gehalten hätte. Die Zeit schwächt eben nichts Seelisches ab. Die äußere, physikalische Zeit mag darüber hinweggegangen sein, aber verschwiegene seelische Inhalte brechen dennoch mit Dynamik hervor, voller Energie. Diese Energie wird nicht geringer durch die nachfolgende Zeit.

Nicht jeder stille und schweigsame Mensch ist ein entspannter und ausgeglichener Mensch. Die Stille, das große Ideal der inneren Ruhe, ist nur dann wunderbar, wenn alles erledigt ist, wenn wirklich Ordnung in der Seele und im Geist herrscht. Wenn Stille aber aus einer Verschweigung der Gefühle und der Erkenntnis entstanden ist, dann ist nur eine Scheinstille vorhanden. Ein Funke kann das Pulverfaß dann zum Explodieren bringen, und über viele Jahre angesammeltes Gift spritzt bei diesem Ausbruch mit hervor.

Jede gelebte Wahrheit im Augenblick der seelischen Gegenwart ist Elixier des Lebens, jede verschwiegene Wahrheit aber, die in die Vergangenheit abgedrängt wird, die nicht wagt, sich auszudrücken, wird zu Gift in der Seele, im Geist und im Körper dieses Menschen. Dieses Gift äußert sich in giftigem Verhalten. Wenn das Gift aber eines Tages hervorkommt, wenn die Wahrheit sich ausdrücken kann und darf, wird der Mensch gesund.

Alles angesammelte Gift durch Verschweigen in uns muß heraus, damit wir ein glückliches, freies und liebendes Leben leben können. Dann sind wir gut und wahr und heil.

IV. Sein erfahren

Schöpfung

Schöpfe aus dem Brunnen
deiner Seele
bis das Wasser
frisch und klar wird.

Schütte deine Vergangenheit
in den Sand,
denn sie will verdunsten.
Atme den Wind,
frage niemand
und geh diesen Weg,
bis die Stirn kühl wird
und der Stein funkelt.

Das letzte Kapitel besteht »nur« aus einem Bericht. Das »nur« ist deshalb in Anführungszeichen gesetzt, weil es nicht auf die Quantität, sondern stets auf die Qualität, den Inhalt ankommen sollte. Ich habe diesen Erlebnisbericht eines zweiundzwanzigjährigen Studenten bewußt an den Schluß dieses Buches gesetzt, da er sozusagen die Quintessenz dessen ausdrückt, was bisher in großen Teilen ausgeführt wurde. Er bedarf auch keines Kommentars, weil er für sich selbst spricht.

Es war ein Sommertag Ende August. Als ich aus dem Haus trat, empfand ich alles besonders intensiv. Die Sonne schien, und das Licht kam mir ungewöhnlich hell und doch weich vor. Die Sonne lag in den Blättern des Nußbaums, die sich im Wind bewegten. Die Schatten und das Licht waren die Einheit. Ich sah das Spiel von Licht und Schatten auf der Hauswand und dachte mir nichts dabei; ich fühlte mich einfach nur wohl, das zu sehen.

Plötzlich hörte ich die Vögel mit ihren vielen Stimmen. Ich war schon vielleicht tausendmal aus diesem Haus getreten und hatte noch nie in dieser Art die Vogelstimmen gehört. Das Haus stand am Rande einer Kleinstadt, durch den großen Garten waren im Sommer täglich viele Vögel zu hören, es war für mich deshalb selbstverständlich, daß die Vögel zwitschern. Ich hörte es jeden Tag und hörte es doch nicht richtig, das Gezwitscher war für mich eine Geräuschkulisse. Heute hörte ich die

Vögel einzeln zwitschern, ich konnte deutlich einzelne Vögel unterscheiden. Ich fühlte mich in diesem Moment glücklich und wohl. Es war für mich schön, daß mir das Vogelgezwitscher aufgefallen war.

Ich stieg auf mein Fahrrad und fuhr in die Stadt. Der Wind war warm, und er wehte meine Haare zurück. Das Glücksgefühl verstärkte sich, ich machte mir über nichts Gedanken, und ich nahm alles in mich auf, wie es sich im Moment ereignete. Alle Sinne waren offen. Ich spürte den Wind auf der Haut, die Sonne schien mir in die Augen, ich blinzelte, und das helle Licht war angenehm. Ich hörte immer noch die Vögel. Ich machte den Mund auf, um noch deutlicher zu hören. Mein Mund war voller Speichel. Wenn ich gestreßt bin, bekomme ich einen trockenen Mund, aber heute fühlte ich mich überhaupt nicht gestreßt. Ich fühlte mich ganz da, ich schmeckte die Luft, unheimlich nah an der Realität.

Ich hatte plötzlich keine Lust mehr, die Verabredung mit einem Freund um elf Uhr einzuhalten, ich wollte für mich sein, mit mir alleine. Ich brauchte kein Gespräch. Wir wollten uns über eine Vorlesung unterhalten, die ich versäumt hatte. Die Gespräche mit René waren immer sehr interessant, weil René mehr wußte als ich und ich deshalb nach jedem Gespräch mit ihm etwas gelernt hatte, das ich nicht wieder vergaß. Es war immer etwas Wichtiges dabei für mein Studium oder mich selbst.

Ich bog in einen Feldweg ab und radelte holpernd mit Mühe zum Waldrand. Ich legte das Fahrrad in die Wiese und setzte mich daneben. Die Sonne schien mir voll ins Gesicht. Die Vögel zwitscherten, Bienen summten, die Wolken zogen in dicken, weißen Klumpen über den Himmel. Das Gras duftete. Was war mit mir los? Ich fühlte mich wie verliebt. Ich war ganz offen für alles, was um mich herum geschah. Es geschah nichts Wichtiges, und dennoch hatte ich das Gefühl, daß es etwas Besonderes war, weil ich alles so intensiv erlebte. Es war wie ein großes Konzert, alle Sinne waren daran beteiligt. Ich spürte, daß diese Wachheit und Offenheit ein Geschenk ist, ich dachte, daß ich hier der einzige bin, der das jetzt so intensiv erlebt, und ich empfand es als bedauerlich, daß ich der einzige war. Ich dachte, daß noch andere Menschen dasein sollten, die genauso fühlten wie ich. Aber sie waren wohl alle beschäftigt, in Büros, in Läden, Kaufhäusern, Seminarräumen und Bibliotheken. Sie sahen nicht das, was ich sah, sie empfanden nicht dieses Glücksgefühl. Bei diesem Gedanken wurde ich leicht traurig, denn plötzlich kam mir dieses Erlebnis als etwas sehr Wichtiges vor, ich dachte, daß die anderen, die das nicht empfanden, am Leben vorbeigingen. Ich könnte noch viel erzählen von meinen Empfindungen, von vielen kleinen Details, die meine Sinne aufnahmen. Es war wunderbar. Es durchströmte mich ein nie gekanntes Glücksgefühl. Ich war teilweise davon wie betäubt oder wie berauscht, ohne Alkohol, schöner, denn ich war hellwach, nicht so betäubt und dumpf wie beim Biertrinken.

Dieser Tag hat für mich in meinem Leben eine ganz besondere Bedeutung. Ich überspringe nun viele Erlebnisse und erzähle dir jetzt den späten Nachmittag. Ich bin später in die Stadt gefahren. Ich hatte keinen Hunger und habe nichts gegessen.

Ich ging glücklich und voll Tatendrang ins Atelier der Uni und malte einige Bilder. Unter dem Glasdach war es sehr heiß. Ich habe geschwitzt, aber dieses Schwitzen war sehr angenehm, es war überhaupt nicht lästig. Ich habe an diesem Nachmittag in Farben geschwelgt. Ich malte auf eine andere Art als bisher. Ich überlegte gar nicht, welche Komposition ich mache, sondern malte in sinnlicher Freude aus dem Augenblick heraus. Das Bild entwickelte sich quasi von selbst. Früher dachte ich immer sehr viel über die Farbkombinationen nach. Heute dachte ich nicht, sondern experimentierte und erlebte, was geschah. Das Bild geschah einfach, und ich ließ es geschehen. Ich entdeckte eine neue Freude am Malen. Alles Denken und Grübeln war weg, ich und was auf dem Papier geschah verschmolzen in eins. Ich war glücklich dabei. Ich war nicht kritiklos, aber ich hatte das Empfinden, daß ich mich loslassen konnte, daß das Richtige geschah, daß Kritik, Kompositionslehre, Ästhetik, Form, Stil unwichtig wurden. Ich empfand schöpferische Freiheit. Ich konnte mich plötzlich in einer Freiheit entfalten, wie ich es zuvor nicht gekannt hatte.

Ich war alleine im Atelier. Es war ein heißer Augusttag, viele meiner Freunde waren im Freibad oder saßen im Straßencafé. Ich war glücklich darüber, daß ich alleine war und niemand etwas sagte und ich mit niemandem reden mußte. Alleinsein war für mich, der ich die Geselligkeit suchte, ein großes Geschenk. Ich hoffte, daß heute niemand mehr ins Atelier kommen würde. Der Geruch der Farben war wunderbar, dieser Geruch vermischte sich mit dem Geruch meines Schweißes. Ich liebte plötzlich meinen eigenen Geruch. Ich rauchte eine Zigarette, stellte das Bild an die Wand und empfand ein großes Glück über mich selbst und das Bild. Ich dachte, daß alles in Ordnung sei; ich bin in Ordnung, mein Bild ist okay. Ich habe für mich gemalt, das kann keiner nachempfinden. Ich hörte Schritte, und die Türe des Ateliers öffnete sich. Es war Elvira. Sie war mir schon aufgefallen, sie trug schwarze Kleider und wirkte in sich geschlossen. Sie war ruhig, ausgeglichen und freundlich. Sie lächelte mich auf der Straße einmal ganz leicht an, als ich mit einem Freund an ihr vorbeiging.

Im ersten Moment war ich unzufrieden, daß jemand mein Alleinsein im Atelier störte. Ich empfand einen kurzen Moment eine Mischung aus Schrecken, Panik und Angst, als sie ins Atelier hereinkam. Ich wollte allein sein, ich fühlte mich mit der Welt, dem Kosmos und mir total verbunden, und nun kam dieses Einzelwesen mit seinen Normalproblemen und seiner Normalunsensibilität in diesen Raum meines Glücks. Ich wurde nervös, obwohl sie mir sympathisch war.

Sie kümmerte sich nicht um mich und begann zu malen. Das war gut. Ich konzentrierte mich wieder auf mich und begann auch wieder zu malen. Ich verliere mich in Details; für einen Außenstehenden, der das nachvollziehen soll, ist das sicherlich langweilig.

Ich war an diesem Tag hellwach, meine Sinne waren ganz offen. Ich ging etwa eine Stunde später zu Elvira und sah ihr Bild an. Ich sah ihr Bild, und ich sah sie. Ich konnte das nicht unterscheiden. Alles, was ich sagte, hatte mit mir zu tun, mit ihr und dem Bild, es war eine Einheit. Ich war glücklich, aus dem Alleinsein ging eine Gemeinsamkeit hervor. Ich empfand es wie ein Wunder, daß sie mich verstand, daß sie das gleiche Gefühl hatte, daß sie verstand, was ich sagte, daß es für sie nicht banal oder fremd war, sondern daß sie es natürlich erlebte. Sie reagierte völlig aufgeschlossen. Sie war nicht intellektuell, nicht verkrampft oder kritisch, nicht gehemmt oder aufgesetzt, sie erlebte den Augenblick ganz im Augenblick wie ich.

Ich empfand aus meinem Alleinsein heraus plötzlich eine starke sinnliche Verbindung zu ihr. Ich roch ihr Parfüm, und in diesem Moment wurde sie einbezogen in das Erlebnis meines Glücks. Ich hatte keine Scheu vor ihr, alles ergab sich von selbst, völlig zwanglos, aus dem Augenblick heraus. Ich legte meine Hand auf ihre Schulter und kniete mich dann vor ihrem Bild nieder. Wir sprachen über die Farben und waren ganz nahe aneinander. Sie nahm sich eine Zigarette, ich gab ihr Feuer. Sie zog intensiv an der Zigarette, und ich küßte sie. Es ergab sich ganz zwanglos von selbst, es ereignete sich einfach aus dem Augenblick heraus. Es war ein Verständnis da, ohne daß wir uns über uns unterhalten hätten. Es ergab sich aus dem Moment, aus einer sinnlichen Nähe. Wir fühlten uns gegenseitig nahe, ohne uns zu kennen.

Ich war nahe an ihrem Gesicht und roch ihr Parfüm, die Farben, es war warm, ich schwitzte, ich roch meinen Schweiß, und diese ganze Atmosphäre war sehr dicht, es war kein Gedanke da. Ich ließ mich in diesen Augenblick hineinfallen. Ich umarmte sie und empfand Liebe zu ihr. Ich spürte ihre Wange an meiner Wange. Es war eine Weichheit und Schönheit, wie ich sie zuvor nie empfunden habe. Ich drückte sie an mich, und sie drückte sich an mich. Ich spürte ihren Körper, und sie spürte meinen. Ich spürte, daß sie mich spürte. Sie kam mir entgegen, und ich kam ihr entgegen. Es war eine starke Einfühlung, ein Zueinanderstreben. Sie wirkte glücklich und erlebte mit offenen Sinnen. Ich ertastete mit meinen Händen ihre Arme von oben nach unten. Ich hatte bisher noch nie auf diese intensive Weise die Arme einer Frau berührt und erlebt. Ich war voll Achtung für sie. Ich liebte ihre Arme, alles war Liebe, alles vermischte sich, der Geruch, die Bewegungen, die Worte, die Hitze, das Licht. In diesem Moment liebte ich sie, alle Sinne waren offen für sie, alles war eine Einheit. Ich vergaß die Zeit, das Denken, mich selbst. Die Liebe war da, ich liebte sie genauso intensiv, wie sie mich liebte. Es war ein seelisches Ereignis. Unsere Körper waren die Basis für ein seelisches Ereignis.

Gedankenaustausch

Durch Leserbriefe, die ich täglich erhalte, weiß ich, wie viele einen Gedankenaustausch mit Gleichgesinnten in ihrer Umwelt vermissen. So kam ich auf die Idee, einen *Briefclub* für Interessierte zu gründen. Deshalb habe ich eine Adreßkarte für Leserinnen und Leser dieses Buches entwickelt, die mit anderen Lesern gerne in einen Gedankenaustausch treten wollen.

Daß ein Bedürfnis danach besteht, ist aus vielen Leserbriefen zu ersehen, die ich täglich erhalte. Ich war sehr überrascht, wie viele Leser malen, Gedichte schreiben und eigene kreative Ideen entwickeln. Sie leiden oft darunter, daß sie selten Gesprächspartner im Alltag finden, weil viele eine Scheu davor haben, sich zu offenbaren. Es gibt viele Menschen, die sich in unserer normierten Anpassungsgesellschaft ein eigenständiges Seelenleben bewahrt haben und weiter bewahren wollen. Darüber in Kommunikation zu treten und sich auszudrücken, das sollte auf jeden Fall gefördert werden, und zwar auch durch diesen für die Leserinnen und Leser meiner Bücher schon 1994 ins Leben gerufenen Service.

Die Adressen werden von meinem Sekretariat in einer Datenbank gespeichert und jedem Interessenten zur Kontaktaufnahme als Liste zugesandt, nach männlich/weiblich und nach Wohngebiet, Bundesland (bzw. Postleitzahl) geordnet. Der Empfang der Adressenliste verpflichtet Sie natürlich zu nichts. Und Sie können Ihre Daten selbstverständlich, wenn Sie nicht mehr mitmachen wollen, jederzeit wieder löschen lassen und sind auch nicht verpflichtet, alle Kontaktinteressenten anzuschreiben oder auf Briefe, die Sie erhalten, aber nicht interessant finden, zu antworten. Der Gedankenaustausch sollte völlig frei sein und keine Verpflichtung bedeuten. Die Gesamtzahl der Teilnehmer beträgt derzeit 1030 Frauen und 526 Männer.

Schneiden Sie die folgende Adreßkarte aus, und senden Sie sie mit einem einmaligen Beitrag für die Organisationskosten (25 Euro in Scheinen oder als Scheck im Brief) an das

Sekretariat der Praxis P. Lauster
Usambarastr. 2
50733 Köln.

Es wäre schön, wenn durch diese Aktion ein Netz geistiger Verbundenheit vieler Menschen entstehen könnte.

Vorname: ____________ Name: ____________
Straße: ____________
PLZ: ________ Ort: ____________
Geburtsjahr: ______ Hobby(s): ____________
Interessengebiete:
____
____
____
____
____

Ich bin damit einverstanden, daß meine Adreßkarte an Leser(innen) weitergegeben wird, die an einem Gedankenaustausch interessiert sind:

Datum: ________ Unterschrift: ____________

... das Leben gestalten

Peter Lauster

Menschenkenntnis

Körpersprache, Mimik und Verhalten

Peter Lauster

Selbstfindung

Meditationen zur Entspannung und Loslösung

Peter Lauster

Ausbruch zur inneren Freiheit

Mut, eigene Wege zu gehen

Peter Lauster

Der Sinn des Lebens

Vom Glück der Selbstfindung

Peter Lauster

Lassen Sie sich nichts gefallen

Die Kunst, sich durchzusetzen

Peter Lauster

Liebeskummer als Weg der Reifung

Peter Lauster

Die sieben Irrtümer der Männer

Der Mann muß zur Besinnung kommen

Peter Lauster

Geheimnisse der Liebe

Sich selbst finden – den anderen entdecken

Peter Lauster

Wege zur Gelassenheit

Die Kunst, souverän zu werden

Peter Lauster

Das Lauster Lebensbuch

Heilende Gedanken zur Selbstentfaltung und Befreiung

... Erfolg im Beruf

Peter Lauster

Der Begabungstest

Talente selbst entdecken und entfalten

Peter Lauster

Persönlichkeit

Ein Beratungs- und Testprogramm
zu Ihrer persönlichen Entfaltung

Peter Lauster

Statussymbole

Eine Demaskierung
der menschlichen Eitelkeiten

Peter Lauster

Intelligenz

Das Trainings- und Testprogramm

Peter Lauster

Berufswahl

Interessenfindung und Information
für Ausbildung, Studium und Berufswechsel